2022年
国家统一法律职业资格考试

客观题
三国法题库

王斌◎编著

法眼观天下，
文心品三国。
王斌

中国政法大学出版社

2022·北京

图书在版编目（ＣＩＰ）数据

2022 年国家统一法律职业资格考试客观题三国法题库/王斌编著.—北京：中国政法大学出版社，2022.6

ISBN 978-7-5764-0500-2

Ⅰ.①2… Ⅱ.①王… Ⅲ.①国际法－资格考试－习题集②国际私法－资格考试－习题集③国际经济法－资格考试－习题集 Ⅳ.①D99-44

中国版本图书馆 CIP 数据核字(2022)第 095920 号

出 版 者	中国政法大学出版社
地　　址	北京市海淀区西土城路 25 号
邮寄地址	北京 100088 信箱 8034 分箱　邮编 100088
网　　址	http://www.cuplpress.com（网络实名：中国政法大学出版社）
电　　话	010-58908285(总编室)　58908433（编辑部）　58908334(邮购部)
承　　印	固安华明印业有限公司
开　　本	787mm×1092mm　1/16
印　　张	13.75
字　　数	316 千字
版　　次	2022 年 6 月第 1 版
印　　次	2022 年 6 月第 1 次印刷
定　　价	49.00 元

目　录

国际法

国际私法

国际经济法

国际法

第一章　国际法导论

大咖点拨区

考点一　国际法的渊源

国际人道法中的区分对象原则（区分军事与非军事目标，区分战斗员与平民）是一项已经确立的国际习惯法原则，也体现在《1977 年日内瓦四公约第一附加议定书》中。甲乙丙三国中，甲国是该议定书的缔约国，乙国不是，丙国曾是该议定书的缔约国，后退出该议定书。根据国际法的有关原理和规则，下列哪些选项是错误的？（2007/1/77，多选）

A. 该原则对甲国具有法律拘束力，但对乙国没有法律拘束力

B. 丙国退出该议定书后，该议定书对丙国不再具有法律拘束力

C. 丙国退出该议定书后，该原则对丙国不再具有法律拘束力

D. 该原则对于甲乙丙三国都具有法律拘束力

【解析】国际习惯，是由各国重复类似的行为而形成的具有法律约束力的行为规则或制度。作为国际法的渊源之一，国际习惯具有普遍约束力。本题中，区分对象原则属于国际习惯，无论一国是否加入相关条约，该原则对所有国家均有法律拘束力，A 项错误，D 项正确。由于丙国已退出该议定书，作为国际条约的该议定书对丙国不再具有法律拘束力，B 项正确；但作为国际习惯的区分对象原则并不因此而失效，其对丙国仍然具有法律拘束力，C 项错误。

【答案】AC

扫码听课

考点二　国际法基本原则

1. 关于国际法基本原则，下列哪些选项是正确的？（2013/1/75，多选）

A. 国际法基本原则具有强行法性质

B. 不得使用威胁或武力原则是指禁止除国家对侵略行为进行的自卫行动以外的一切武力的使用

C. 对于一国国内的民族分离主义活动，民族自决原则没有为其提供任何国际法根据

D. 和平解决国际争端原则是指国家间在发生争端时，各国都必须采取和平方式予以解决

扫码听课

【解析】国际法基本原则，是指被各国公认的，适用于国际法所有领域，构成国际法基础并具有强行法性质的原则，A项正确。不得使用威胁或武力原则，指各国在其国际关系上不得以武力或武力威胁，侵害任何国家的政治独立和领土完整，不得以任何与联合国宪章或其他国际法原则所不符的方式使用武力。但该原则并非禁止一切武力的使用，两种情形下的武力使用是允许的：（1）国家对侵略行为进行的自卫行动；（2）联合国集体安全制度下的武力使用（即安理会授权动武）。B项错误。民族自决原则，指被殖民统治和压迫的民族具有决定自己命运，摆脱殖民统治，建立民族独立国家的权利。对于一国国内的民族分离主义活动，民族自决原则没有为其提供任何国际法根据，C项正确。和平解决国际争端原则，是指国家间在发生争端时，各国都必须采取和平方式予以解决，争端当事国及其他国家应避免任何使争端或情势恶化的措施或行动，D项正确。

【答案】ACD

2. 亚金索地区是位于甲乙两国之间的一条山谷。18世纪甲国公主出嫁乙国王子时，该山谷由甲国通过条约自愿割让给乙国。乙国将其纳入本国版图一直统治至今。2001年，乙国发生内乱，反政府武装控制该山谷并宣布脱离乙国建立"亚金索国"。该主张遭到乙国政府的强烈反对，但得到甲国政府的支持和承认。根据国际法的有关规则，下列哪一项是正确的？（2007/1/30，单选）

A. 国际法中的和平解决国际争端原则要求乙国政府在解决"亚金索国"问题时必须采取非武力的方式

B. 国际法中的民族自决原则为"亚金索国"的建立提供了充分的法律根据

C. 上述18世纪对该地区的割让行为在国际法上是有效的，该地区的领土主权目前应属于乙国

D. 甲国的承认，使得"亚金索国"满足了国际法上构成国家的各项要件

【解析】和平解决国际争端原则，指国家间在发生争端时，各国都必须采取和平方式予以解决，禁止将武力或武力威胁的方式付诸于任何争端的解决过程。该原则仅适用于解决国家间争端，本题中"亚金索国"并非国际法上的国家，而是乙国反政府武装成立的组织，乙国与叛乱组织之间的争端属一国内政，不适用和平解决国际争端原则，故乙国可以决定采取武力或非武力方式解决争端，A项错误。民族自决原则，指在帝国主义殖民统治和奴役下的被压迫民族有权自主决定自己的命运，摆脱殖民统治，建立民族独立国家的权利。该原则只严格适用于殖民地民族的独立，对于一国国内的民族分离主义活动，民族自决原则没有为其提供任何国际法根据，B项错误。割让，指一国根据条约将部分领土转移给另一国，分为强制割让和非强制割让。强制割让，即一国通过武力迫使他国割让领土，是战争或胁迫的结果，违反国际法；非强制割让，即国家自愿通过条约将部分领土转移给他国，包括领土的买卖、赠与及互换等，非强制割让合法有效。本题中，甲国通过条约将山谷自愿割让给乙国，属非强制割让，合法有效，C项正确。在国际法上，国家须具备四个要素：定居的居民、确定的领土、政府和主权，并不包括要得到其他国家的承认。对国家的承认，是既存国家对新国家出现这一事实的单方面宣告和认定，这种承认本身并不是新国家成为国际法主体的条件，D项错误。

【答案】C

第二章　国际法律责任

考点一　国家的管辖权

甲国留学生林某在乙国留学期间遭乙国歹徒杀害，现甲国欲对该案件行使管辖。根据国际法，下列说法正确的是？

A. 甲国对该案拥有管辖权，故甲国可直接派出警察到乙国将罪犯抓回本国审判

B. 如该罪犯从乙国潜逃后进入甲国，则甲国可将其逮捕并进行审判

C. 如该罪犯从乙国潜逃至丙国，则甲国可通过引渡实现管辖

D. 甲国对该案的管辖属于保护性管辖

扫码听课

【解析】保护性管辖，指国家对于在本国领域外从事对该国国家或其公民犯罪行为的外国人进行管辖的权利。本题中，甲国公民在乙国遭到乙国歹徒杀害，甲国欲进行保护，显然属于保护性管辖，D 项正确。保护性管辖的实现方式有两种：（1）行为人进入受害国时依法逮捕；（2）通过引渡实现受害国的管辖。B、C 正确。在国际法上，一国不得未经他国同意，随意进入他国领土实施管辖，A 项错误。

【答案】BCD

考点二　国家主权豁免

1. 甲国某公司与乙国驻甲国使馆因办公设备合同产生纠纷，并诉诸甲国法院。根据相关国际法规则，下列哪些选项是正确的？（2014/1/75，多选）

A. 如合同中有适用甲国法律的条款，则表明乙国放弃了其管辖的豁免

B. 如乙国派代表出庭主张豁免，不意味着其默示接受了甲国的管辖

C. 如乙国在本案中提起了反诉，则是对管辖豁免的默示放弃

D. 如乙国曾接受过甲国法院的管辖，甲国法院即可管辖本案

扫码听课

【解析】根据 2004 年《国家及其财产管辖豁免公约》，一国在他国法院提起诉讼、介入诉讼或提起反诉，视为对国家主权豁免的默示放弃，C 项正确。根据该公约，下列行为不构成放弃豁免：（1）一国同意适用另一国的法律；（2）一国出庭主张豁免或主张对有待裁决财产的权利；（3）一国代表在另一国法院出庭作证；（4）一国未在另一国法院的诉讼中出庭。A 项错误，B 项正确。国家主权豁免的放弃是特定和明确的，一国对某一特定案件或事项放弃豁免权，并不意味着在今后所有案件或事项中都放弃豁免权，D 项错误。

【答案】BC

2. 甲国政府与乙国A公司在乙国签订一份资源开发合同后，A公司称甲国政府未按合同及时支付有关款项。纠纷发生后，甲国明确表示放弃关于该案的诉讼管辖豁免权。根据国际法规则，下列哪一选项是正确的？（2010/1/30，单选）

A. 乙国法院可对甲国财产进行查封

B. 乙国法院原则上不能对甲国强制执行判决，除非甲国明示放弃在该案上的执行豁免

C. 如第三国法院曾对甲国强制执行判决，则乙国法院可对甲国强制执行判决

D. 如乙国主张限制豁免，则可对甲国强制执行判决

【解析】国家对管辖豁免的放弃，并不意味着对执行豁免的放弃，即使国家放弃了管辖豁免，外国法院也不能因此当然地对该国国家财产实施扣押、查封等强制执行措施，执行豁免的放弃必须另行明示作出。A项错误，B项正确。国家主权豁免的放弃应是"特定"和"明确"的，一国对某一特定案件或事项放弃豁免权，并不意味着在今后所有案件或事项中都放弃豁免权，C项错误。国家主权豁免分绝对豁免和限制豁免：坚持绝对豁免主义的国家认为，不论行为的性质如何，国家的一切行为都享有豁免；坚持限制豁免主义的国家认为，并非所有国家行为都可享有豁免，国家的商业行为不享有豁免，只有非商业行为才享有豁免。本题中，无论乙国主张何种豁免，只有在甲国明示放弃执行豁免时，才可对其采取执行措施，D项错误。

【答案】B

3. 克森公司是甲国的一家国有物资公司。去年，该公司与乙国驻丙国的使馆就向该使馆提供馆舍修缮材料事宜，签订了一项供货协议。后来，由于使馆认为克森公司交货存在质量瑕疵，双方产生纠纷。根据国际法的有关规则，下列哪一选项是正确的？（2008/1/32，单选）

A. 乙国使馆无权在丙国法院就上述事项提起诉讼

B. 克森公司在丙国应享有司法管辖豁免

C. 乙国使馆可以就该事项向甲国法院提起诉讼

D. 甲国须对克森公司的上述行为承担国家责任

【解析】根据国家主权豁免原则，一国法院非经外国同意，不受理以外国国家为被告或国家行为作为诉由的诉讼。国家主权豁免可以放弃，一国在他国法院提起诉讼、介入诉讼或提起反诉，视为对国家主权豁免的默示放弃。使馆是一国的代表，此种豁免及其放弃规则也适用于使馆，故使馆有权放弃豁免，在接受国法院就有关事项提起诉讼，A项错误。克森公司是甲国的国有公司，国有公司虽然出资方为国家，但其具有独立的法律人格，并非国家的代表，不能享有国家主权豁免，B项错误。克森公司是甲国公司，乙国使馆可以作为普通原告就该事项向甲国法院起诉，C项正确。作为独立的法人，克森公司并非国家的代表，对外独立承担法律责任，甲国无须对克森公司的行为承担国家责任，D项错误。

【答案】C

4. 国家主权豁免是指国家的行为及其财产不受或免受他国管辖。国家主权豁免的放弃可以分为明示放弃和默示放弃两种。关于国家主权豁免的放弃，下列说法正确的是？

A. 国家豁免的默示放弃包括国家作为原告在外国法院提起诉讼、出庭阐述立场

B. 国家对于管辖豁免的放弃并不意味着对执行豁免的放弃

C. 如果一国在某个案件中曾接受过别国法院管辖，则意味着其在今后任何案件中都放弃了豁免

D. 联合国大会通过的《联合国国家及其财产管辖豁免公约》采纳了限制豁免主义立场，由此可见，限制豁免原则已经发展成为一项有效的国际习惯法规则

【解析】国家主权豁免的默示放弃，即国家通过某种行为进行放弃，包括：（1）国家作为原告在外国法院起诉；（2）国家正式出庭应诉；（3）国家提起反诉；（4）国家作为诉讼利害关系人介入诉讼。根据2004年《联合国国家及其财产管辖豁免公约》，下列行为不构成放弃豁免：（1）一国同意适用另一国的法律；（2）一国出庭主张豁免或主张对有待裁决财产的权利；（3）一国代表在另一国法院出庭作证；（4）一国未在另一国法院的诉讼中出庭。可见，国家作为原告在外国法院提起诉讼属于放弃豁免，而出庭阐述立场则不属于，A项错误。实践中，国家对管辖豁免的放弃，并不意味着对执行豁免的放弃，B项正确。国家主权豁免的放弃是"特定"和"明确"的，即一国对某一特定案件或事项放弃豁免权，并不意味着在今后所有案件或事项中都放弃豁免权，C项错误。国家主权豁免分绝对豁免和限制豁免，绝对豁免主义认为，不论行为的性质如何，国家的一切行为都享有豁免；限制豁免主义认为，并非所有国家行为都可享有豁免，国家的商业行为不享有豁免，只有非商业行为才享有豁免。联合国大会于2004年通过的《联合国国家及其财产管辖豁免公约》也采取了限制豁免主义立场。但该公约目前还没有生效，传统的绝对豁免主义原则仍被认为是一项有效的国际习惯法规则，D项错误。

【答案】B

考点三　国际法上的承认

1. 甲乙二国建立正式外交关系数年后，因两国多次发生边境冲突，甲国宣布终止与乙国的外交关系。根据国际法相关规则，下列哪一选项是正确的？（2010/1/29，单选）

A. 甲国终止与乙国的外交关系，并不影响乙国对甲国的承认

B. 甲国终止与乙国的外交关系，表明甲国不再承认乙国作为一个国家

C. 甲国主动与乙国断交，则乙国可以撤回其对甲国作为国家的承认

D. 乙国从未正式承认甲国为国家，建立外交关系属于事实上的承认

扫码听课

【解析】法律承认和事实承认划分的标准在于，承认者作出承认时，是将承认的对象作为一种法律上的存在，还是一种事实上的存在。法律承认，指认定被承认者作为法律的正式人格的存在，表明承认者愿意与被承认者发展全面正常的关系，带来全面而广泛的法律效果。这种承认是正式、不可撤销的，通常所说的承认都是指法律承认。事实承认，主要存在于英美外交实践中，指为了处理既需要与某个对象进行交往而又不愿或不宜与其进行全面正式交往的情况，产生的一

种权宜做法,如对叛乱团体的承认往往为一种权宜做法。事实承认是不完全、非正式和暂时性的,可随时撤销。

承认的形式包括明示和默示两种,明示承认即以明白的语言文字直接表达承认的意思,默示承认则是通过有关行为表示承认。本题中,甲乙二国建立正式外交关系,属于默示承认,同时,此种承认属法律承认,不可撤销也不可撤回,即使两国终止外交关系,也不影响一国对另一国已作出的承认,A项正确,B、C错误。乙国虽未明示承认甲国为国家,但其与甲国建立外交关系即构成了对甲国的默示承认,该种承认是法律承认,通常对叛乱团体的承认等权宜做法才是事实上的承认,D项错误。

【答案】A

2. L国发生内乱,反政府武装成立"全国过渡委员会"并最终夺取政权,世界上多个国家承认其为L国惟一合法政府。对此,下列说法错误的是?

A. A国政府与L国"全国过渡委员会"互相接受领事,这属于默示承认

B. B国政府与L国"全国过渡委员会"签订一项商务条约,这意味着对其进行了承认

C. C国政府承认L国"全国过渡委员会",意味着其撤销了对旧政府的承认

D. D国政府表示承认后,在国际法上即有义务尊重L国"全国过渡委员会"作为国家合法代表的一切资格和权利

【解析】 国际法上的承认,指既存国家或国际组织对新国家、新政府或其他事态的出现,以一定方式表示接受,同时表明愿意与其发展正常关系的单方面行为。以下行为表明一国政府对另一国政府进行了承认:(1)建立外交关系;(2)缔结政治性条约;(3)正式接受领事;(4)正式投票支持参加政府间国际组织。A项正确。B项中两国签订的是商务条约,并非政治性条约,不构成承认,B项错误。政府承认将产生两个法律后果:(1)意味着对旧政府承认的撤销;(2)承认者必须尊重新政府拥有的作为国家合法代表的一切资格和权利。C、D正确。

【答案】B

考点四 国际法上的继承

1. 甲国分立为"东甲"和"西甲",甲国在联合国的席位由"东甲"继承,"西甲"决定加入联合国。"西甲"与乙国(联合国成员)交界处时有冲突发生。根据相关国际法规则,下列哪一选项是正确的?(2014/1/32,单选)

A. 乙国在联大投赞成票支持"西甲"入联,一般构成对"西甲"的承认

B. "西甲"认为甲国与乙国的划界条约对其不产生效力

C. "西甲"入联后,其所签订的国际条约必须在秘书处登记方能生效

D. 经安理会9个理事国同意后,"西甲"即可成为联合国的会员国

【解析】 国际法上的承认,指既存国家或国际组织对新国家、新政府或其他事态的出现,以一定方式表示接受,同时表明愿意与其发展正常关系的单方面行为。承认的形式包括明示和默示两种,明示承认即以明白的语言文字直接表达承认的意思;默示承认则是通过有关行为表示承认,主要包括:(1)建立外交关

扫码听课

扫码听课

系；（2）缔结政治性条约；（3）正式接受领事；（4）正式投票支持参加政府间国际组织。A项即为第四种行为，属于承认，正确。

国际法上的继承，指在特定情况下，国际法上的权利义务由一个承受者转移给另一个承受者所发生的法律关系。一般来说，与领土有关的"非人身性条约"，如有关领土边界、河流交通、水利灌溉等条约，属于继承的范围，故甲国与乙国的划界条约对"西甲"继续有效，B项错误。

根据《维也纳条约法公约》和《联合国宪章》，联合国任何会员国所缔结的一切条约应尽速在秘书处登记，未在联合国秘书处登记的条约，不得在联合国任何机关援引。可见，"西甲"签订的条约未经登记只是不得在联合国任何机关援引，并非不能生效，C项错误。根据《联合国宪章》，一个国家经安理会审议通过后向大会推荐，然后经大会审议并2/3多数通过，方可成为联合国会员国，D项错误。

【答案】 A

2. 甲国与乙国1992年合并为一个新国家丙国。此时，丁国政府发现，原甲国中央政府、甲国南方省，分别从丁国政府借债3000万美元和2000万美元。同时，乙国元首以个人名义从丁国的商业银行借款100万美元，用于乙国1991年救灾。上述债务均未偿还。甲乙丙丁四国没有关于甲乙两国合并之后所涉债务事项的任何双边或多边协议。根据国际法中有关原则和规则，下列哪一选项是正确的？（2008/1/33，单选）

A. 随着一个新的国际法主体丙国的出现，上述债务均已自然消除
B. 甲国中央政府所借债务转属丙国政府承担
C. 甲国南方省所借债务转属丙国政府承担
D. 乙国元首所借债务转属丙国政府承担

【解析】 国际法上的继承，指在特定情况下，国际法上的权利义务由一个承受者转移给另一个承受者所发生的法律关系。关于国家债务的继承，实践中，国家继承的债务包括：（1）国家债务（国家整体所负，对他国或国际组织所借之债）；（2）地方化债务（以国家名义所借，用于国内特定地方的债务）。国家不予继承的债务包括：（1）地方债务（地方政府承担的对他国或国际组织所借之债）；（2）国家对外国私人所负之债；（3）个人对外所负债务；（4）恶债（违反国际法基本原则或违背继承国根本利益所负之债，如：战争债务）。在国家合并的情况下，国家的债务应转属继承国，并不能自然消除，A项错误。甲国中央政府所借债务属于国家债务，应由丙国继承，B项正确。甲国南方省所借债务属于地方债务，丙国政府不予继承，C项错误。乙国元首以个人名义从丁国商业银行的借款属于其个人债务，不应由丙国政府承担，D项错误。

【答案】 B

3. 甲国和乙国本为两个独立国家，2001年两国合并成立丙国，下列选项中哪些属于丙国政府应该继承的债务？

A. 甲国政府向丁国政府所贷款项
B. 甲国政府关于甲国南方省水利项目向丁国政府所贷款项
C. 乙国北方省政府向丁国政府所贷款项
D. 乙国东方公司向丁国政府所贷款项

大咖点拨区

【解析】根据一般国际法，需要继承的债务包括：（1）国家债务；（2）地方化债务，即以国家名义所借，用于国内特定地方的债务。下列债务一般不继承：（1）地方债务；（2）国家对外国私人所负之债；（3）私人对外所负债务；（4）恶债。A项属于国家债务，B项属于地方化债务，应当继承。C项属于地方债务，D项属于私人所负债务，不继承。

【答案】AB

考点五　国际组织

1. 联合国会员国甲国出兵侵略另一会员国。联合国安理会召开紧急会议，讨论制止甲国侵略的决议案，并进行表决。表决结果为：常任理事国4票赞成、1票弃权；非常任理事国8票赞成、2票否决。据此，下列哪一选项是正确的？（2016/1/32，单选）

A. 决议因有常任理事国投弃权票而不能通过

B. 决议因非常任理事国两票否决而不能通过

C. 投票结果达到了安理会对实质性问题表决通过的要求

D. 安理会为制止侵略行为的决议获简单多数赞成票即可通过

【解析】安理会的表决事项分为程序性事项和非程序性事项。（1）对于程序性事项，安理会中只要有9个同意票即可通过。（2）非程序性事项，也叫做实质性事项，其通过要满足"大国一致原则"：第一，同意票必须达到9票；第二，不得有常任理事国的反对票；第三，常任理事国的弃权或缺席不影响决议的通过。常见的"非程序性事项"包括：（1）和平解决国际争端及采取有关行动；（2）向大会推荐接纳新会员国或秘书长人选；（3）建议中止会员国权利或开除会籍。

本题中，"制止甲国侵略的决议案"属于上述第一类非程序性事项，对此，常任理事国的弃权不影响决议的通过，A项错误。对于非程序性事项，常任理事国拥有否决权，非常任理事国并不享有否决权，B项错误。本题中，共12票赞成（已达到9票），且没有常任理事国投反对票，常任理事国的1票弃权不影响决议的通过，符合"大国一致原则"，决议可以通过，C项正确。"简单多数"一般指刚过半数的情况，制止侵略行为的决议属非程序性事项，须满足上述"大国一致原则"，仅简单多数赞成不能通过，D项错误。

【答案】C

2. 联合国大会由全体会员国组成，具有广泛的职权。关于联合国大会，下列哪一选项是正确的？（2015/1/32，单选）

A. 其决议具有法律拘束力

B. 表决时安理会5个常任理事国的票数多于其他会员国

C. 大会是联合国的立法机关，三分之二以上会员国同意才可以通过国际条约

D. 可以讨论《联合国宪章》范围内或联合国任何机关的任何问题，但安理会正在审议的除外

【解析】根据《联合国宪章》，大会对于联合国组织内部事务通过的决议对于

会员国具有拘束力，对于其他一般事项作出的决议属于建议性质，不具有法律拘束力，A 项错误。大会表决实行会员国一国一票制，B 项错误。大会不是联合国的立法机关，而主要是一个审议和建议机关，对于一般问题的决议采取简单多数通过，对于其他重要问题的决议采取 2/3 多数通过，C 项错误。大会具有广泛的职权，可以讨论宪章范围内或联合国任何机关的任何问题，但安理会正在审议的除外，D 项正确。

【答案】 D

3. 由于甲国海盗严重危及国际海运要道的运输安全，在甲国请求下，联合国安理会通过决议，授权他国军舰在经甲国同意的情况下，在规定期限可以进入甲国领海打击海盗。据此决议，乙国军舰进入甲国领海解救被海盗追赶的丙国商船。对此，下列哪一选项是正确的？（2009/1/31，单选）

A. 安理会无权作出授权外国军舰进入甲国领海打击海盗的决议

B. 外国军舰可以根据安理会决议进入任何国家的领海打击海盗

C. 安理会的决议不能使军舰进入领海打击海盗成为国际习惯法

D. 乙国军舰为解救丙国商船而进入甲国领海属于保护性管辖

【解析】 安理会是联合国在维持国际和平与安全为面负主要责任的机关，也是联合国内唯一有权采取行动的机关。本题中，甲国海盗严重危及国际运输安全，安理会有权作出授权外国军舰打击海盗的决议，A 项错误。本题中，安理会授权外国军舰打击海盗的范围限于甲国领海，并非任何国家的领海，B 项错误。国际习惯是由各国重复类似的行为而形成的具有法律约束力的行为规则或制度。国际习惯的构成须具备两个要素：一是物质要件，即存在各国重复类似的行为；二是心理要件，即重复类似的行为模式被各国认为具有法律拘束力。不能仅仅因为安理会的一项决议就使一种行为模式成为国际习惯，C 项正确。保护性管辖权，是指国家对于在其领土范围以外从事严重侵害该国或其公民重大利益的行为的外国人进行管辖的权利。普遍性管辖权，是指根据国际法的规定，对于危害国际安全与和平及全人类利益的某些国际犯罪行为，不论该行为人国籍及行为发生地，各国都有进行管辖的权利。保护性管辖针对的是侵害本国或其公民重大利益的行为，乙国军舰为解救丙国商船做出的行为显然不属于保护性管辖，而海盗罪属于普遍性管辖的范围，故本题中乙国军舰为解救丙国商船而进入甲国领海的行为属于普遍性管辖，D 项错误。

【答案】 C

4. 甲国是联合国的会员国。2006 年，联合国驻甲国的某机构以联合国的名义，与甲国政府签订协议，购买了一批办公用品。由于甲国交付延期，双方产生纠纷。根据《联合国宪章》和有关国际法规则，下列哪一选项是正确的？（2008/1/29，单选）

A. 作为政治性国际组织，联合国组织的上述购买行为自始无效

B. 上述以联合国名义进行的行为，应视为联合国所有会员国的共同行为

C. 联合国大会有权就该项纠纷向国际法院提起针对甲国的诉讼，不论甲国是否同意

D. 联合国大会有权就该项纠纷请求国际法院发表咨询意见，不论甲国是否同意

【解析】 联合国作为国际法主体，除能独立参与国际关系，也拥有类似国家所具备的权利能力和行为能力，可以联合国的名义从事民事行为，A 项错误。国际组织的权利能力和行为能力是成员国通过国际组织章程所赋予的，国际组织一旦成立，即具有独立的法律人格，以自己名义独立享有权利和承担义务，因此，以联合国名义进行的行为，只能视为联合国该国际组织本身的行为，不能视为会员国的行为，B 项错误。国际法院只受理国与国之间的争端，国际组织、法人或个人都不能成为国际法院的诉讼当事方，C 项错误。国际法院除诉讼活动外，还有提供法律咨询的重要职能，称为咨询管辖权。联合国大会、大会临时委员会、安理会、经社理事会、托管理事会等以及经大会授权的联合国专门机构或其他机构，可以请求国际法院发表咨询意见，而任何国家、团体、个人包括联合国秘书长，都无权请求法院发表咨询意见，D 项正确。

【答案】 D

5. 下面关于安理会表决制度和职权的说法正确的是？

A. 对于程序性事项的决议，不要求五大国一致同意，只需任意 9 个理事国的同意票即可通过

B. 对非程序性事项的决议，要求包括全体常任理事国在内的 9 个同意票，但常任理事国的弃权或缺席不影响决议的通过

C. 对于程序性事项，即使有常任理事国投反对票，决议仍可能通过

D. 安理会可以对争端的解决提出建议，也可以通过采取武力行动的决议，该决议只对争端当事国具有约束力

扫码听课

【解析】 安理会的表决事项分为程序性事项和非程序性事项。对于程序性事项，安理会中只要有 9 个同意票即可通过，A、C 正确。对于非程序性事项，其通过要满足"大国一致原则"：（1）同意票必须达到 9 票；（2）不得有常任理事国的反对票；（3）常任理事国的弃权或缺席不影响决议的通过。B 项正确。安理会可以对争端的解决提出建议，也可以通过采取武力行动的决议，安理会作出的决议，对当事国和所有成员国都有拘束力，D 项错误。

【答案】 ABC

6. 根据《联合国宪章》，对于联合国秘书长的选举和成为会员国的程序，下列表述正确的是？

A. 秘书长由联合国安理会采取关于实质性事项的投票程序，直接表决选出

B. 秘书长由安理会采取实质性事项表决程序推荐，经联合国大会以简单多数表决通过

C. 申请国须经安理会采取实质性事项表决程序推荐，经联合国大会以简单多数表决通过，方可成为会员国

D. 申请国须经安理会采取实质性事项表决程序推荐，经联合国大会以 2/3 多数表决通过，方可成为会员国

扫码听课

【解析】 秘书长是联合国的行政首长，由安理会采取实质性事项表决程序推荐，经大会简单多数票通过后委任，A 项错误，B 项正确。一个国家要成为联合国会员国，首先应向秘书长提出申请，秘书长将其申请交由安理会，安理会审议并采取实质性事项表决程序通过后向大会推荐，经联合国大会审议并以 2/3 多数通过，C 项错误，D 项正确。

【答案】BD

7. 在当前国际法下，以下有关非政府组织的说法中正确的是？
A. 非政府组织不属于国际法主体
B. 一国有权依照其本国法律阻止某非政府组织在本国的活动
C. 非政府组织在某国从事活动，必须遵守该国法律
D. 如果某非政府组织获得联合国经社理事会注册咨商地位，则可以被视为政府间国际组织

大咖点拨区

扫码听课

【解析】当前，非政府组织不是国际法主体；非政府组织在一国注册登记成立，即受该国国内法规范；如非政府组织在他国活动，也应当遵守当地法律。ABC 正确。非政府组织取得联合国咨商地位或观察员身份后，在联合国系统内拥有向联合国相关机构提出咨询意见的权利，可参与联合国一定范围内的活动，但这并不能改变其本身非政府的属性。D 项错误。

【答案】ABC

考点六　国际责任

1. 乙国民航因机械故障坠毁在甲乙两国边界并引发森林火灾，甲乙两国界碑也因此损毁，乙国组织力量紧急救援，为灭火和抢救生命，救援队擅自进入甲国界数十米。尽管乙国尽力救助，火灾还是给甲国造成了财产损失。根据国际法相关规则，下列说法中正确的是哪项？（2021 网络回忆版）
A. 乙国救援人员未经甲国同意越过边境救灾，构成国际不法行为
B. 乙国可自行修复界碑，恢复后通知甲国
C. 乙国通知甲国后，应尽快修复界碑
D. 乙国无需承担甲国因火灾致损的国际责任

扫码听课

【解析】在四种情况下，加害国行为的不法性可被排除：（1）受害国同意；（2）对抗与自卫；（3）不可抗力和偶然事故；（4）危难或紧急状态。本题中，乙国救援队是在危难或紧急状态下而进入甲国，其行为不法性可被排除，A 项错误。

对于界标的维护，若一方发现界标被移动或损坏，应尽快通知另一方，在双方代表在场的情况下修复或重建。本题中，乙国应通知甲国，然后在甲乙两国代表在场情况下修复界碑，B、C 错误。

本题中的火灾是因飞机故障所致，不能归因于国家，乙国无需承担国际责任，D 项正确。

【答案】D

2. 甲国某核电站因极强地震引发爆炸后，甲国政府依国内法批准将核电站含低浓度放射性物质的大量污水排入大海。乙国海域与甲国毗邻，均为《关于核损害的民事责任的维也纳公约》缔约国。下列哪一说法是正确的？（2011/1/32，单选）
A. 甲国领土范围发生的事情属于甲国内政
B. 甲国排污应当得到国际海事组织同意

扫码听课

C. 甲国对排污的行为负有国际法律责任，乙国可通过协商与甲国共同解决排污问题

D. 根据"污染者付费"原则，只能由致害方，即该核电站所属电力公司承担全部责任

【解析】甲国的排污行为虽在其境内进行，但危害具有跨国性，对乙国将造成影响，已超出甲国的内政范围，A 项错误。国际海事组织宗旨为促进各国间的航运技术合作，鼓励各国在促进海上安全、提高船舶航行效率、防止和控制船舶对海洋污染方面采取统一的标准，处理有关的法律问题。本题并非涉及船舶污染海洋问题，无需得到国际海事组织同意，B 项错误。甲国的排污行为危害到乙国利益，应对此承担相应责任，两国可通过协商共同解决排污问题，C 项正确。根据《关于核损害的民事责任的维也纳公约》，在核能利用领域实行双重责任制，国家与营运人共同承担对外国损害的赔偿责任。国家保证承运人的赔偿责任，并在营运人不足赔偿的情况下，对规定的限额进行赔偿。D 项错误。

【答案】C

扫码听课

3. 甲国某船运公司的一艘核动力商船在乙国港口停泊时突然发生核泄漏，使乙国港口被污染，造成严重损害后果。甲乙两国都是《关于核损害的民事责任的维也纳公约》及《核动力船舶经营人公约》的缔约国。根据上述公约及有关规则确定，乙国此时应得到 7800 万美元的赔偿，但船运公司实际赔偿能力最多只能够负担 5000 万美元。对此事件，根据国际法上的国家责任制度，甲国国家对乙国承担的义务是什么？

A. 甲国国家应承担全部 7800 万美元的赔付

B. 甲国有义务在保证船运公司赔付乙国 5000 万美元的同时，船运公司无力赔付的其余 2800 万美元，由甲国政府先行代为赔付

C. 甲国有义务保证督促船运公司进行赔偿，但以船运公司能够负担的实际赔偿能力为限，即只能赔付 5000 万美元，其余 2800 万美元可以不予赔付

D. 由于该行为不是甲国国家所从事，故甲国国家不需就此事件承担任何义务

【解析】传统国际法要求，国家仅在违背其国际义务的情况下承担国际责任。当代，随着科学技术的发展，国家越来越多从事核能利用、航空航天、跨界河流开发等高危险性活动。此类活动国际法虽不禁止，但如对别国造成损害，受害国也可要求赔偿，这就是所谓的国际赔偿责任。现行的赔偿责任制度包括：（1）国家责任制，即国家承担对外国损害的责任。主要适用于外空探索领域；（2）双重责任制，即国家与营运人共同承担对外国损害的赔偿责任，换言之，国家保证营运人的赔偿责任，并在营运人不足赔偿的情况下，对规定的限额进行赔偿。主要适用于核能利用领域；（3）营运人责任制，即无论营运人是国家或私人企业，都由营运人直接承担赔偿责任。适用于其他领域。本题中，《关于核损害的民事责任的维也纳公约》及《核动力船舶经营人公约》均采用双重责任制，B 项正确。

【答案】B

4. 甲国批准了一项 A 条约，同时规定，当国内法与 A 条约抵触时，采取优先适用国内法的做法。后甲国议会通过的一项法律与 A 条约发生抵触，对于由此而发生的法律后果，下列说法正确的是？

A. 应依甲国宪法确定甲国是否应承担国际法律责任

扫码听课

B. 应由联合国国际法委员会决定甲国是否应承担国际法律责任
C. 因甲国采取的是优先适用国内法的做法，故甲国可以免责
D. 甲国应当承担国际法律责任

【解析】 一国是否承担国际法律责任应依据国际法确定，而非依据一国宪法确定，A 项错误。联合国国际法委员会是联合国内专门负责国际法编纂的机构，并非认定责任的裁判机关，B 项错误。关于国际法与国内法的关系，国家不得以其国内法规定来对抗其承担的国际义务，或以国内法规定作为违背国际义务的理由来逃避其国际责任；同时，国际法不干预一国国内法的制定，除非该国承担了相关特殊义务。本题中，尽管甲国采取优先适用国内法的做法，但国内立法的内容违背其承担的国际义务，甲国仍应对此承担国际责任，C 项错误，D 项正确。

【答案】 D

第三章　国际法上的空间划分

考点一　领土和领土主权

扫码听课

1. 奥尔菲油田跨越甲乙两国边界，分别位于甲乙两国的底土中。甲乙两国均为联合国成员国，且它们之间没有相关的协议。根据有关的国际法规则和国际实践，对油田归属与开发，下列哪一选项是正确的？（2007/1/34，单选）

A. 该油田属于甲乙两国的共有物，其中任何一国无权单独进行勘探和开采

B. 该油田位于甲乙两国各自底土中的部分分属甲国、乙国各自所有

C. 该油田的开发应在联合国托管理事会监督下进行

D. 无论哪一方对该油田进行开发，都必须与另一方分享所获的油气收益

【解析】领土，是国家主权支配和管辖下的地球的特定部分及附属的特定上空。它由领陆、领水、领空和底土四部分构成。底土是领陆和领水下面的部分，理论上一直延伸到地心，国家对于底土及其中的资源拥有完全主权。本题中，奥尔菲油田跨越甲乙两国边界，分别位于甲乙两国的底土中，甲乙两国对位于自己底土中的油田分别拥有主权，B项正确。底土中的油田并非共有物，而属于两国分别所有，两国对位于本国底土中的油田可单独开采，无须与另一方分享收益，A、D错误。联合国托管理事会，是在大会权力下，负责监督托管领土行政管理的机关，其职责并不涉及对油田开发的监督，C项错误。

【答案】B

2. 大丰岛本是甲国固有领土，早在约500年前该岛已被列入其管辖范围。后乙国在一次战争中占领大丰岛，并声称对该岛拥有主权。但甲国对乙国的占领从未予以承认，多次在各种场合表明自己拥有大丰岛主权的立场。根据有关国际法，下列说法正确的是？

A. 大丰岛在乙国占领前并无人居住，因此乙国对大丰岛的占领构成先占

B. 乙国在大丰岛上派驻军队，即可构成对大丰岛的先占

C. 乙国如持续占领大丰岛100年以上，即可取得大丰岛的主权

D. 因大丰岛在乙国占领前并非无主地，故乙国的占领不能构成先占

扫码听课

【解析】先占，指国家有意识地取得不在其他任何国家主权下土地的主权的行为。先占必须具备两个条件：（1）先占的对象必须为无主地；（2）先占应为"有效占领"。所谓"有效占领"包含两个要求：第一，国家应具有取得该无主地主权的意思，并公开地表现出来；第二，国家对该地采取实际的控制，包括采取立法、司法、行政措施等。本题中，大丰岛虽无人居住，但为甲国固有领土，并非无主地，故乙国的占领不能构成先占，A、B错误，D项正确。时效，指由于国家公开地、不受干扰地、长期占有他国领土，从而获得该领土的主权。通过时效

取得领土主权，须满足"公开"、"不受干扰"和"长期"的条件，其中，"不受干扰"地占有，即占有的事实得到被占国的默认，本题中，甲国对乙国的占领从未予以承认；同时，对于取得时效的期限，国际法上没有明确规定，100年的占领期限也不能成为其取得领土的合法依据。C项错误。

【答案】 D

考点二　河流制度

扫码听课

1. 顺河为甲乙两国的界河，双方对界河的划界使用没有另行约定，根据国际法的相关规则，下列哪一行为是合法的？（2019网络回忆版）
A. 甲国渔民在全部河面上捕鱼
B. 甲国渔船遭遇狂风，为紧急避险可未经许可停靠乙国河岸
C. 乙国可不经甲国许可在顺河修建堤坝
D. 乙国发生旱灾，可不经甲国许可炸开自己一方堤坝灌溉农田

【解析】 渔民只能在本国一侧水域捕鱼，A项错误。船舶航行时应具有国籍标志，除遇难等特殊情况外，一方船舶不得在对方靠岸停泊，B项正确。一方在界水上修建工程设施应取得另一方同意，C项错误。一国在使用界水时，不得使河水枯竭或泛滥，不得故意使河水改道，D项错误。

【答案】 B

扫码听课

2. 甲河是多国河流，乙河是国际河流。根据国际法相关规则，下列哪些选项是正确的？（2011/1/74，多选）
A. 甲河沿岸国对甲河流经本国的河段拥有主权
B. 甲河上游国家可对自己享有主权的河段进行改道工程，以解决自身缺水问题
C. 乙河对非沿岸国商船也开放
D. 乙河的国际河流性质决定了其属于人类共同的财产

【解析】 多国河流是流经两个或两个以上国家的河流，其流经各国的河段分别属于各国领土，各国分别对位于其领土的一段拥有主权，A项正确。对多国河流的航行、使用、管理等事项，一般应由有关国家协议解决，各国不得有害地利用该河流，不得使河流改道或堵塞河流，B项错误。国际河流是通过条约规定对所有国家开放航行的多国河流。国际河流一般允许所有国家的船舶特别是商船无害航行，C项正确。国际河流流经各国领土的河段仍然是该国主权下的领土，并非人类共同的财产，D项错误。

【答案】 AC

扫码听课

3. 甲河与乙河分别属于多国河流和国际河流，下列说法正确的有？
A. 甲、乙两河都流经多个国家，流经各国的河段都是各该国的领土
B. 多国河流一般对所有沿岸国开放，而非沿岸国船舶未经许可不得航行
C. 国际河流一般允许所有国家的船舶特别是商船无害航行
D. 多国河流的管理一般由沿岸国协商，国际河流的管理一般由条约规定的专门机构进行

【解析】多国河流是流经两个或两个以上国家领土的河流；河流流经各国的河段分别属于各国领土，各国分别对位于其领土的一段拥有主权；多国河流一般对所有沿岸国开放，而非沿岸国船舶未经许可不得航行。国际河流是通过条约规定对所有国家开放航行的多国河流；国际河流一般允许所有国家的船舶特别是商船无害航行；国际河流的管理一般由条约规定的专门机构进行。

【答案】ABCD

考点三　领土的取得方式

扫码听课

关于领土的合法取得，依当代国际法，下列哪些选项是正确的？（2016/1/75，多选）

A. 甲国围海造田，未对他国造成影响

B. 乙国屯兵邻国边境，邻国被迫与其签订条约割让部分领土

C. 丙国与其邻国经平等协商，将各自边界的部分领土相互交换

D. 丁国最近二十年派兵持续控制其邻国部分领土，并对外宣称拥有主权

【解析】添附，是由于自然形成或人造的新土地出现而使得国家领土增加，既包括河口的三角洲、涨滩等自然添附，也包括围海造田等人工添附，人工添附在不损害他国利益的条件下符合国际法，A项正确。割让，指一国根据条约将部分领土转移给另一国，分为强制割让和非强制割让。强制割让，即一国通过武力迫使他国割让领土，是战争或胁迫的结果，违反国际法，B项错误。非强制割让，即国家自愿通过条约将部分领土转移给他国，包括领土的买卖、赠与及互换等，非强制割让合法有效，C项正确。时效，指由于国家公开地、不受干扰地、长期占有他国领土，从而获得该领土的主权。通过时效取得他国领土的条件之一是"不受干扰地"占有，即占有的事实得到被占国的默认；同时，对于取得时效期限，国际法上没有明确的规定。D项没有说明丁国的占领是否得到被占国的默认，20年的占领期限也不能成为其取得领土的合法依据，D项错误。

【答案】AC

考点四　边境制度

扫码听课

1. 甲乙两国边界附近爆发部落武装冲突，致两国界标被毁，甲国一些边民趁乱偷渡至乙国境内。依相关国际法规则，下列哪一选项是正确的？（2016/1/33，单选）

A. 甲国发现界标被毁后应尽速修复或重建，无需通知乙国

B. 只有甲国边境管理部门才能处理偷渡到乙国的甲国公民

C. 偷渡到乙国的甲国公民，仅能由乙国边境管理部门处理

D. 甲乙两国对界标的维护负有共同责任

【解析】对于界标的维护，在已设界标边界线上，相邻国家对界标的维护负有共同责任，应使界标的位置、形状、型号和颜色符合边界文件中规定的一切要

求，D项正确；双方应采取必要措施防止界标被移动、损坏或灭失，若一方发现上述情况，应尽快通知另一方，在双方代表在场的情况下修复或重建，A项错误。对于边境事件的处理，相邻国家通常通过协议，由双方代表成立处理边境地区事项的机构，专门处理边境和边民有关的问题，如偷渡、违章越界、损害界标等事项。本题中，对于偷渡问题应由甲乙两国成立的共同机构进行管理，B、C错误。

【答案】D

2. A、B两国是陆地邻国，两国间有一条界河。下列哪些活动违反了国际法规则？

A. A国在边境地区建立化工厂

B. A国在两国界河上修建桥梁且未经B国同意

C. A国船舶在两国界河上触礁，未经同意在B国靠岸停泊

D. A国渔民在界河的B国一侧捕鱼

【解析】一国在使用边境土地时，不得损害对方国家利益。本题中，A国在利用边境土地时应充分考虑邻国利益，在边境地区建立化工厂对B国环境可能造成污染，不符合国际法，A项当选。一方在界水上修建工程设施应取得另一方同意，B项当选。相邻国家在界水上享有平等的航行权，船舶航行时应具有国籍标志，除遇难等特殊情况外，一方船舶不得在对方靠岸停泊。本题中，A国船舶触礁属特殊情况，未经同意在B国靠岸停泊并不违反国际法，C项不选。渔民一般只能在界水的本国一侧水域捕鱼，D项违反国际法，当选。

【答案】ABD

考点五　南极地区的法律地位

甲乙丙三国均为南极地区相关条约缔约国。甲国在加入条约前，曾对南极地区的某区域提出过领土要求。乙国在成为条约缔约国后，在南极建立了常年考察站。丙国利用自己靠近南极的地理优势，准备在南极大规模开发旅游。根据《南极条约》和相关制度，下列哪些判断是正确的？（2010/1/78，多选）

A. 甲国加入条约意味着其放弃或否定了对南极的领土要求

B. 甲国成为条约缔约国，表明其他缔约国对甲国主张南极领土权利的确认

C. 乙国上述在南极地区的活动，并不构成对南极地区提出领土主张的支持和证据

D. 丙国旅游开发不得对南极环境系统造成破坏

【解析】《南极条约》冻结了对南极的领土要求，包括：（1）对南极领土不得提出新的或扩大现有要求；（2）《南极条约》不构成对任何现有的南极领土主张的支持或否定；（3）条约有效期间进行的任何活动不构成主张支持或否定对南极领土要求的基础。A、B错误，C项正确。根据《南极条约》，应保护南极环境与资源，在南极进行的任何活动不得破坏南极的环境或生态，D项正确。

【答案】CD

扫码听课

扫码听课

扫码听课

考点六　海洋法

（一）领海与毗连区

1. 根据《联合国海洋法公约》和中国的相关法律规定，下列哪一选项是正确的？（2021 网络回忆版）

A. 甲国军舰有权无害通过我国领海

B. 乙国商业飞机可以无害通过我国领海上空

C. 我国海警船从毗连区开始紧追丙国走私船，在其进入公海时紧追应终止

D. 丁国有权在我国大陆架铺设海底电缆，但须经我国主管机关同意

【解析】《领海与毗连区法》第 6 条规定："外国非军用船舶，享有依法无害通过中华人民共和国领海的权利。外国军用船舶进入中华人民共和国领海，须经中华人民共和国政府批准。"可见，根据我国法律，能无害通过我国领海的不包括外国军舰，A 项错误。

无害通过制度只适用于船舶，不适用于飞机，B 项错误。

紧追权始于本国内水、领海、毗连区或专属经济区，止于他国领海，在连续不断的情况下，被紧追船舶进入公海仍可继续对其紧追，C 项错误。

《专属经济区和大陆架法》第 11 条规定："任何国家在遵守国际法和中华人民共和国的法律、法规的前提下，在中华人民共和国的专属经济区享有航行、飞越的自由，在中华人民共和国的专属经济区和大陆架享有铺设海底电缆和管道的自由，以及与上述自由有关的其他合法使用海洋的便利。铺设海底电缆和管道的路线，必须经中华人民共和国主管机关同意。"D 项正确。

【答案】D

2. 根据《联合国海洋法公约》和中国相关规则和实践，下列哪一选项是正确的？（2020 网络回忆版）

A. 甲国飞机须经我国同意才能飞越我国毗连区

B. 甲国渔民在我国大陆架捕杀濒危海龟，应适用我国刑法追究刑事责任

C. 甲国潜水艇必须浮出水面并展示其国旗才能通过我国毗连区

D. 联合国科考船可不经我国同意在我国专属经济区采集样本

【解析】毗连区是沿海国在领海以外毗连领海划定的一定宽度的海水带，在此区域中，沿海国对海关、财政、移民和卫生等特定事项行使某种管制权，而毗连区的其他性质取决于其所依附的海域，或为公海或为专属经济区。我国宣告设立了专属经济区，故毗连区位于专属经济区范围内，根据《海洋法公约》，他国在一国专属经济区内享有航行和飞越的权利，无须沿海国同意，A 项错误。

2016 年最高院《关于审理发生在我国管辖海域相关案件若干问题的规定（一）》第 1 条规定："本规定所称我国管辖海域，是指中华人民共和国内水、领海、毗连区、专属经济区、大陆架，以及中华人民共和国管辖的其他海域。"第 3 条规定："中国公民或者外国人在我国管辖海域实施非法猎捕、杀害珍贵濒危野生动物或者非法捕捞水产品等犯罪的，依照我国刑法追究刑事责任。"B 项正确。

根据《海洋法公约》，外国潜水艇在通过一国领海时必须浮出水面并展示其

扫码听课

国旗，通过毗连区并无此种要求，C项错误。

《专属经济区和大陆架法》第9条规定："任何国际组织、外国的组织或者个人在中华人民共和国的专属经济区和大陆架进行海洋科学研究，必须经中华人民共和国主管机关批准，并遵守中华人民共和国的法律、法规。"D项错误。

【答案】B

3. "青田"号是甲国的货轮、"前进"号是乙国的油轮、"阳光"号是丙国的科考船，三船通过丁国领海。依《联合国海洋法公约》，下列哪些选项是正确的？（2016/1/76，多选）

A. 丁国有关对油轮实行分道航行的规定是对"前进"号油轮的歧视

B. "阳光"号在丁国领海进行测量活动是违反无害通过的

C. "青田"号无须事先通知或征得丁国许可即可连续不断地通过丁国领海

D. 丁国可以对通过其领海的外国船舶征收费用

【解析】无害通过权，指外国船舶在不损害沿海国和平安宁和正常秩序的条件下，拥有无须事先通知或征得沿海国许可而连续不断地通过其领海的权利。沿海国为了维护其秩序及权益，保证无害通过的顺利进行，可以规定海道包括对油轮、核动力船等船舶实行分道航行制，A项错误。同时，通过必须是无害的，有下列行为之一即为有害：（1）武力威胁或使用武力、军事演习、搜集情报、进行危害国防安全的宣传；（2）在船上起落飞机或任何军事装置；（3）违反沿海国有关法律规章以及上下任何商品、货币或人员；（4）故意和严重的污染行为；（5）捕鱼、研究或测量、干扰沿海国通讯系统；（6）与通过没有关系的其他任何活动。B项正确。外国船舶在无害通过一国领海时无须事先通知或征得沿海国许可，C项正确。无害通过是任何国家都拥有的一项权利，沿海国不应对此进行妨碍，不得仅以通过领海为由向外国船舶征收费用，D项错误。

【答案】BC

4. 甲国A公司向乙国B公司出口一批货物，双方约定适用2010年《国际贸易术语解释通则》中CIF术语。该批货物由丙国C公司"乐安"号商船承运，运输途中船舶搁浅，为起浮抛弃了部分货物。船舶起浮后继续航行中又因恶劣天气，部分货物被海浪打入海中。到目的港后发现还有部分货物因固有缺陷而损失。"乐安"号运送该货物的航行路线要经过丁国的领海和毗连区。根据《联合国海洋法公约》，下列选项正确的是：（2012/1/97，不定项）

A. "乐安"号可不经批准穿行丁国领海，并在其间停泊转运货物

B. "乐安"号在丁国毗连区走私货物，丁国海上执法船可行使紧追权

C. "乐安"号在丁国毗连区走私货物，丁国海上执法机关可出动飞机行使紧追权

D. 丁国海上执法机关对"乐安"号的紧追权在其进入公海时立即终止

【解析】无害通过权，指外国船舶在不损害沿海国和平安宁和正常秩序的条件下，拥有无须事先通知或征得沿海国许可而连续不断地通过其领海的权利。根据《海洋法公约》，在无害通过时，船舶必须连续不停地迅速通过，除非发生不可抗力、遇难和救助，不得停船或下锚。因此，"乐安"号可不经批准穿行丁国领海，但不得停泊转运货物，A项错误。紧追权，指沿海国拥有的对于违反其法规并从该国管辖范围内的海域向公海行驶的外国船舶进行追逐的权利。根据《海

大咖点拨区

扫码听课

扫码听课

洋法公约》，紧追行为只能由军舰、军用飞机或其他得到授权并有清楚标志可识别的政府船舶和飞机从事，始于一国内水、领海、毗连区或专属经济区，由毗连区开始的紧追限于船舶对该区域所涉法律的违反。本题中，"乐安"号在丁国毗连区走私货物违反海关相关法规，可由丁国海上执法船或飞机行使紧追权。B、C正确。根据《海洋法公约》，在连续不断的情况下，紧追可以追入公海中继续进行，直至追上并依法采取措施；紧追权在被紧追船舶进入其本国或第三国领海时终止。D项错误。

【答案】BC

5. A公司和B公司于2011年5月20日签订合同，由A公司将一批平板电脑售卖给B公司。A公司和B公司营业地分别位于甲国和乙国，两国均为《联合国国际货物销售合同公约》缔约国。合同项下的货物由丙国C公司的"潇湘"号商船承运，装运港是甲国某港口，目的港是乙国某港口。在运输途中，B公司与中国D公司就货物转卖达成协议。"潇湘"号运送该批平板电脑的航行路线要经过丁国的毗连区。根据《联合国海洋法公约》，下列选项正确的是？（2011/1/97，不定项）

A. "潇湘"号在丁国毗连区通过时的权利和义务与在丁国领海的无害通过相同

B. 丁国可在"潇湘"号通过时对毗连区上空进行管制

C. 丁国可根据其毗连区领土主权对"潇湘"号等船舶规定分道航行

D. "潇湘"号应遵守丁国在海关、财政、移民和卫生等方面的法律规定

【解析】 毗连区是沿海国在领海以外毗连领海划定的一定宽度的海水带，在此区域中，沿海国对海关、财政、移民和卫生等特定事项行使某种管制权，而毗连区的其他性质取决于其所依附的海域，或为公海或为专属经济区。与领海不同，毗连区并不实行无害通过制度，A项错误。沿海国对其毗连区的管制范围仅限于毗连区海域，不包括其上空，B项错误。 毗连区并非国家领土，沿海国对毗邻区不享有领土主权，C项错误。沿海国可以在其毗邻区内对海关、财政、移民和卫生等特定事项行使某种管制权，通过船舶应当遵守沿海国的相关法律规定，D项正确。

【答案】D

6. 根据海洋法公约，下列关于毗连区的说法正确的是？

A. 毗连区的宽度为12海里，测量范围从领海基线量起

B. 沿海国对毗连区的海域和上空都享有管辖的权利

C. 沿海国在毗连区内仅可以对特定事项进行管辖，对于捕鱼、科研等事项的管辖取决于其所依附的海域

D. 对于任何违反沿海国法规的外国船舶，沿海国军舰都可以从毗连区开始实施紧追

【解析】 毗连区为领海以外，从领海基线量起不超过24海里的海域，A项错误。沿海国对毗连区的管辖仅限于海域，不包括其上空，B项错误。根据海洋法公约，沿海国在毗连区内，可对海关、财政、移民、卫生等事项进行管辖，对于其他事项的管辖取决于其所依附的海域，C项正确。从毗连区开始的紧追，仅限于外国船舶对毗连区有关法规的违反，D项错误。

【答案】C

（二）专属经济区与大陆架

1. 依据《联合国海洋法公约》，甲国在本国专属经济区的下列哪项行为符合公约？（2019 网络回忆版）

　　A. 击落上空的乙国无人机

　　B. 击沉海面的丙国军舰

　　C. 在海上修建风力发电站

　　D. 破坏丁国铺设的海底电缆

【解析】依据《联合国海洋法公约》，他国在一国专属经济区享有航行和飞越的权利，A、B 错误。沿海国在专属经济区有权建造、使用、管理人工岛屿和设施，享有海洋科研、环保方面的管辖权，C 项正确。他国在一国专属经济区享有铺设海底电缆和管道的权利，D 项错误。

【答案】C

扫码听课

2. 甲国在其宣布的专属经济区水域某暗礁上修建了一座人工岛屿。乙国拟铺设一条通过甲国专属经济区的海底电缆。根据《联合国海洋法公约》，下列哪一选项是正确的？（2010/1/31，单选）

　　A. 甲国不能在该暗礁上修建人工岛屿

　　B. 甲国对建造和使用该人工岛屿拥有管辖权

　　C. 甲国对该人工岛屿拥有领土主权

　　D. 乙国不可在甲国专属经济区内铺设海底电缆

【解析】专属经济区是领海以外毗邻领海的一定宽度的水域，根据《海洋法公约》，它从领海基线量起不得超过 200 海里。在专属经济区内，沿海国拥有以勘探、开发、养护和管理海床和底土及其上覆水域自然资源为目的的主权权利，对建造和使用人工岛屿和设施、海洋科学研究、海洋环境保护事项拥有管辖权，A 项错误，B 项正确。沿海国对专属经济区不拥有领土主权，只享有某些主权权利，C 项错误。其他国家在专属经济区内享有航行、飞越、铺设海底电缆和管道的自由，D 项错误。

【答案】B

扫码听课

3. 甲国注册的渔船"踏浪号"应乙国注册的渔船"风行号"之邀，在乙国专属经济区进行捕鱼作业时，乙国海上执法船赶来制止，随后将"踏浪号"带回乙国港口。甲乙两国都是《联合国海洋法公约》的缔约国，且两国之间没有其他相关的协议。据此，根据海洋法的有关规则，下列哪些选项是正确的？（2008/1/78，多选）

　　A. 只要"踏浪号"向乙国有关部门提交适当保证书和担保，乙国必须迅速释放该船

　　B. 只要"踏浪号"向乙国有关部门提交适当保证书和担保，乙国必须迅速释放该船船员

　　C. 如果"踏浪号"未能向乙国有关部门及时提交适当担保，乙国有权对该船船长和船员处以 3 个月以下的监禁

　　D. 乙国有义务将该事项迅速通知甲国

扫码听课

【解析】《海洋法公约》第 73 条第 2 款规定："被逮捕的船只及其船员，在提

出适当的保证书或其他担保后，应迅速获得释放。"A、B正确。第73条第3款规定："沿海国对于在专属经济区内违反渔业法律和规章的处罚，如有关国家无相反的协议，不得包括监禁，或任何其他方式的体罚。"C项错误。第73条第4款规定："在逮捕或扣留外国船只的情形下，沿海国应通过适当途径将其所采取的行动及随后所施加的任何处罚迅速通知船旗国。"D项正确。

【答案】ABD

4. 根据《联合国海洋法公约》及我国相关法律，下列说法正确的是？

A. 英国"大康"号货轮在我国青岛港停泊期间，船上发生失窃事件，应该船船长请求，我国公安部门可以对失窃事件进行调查

B. 美国"美利"号油轮在我国领海通过时，违法排放污染物，我国可以对该轮进行管辖

C. 韩国"韩进"号渔船未经我国许可，在我国领海外附近水域捕鱼，我国有关机关可以对该轮进行登临检查，并可将该轮船长和船员关入监狱

D. 若甲国从未发表过关于建立其专属经济区的声明和立法，乙国渔船可在其领海外水域自由捕鱼

【解析】国家对位于其港口的外籍船舶具有管辖权，但实践中，沿海国一般不介入船舶内部事件，在刑事管辖方面，通常只管辖以下案件：（1）扰乱港口安宁；（2）受害者为沿海国或其国民；（3）案情重大；（4）应船长或船旗国领事请求。A项属于应船长请求而进行管辖，正确。根据《联合国海洋法公约》，外国船舶在一国领海内享有无害通过权，但通过必须是无害的，任何故意和严重的污染行为均属于有害；同时，根据《领海及毗连区法》第8条，"外国船舶通过中华人民共和国领海，必须遵守中华人民共和国法律、法规，不得损害中华人民共和国的和平、安全和良好秩序"；"外国船舶违反中华人民共和国法律、法规的，由中华人民共和国有关机关依法处理"。B项正确。专属经济区是领海以外毗邻领海的一定宽度的水域。根据《联合国海洋法公约》，沿海国对专属经济区享有勘探、开发、利用、养护各种资源的专属性权利；为行使相关权利，沿海国可制定本区域相关法律，可采取登临、检查、逮捕等执法措施；但对于在专属经济区内仅违反渔业法规的处罚，如相关国家间无相反协议，不得包括监禁或任何形式的体罚。C项错误。专属经济区不是本身自然存在的权利，需要国家以某种形式宣布建立，如甲国从未发表过关于建立其专属经济区的声明和立法，则其他国家可在该区域内捕鱼，D项正确。

【答案】ABD

5. 甲国为一个沿海国，其陆地领土从领海基线起自然延伸到其大陆边外延320海里。早在10年前，甲国已根据海洋法公约宣布建立了专属经济区，其范围为甲国领海以外从领海基线起200海里。现甲国为发展海洋科研事业，决定建造一人工岛屿名为"绿叶岛"。根据海洋法公约，下列做法符合公约的是？

A. 甲国授权甲国大地公司在领海基线起180海里处建造绿叶岛

B. 甲国授权甲国大地公司在领海基线起300海里处建造绿叶岛

C. 乙国在甲国领海基线起200海里以外的海域及其上空有航行和飞越的权利

D. 乙国在甲国领海基线起240海里到320海里的海底可以铺设海底电缆和管道，且无须得到甲国同意

【解析】根据《海洋法公约》，大陆架是一国领海以外，依其陆地领土的全部自然延伸，从基线量起，超过200海里的，最远可达350海里。本题中，甲国陆地领土从领海基线起自然延伸到其大陆边外延320海里，显然，领海以外至320海里的海底部分，应属于甲国大陆架。根据公约，沿海国在大陆架上享有建造、使用人工岛屿和设施的权利，AB正确。专属经济区，是一国领海以外，从基线起不超过200海里的海域。200海里以外的海域属于公海，任何国家在公海上都享有航行和飞越的权利，C项正确。"240海里到320海里的海底"仍位于甲国的大陆架上，根据公约，其他国家在一国大陆架上可以铺设海底电缆和管道，但线路的划定须经沿海国同意，D项错误。

【答案】ABC

（三）群岛水域

1. 甲国是群岛国，乙国是甲国的隔海邻国，两国均为《联合国海洋法公约》的缔约国。根据相关国际法规则，下列哪一选项是正确的？（2014/1/33，单选）

A. 他国船舶通过甲国的群岛水域均须经过甲国的许可

B. 甲国为连接其相距较远的两岛屿，其群岛基线可隔断乙国的专属经济区

C. 甲国因已划定了群岛水域，则不能再划定专属经济区

D. 甲国对其群岛水域包括上空和底土拥有主权

扫码听课

【解析】群岛水域是群岛国的群岛基线所包围的内水之外的海域。根据《海洋法公约》，所有国家的船舶享有通过除群岛国内水以外的群岛水域的无害通过权，A项错误。划定群岛基线不能明显偏离群岛轮廓，不能将其他国家的领海与公海或专属经济区隔断，B项错误。群岛水域的划定不妨碍群岛国可以按照《海洋法公约》划定内水，及在基线之外划定领海、毗连区、专属经济区和大陆架，C项错误。群岛国对其群岛水域包括上空和底土拥有主权，D项正确。

【答案】D

2. 根据《联合国海洋法公约》以下关于群岛水域的说法中，不正确的是？

A. 群岛水域是群岛国群岛基线所包围的整个海域

B. 群岛基线范围内，陆地面积和水域面积之比应在1:1到1:9之间

C. 基线超过100海里的线段最多不能超过基线总数的3%

D. 群岛水域的划定不妨碍群岛国在基线之外划定领海、毗连区、专属经济区和大陆架

扫码听课

【解析】群岛水域，是群岛国群岛基线所包围的内水之外的海域。可见，在群岛基线内，群岛国可划定内水，其并不属于群岛水域，A项错误。群岛基线的确定需要满足以下条件：（1）基线应包括主要岛屿和一个区域，在该区域内，陆地面积：水域面积应在1:1到1:9之间；（2）基线超过100海里的线段，最多不得超过基线总数的3%；（3）基线不能明显偏离群岛轮廓，不能将其他国家的领海与公海或专属经济区隔断。B、C正确。群岛水域的划定不妨碍群岛国按照《海洋法公约》划定内水，及在基线之外划定领海、毗连区、专属经济区和大陆架，D项正确。

【答案】A

大咖点拨区

（四）公海

1. 乙国军舰 A 发现甲国渔船在乙国领海走私，立即发出信号开始紧追，渔船随即逃跑。当 A 舰因机械故障被迫返航时，令乙国另一艘军舰 B 在渔船逃跑必经的某公海海域埋伏。A 舰返航半小时后，渔船出现在 B 舰埋伏的海域。依《联合国海洋法公约》及相关国际法规则，下列哪一选项是正确的？（2009/1/30，单选）

A. B 舰不能继续 A 舰的紧追

B. A 舰应从毗连区开始紧追，而不应从领海开始紧追

C. 为了紧追成功，B 舰不必发出信号即可对渔船实施紧追

D. 只要 B 舰发出信号，即可在公海继续对渔船紧追

【解析】紧追必须"连续不断"，不得中断，如果中途更换紧追船舶或飞机，在先船舶或飞机必须在后继者到达后方可退出，否则视为中断，中断后不能再紧追。本题中，B 舰在 A 舰退出后半小时才等到渔船的出现，表明紧追已经中断，因此 B 舰不能继续 A 舰的紧追，A 项正确。紧追可以开始于一国内水、领海、毗连区或专属经济区，是否具有紧追权取决于该国是否对该海域有相应的管辖权。本题中，对于甲国渔船在乙国领海的走私行为，乙国有权管辖，可从领海开始紧追，B 项错误。紧追应在被紧追船舶的视听范围内发出视觉或听觉停驶信号后，才可开始，C 项错误。本题中，紧追行为已经中断，即使 B 舰发出停驶信号，也不能继续对渔船紧追，D 项错误。

【答案】A

2. 甲国军舰"克罗将军号"在公海中航行时，发现远处一艘名为"斯芬克司号"的商船，悬挂甲国船旗。当"克罗将军号"驶近该船时，发现其换挂乙国船旗。根据国际法的有关规则，下列哪些选项是错误的？（2007/1/79，多选）

A. "斯芬克司号"被视为悬挂甲国船旗的船舶

B. "斯芬克司号"被视为具有双重船旗的船舶

C. "斯芬克司号"被视为无船旗船舶

D. "斯芬克司号"被视为悬挂方便旗的船舶

【解析】根据《海洋法公约》第 91 条，船舶在公海上航行的挂旗规则包括：（1）必须悬挂国旗；（2）只能悬挂一国国旗；（3）悬挂两国或两国以上旗帜或视方便而换用旗帜的，视为无国籍船舶。本题中，"斯芬克司号"商船本来悬挂甲国船旗，为逃避甲国军舰检查而换挂乙国船旗，应被视为无国籍船舶，而不应被视为悬挂甲国船旗的船舶，也不应被视为具有双重船旗的船舶或悬挂方便旗的船舶，C 项正确，A、B、D 错误。

【答案】ABD

考点七 民用航空法

1. 乘坐乙国航空公司航班的甲国公民，在飞机进入丙国领空后实施劫机，被机组人员制服后交丙国警方羁押。甲、乙、丙三国均为 1963 年《东京公约》、1970 年《海牙公约》及 1971 年《蒙特利尔公约》缔约国。据此，下列哪一选项

是正确的?(2017/1/32,单选)

    A. 劫机发生在丙国领空,仅丙国有管辖权

    B. 犯罪嫌疑人为甲国公民,甲国有管辖权

    C. 劫机发生在乙国航空器上,仅乙国有管辖权

    D. 本案涉及国际刑事犯罪,应由国际刑事法院管辖

【解析】 根据《东京公约》、《海牙公约》和《蒙特利尔公约》,对危害民用航空安全的行为可以进行管辖的国家分为三类:(1)与航空器有关的国家:航空器登记国、降落地国、承租人营业地国;(2)与罪行有关的国家:嫌疑人所在国或国籍国、罪行发生地国、罪行后果涉及国;(3)根据本国法可以行使管辖权的国家。本题中,甲国为犯罪嫌疑人国籍国,乙国为航空器登记国,丙国为罪行发生地国,故甲、乙、丙三国均有权管辖,B项正确,A、C错误。国际刑事法院的管辖范围限于灭绝种族罪、战争罪、危害人类罪、侵略罪等,不包括危害民航安全的罪行,D项错误。

【答案】 B

2. 甲国某航空公司国际航班在乙国领空被乙国某公民劫持,后乙国将该公民控制,并拒绝了甲国的引渡请求。两国均为1971年《关于制止危害民用航空安全的非法行为的公约》等三个国际民航安全公约缔约国。对此,下列哪一说法是正确的?(2013/1/33,单选)

    A. 劫持未发生在甲国领空,甲国对此没有管辖权

    B. 乙国有义务将其引渡到甲国

    C. 乙国可不引渡,但应由本国进行刑事审判

    D. 本案属国际犯罪,国际刑事法院可对其行使管辖权

【解析】 根据1971年《关于制止危害民用航空安全的非法行为的公约》等三个国际民航安全公约,航空器登记国可以对危害民航安全的罪行进行管辖,A项错误。根据三个公约所确立的"或引渡或起诉"原则,危害民航安全的行为是一种可引渡的罪行,但各国没有强制引渡的义务,国家可以根据引渡条约或国内法决定是否引渡;如果犯罪嫌疑人所在国决定不予引渡,则应在本国对嫌疑人进行起诉。B项错误,C项正确。国际刑事法院的管辖范围限于灭绝种族罪、战争罪、危害人类罪、侵略罪等,不包括危害民航安全的罪行,D项错误。

【答案】 C

3. 甲国发生内战,乙国拟派民航包机将其侨民接回,飞机需要飞越丙国领空。根据国际法相关规则,下列哪些选项是正确的?(2011/1/75,多选)

    A. 乙国飞机因接其侨民,得自行飞越丙国领空

    B. 乙国飞机未经甲国许可,不得飞入甲国领空

    C. 乙国飞机未经允许飞越丙国领空,丙国有权要求其在指定地点降落

    D. 丙国军机有权在警告后将未经许可飞越丙国领空的乙国飞机击落

【解析】 根据领空主权原则,国家对其领空拥有完全的和排他的主权,外国航空器进入国家领空须经该国许可并遵守领空国有关法律。A项错误,B项正确。

对于非法入境的外国民用航空器,国家可以行使主权,采取符合国际法有关规则的任何适当手段,包括要求其终止此类侵犯立即离境或要求其在指定地点降落,但不得危及航空器内人员的生命和航空器的安全,避免使用武器。C项正确,

大咖点拨区

D 项错误。

【答案】BC

4. 甲国人李某劫持乙国一架民航班机降落在丙国，丙国警方将李某成功抓获，甲国和乙国就李某的劫机行为先后向丙国提出引渡李某的请求。已知甲乙丙三国均为《东京公约》、《海牙公约》、《蒙特利尔公约》的缔约国，此外三国间没有其他相关协议，则下列说法正确的有？

A. 丙国应当将李某引渡给最先提出引渡请求的甲国

B. 丙国应当将李某引渡给飞机所属国乙国

C. 丙国若在国内对李某的劫机行为进行审判，则可不予引渡

D. 丙国没有义务引渡李某，也没有义务起诉李某的劫机行为，因此丙国可以将李某释放

【解析】根据上述公约确立的"或引渡或起诉"原则，危害民航安全的行为是一种可引渡的罪行，但各国没有强制引渡的义务，国家可以根据引渡条约或国内法决定是否引渡，如果犯罪嫌疑人所在国决定不予引渡，则应在本国对嫌疑人进行起诉。C 项正确。

【答案】C

考点八 外层空间法

1. 乙国与甲国航天企业达成协议，由甲国发射乙国研制的"星球一号"卫星。因发射失败卫星碎片降落到甲国境内，造成人员和财物损失。甲乙两国均为《空间物体造成损害的国际责任公约》缔约国。下列选项正确的是：（2009/1/98，不定项）

A. 如"星球一号"发射成功，发射国为技术保密可不向联合国办理登记

B. 因"星球一号"由甲国的非政府实体发射，甲国不承担国际责任

C. "星球一号"对甲国国民的损害不适用《责任公约》

D. 甲国和乙国对"星球一号"碎片造成的飞机损失承担绝对责任

【解析】根据 1975 年《登记公约》，发射国应对其发射的空间物体进行登记，包括将空间物体载入其所保存的适当内容的国内登记册，同时在切实可行的范围内尽快将有关情报报告联合国秘书长，以便在其保存的总登记册里进行登记。此项义务不能因为技术保密而免除，A 项错误。根据 1972 年《责任公约》，国家对其外空活动承担国际责任，并应保证本国活动的实施符合国际法的规定，不论这种活动是其政府部门或非政府实体发射，B 项错误。发射国空间物体对下列人员造成的损害不适用《责任公约》：（1）发射国国民；（2）在空间物体从发射至降落的任何阶段内参加操作的外国公民；（3）应发射国的邀请而留在紧接预定发射或回收区的外国公民。C 项正确。根据《责任公约》，发射国对其空间物体在地球表面造成的损害，或对飞行中的飞机造成的损害，应承担绝对责任。这里的"发射国"包括：（1）发射或促使发射空间物体的国家；（2）从其领土或设施发射空间物体的国家。本题中，甲国是从其领土或设施发射空间物体的国家，乙国是促使发射空间物体的国家，甲国和乙国均为发射国，应对卫星碎片造成的飞机

损失承担绝对责任，D项正确。

【答案】CD

2. 甲国与乙国合作研制一颗卫星，并在丙国境内发射至地球静止轨道，结果由于卫星偏离正常轨道，对丁国境内的某建筑楼群造成了严重损害。对该损害应当由哪方承担责任？

A. 由发射国甲国与乙国共同承担责任，丙国不需要承担责任

B. 由卫星进行备案登记的国家承担责任

C. 由甲国与乙国依照各自的过错程度分别承担责任

D. 由发射国甲乙丙共同承担绝对责任

【解析】根据《责任公约》，对于空间物体对地面物体造成的损害，发射国应承担绝对责任。"发射国"包括：（1）发射或促使发射空间物体的国家；（2）从其领土或设施发射空间物体的国家。据此，本题中甲、乙、丙均属发射国。D项正确。

【答案】D

考点九　国际环境法

甲乙两国是温室气体的排放大国，甲国为发达国家，乙国为发展中国家。根据国际环境法原则和规则，下列哪一选项是正确的？（2008/1/34，单选）

A. 甲国必须停止排放，乙国可以继续排放，因为温室气体效应主要是由发达国家多年排放积累造成的

B. 甲国可以继续排放，乙国必须停止排放，因为乙国生产效率较低，并且对于环境治理的措施和水平远远低于甲国

C. 甲乙两国的排放必须同等地被限制，包括排放量、排放成份标准、停止排放时间等各方面

D. 甲乙两国在此问题上都承担责任，包括进行合作，但在具体排量标准、停止排放时间等方面承担的义务应有所区别

【解析】本题涉及国际环境法中"共同但有区别的责任原则"。所谓责任的共同性，指环境是全人类共同利益所在，保护环境需要各国的合作与共同努力；所谓责任的区别性，指由于各国经济、科技发展水平不同，其在环境恶化过程中所起作用不同，不应要求各国承担完全相同的责任，发达国家应承担更大的责任。因此，甲乙两国分别作为发达国家与发展中国家，在解决温室气体排放的问题上，都应承担责任，包括进行合作，在具体排量标准和停止排放时间上，要根据各自的经济、科技发展水平区别对待，D项正确。A、B两项表述违反了责任的共同性，C项表述违反了责任的区别性，均属错误。

【答案】D

大咖点拨区

第四章　国际法上的个人

考点一　国籍

1. 甲国球星埃尔申请加入中国国籍，依据中国《国籍法》，下列哪项判断是正确的？（2020 网络回忆版）

A. 埃尔加入中国国籍后，可保留甲国国籍

B. 埃尔加入中国国籍的申请应由中国外交部审批

C. 埃尔的申请无论是否被批准，其与中国女子李某在广州出生的儿子具有中国国籍

D. 埃尔申请一旦被批准，则不得再退出中国国籍

扫码听课

【解析】《国籍法》第 8 条规定："申请加入中国国籍获得批准的，即取得中国国籍；被批准加入中国国籍的，不得再保留外国国籍。"A 项错误。

第 16 条规定："加入、退出和恢复中国国籍的申请，由中华人民共和国公安部审批。经批准的，由公安部发给证书。"B 项错误。

第 4 条规定："父母双方或一方为中国公民，本人出生在中国，具有中国国籍。"C 项正确。

第 10 条规定："中国公民具有下列条件之一的，可以经申请批准退出中国国籍：一、外国人的近亲属；二、定居在外国的；三、有其它正当理由。"可见，即使成为中国公民，仍可申请退出中国国籍，D 项错误。

【答案】C

2. 中国公民李某与俄罗斯公民莎娃结婚，婚后定居北京，并育有一女李莎。依我国《国籍法》，下列哪些选项是正确的？（2017/1/75，多选）

A. 如李某为中国国家机关公务员，其不得申请退出中国国籍

B. 如莎娃申请中国国籍并获批准，不得再保留俄罗斯国籍

C. 如李莎出生于俄罗斯，不具有中国国籍

D. 如李莎出生于中国，具有中国国籍

扫码听课

【解析】《国籍法》第 12 条规定："国家工作人员和现役军人，不得退出中国国籍。"A 项正确。第 8 条规定："申请加入中国国籍获得批准的，即取得中国国籍；被批准加入中国国籍的，不得再保留外国国籍。"B 项正确。第 5 条规定："父母双方或一方为中国公民，本人出生在外国，具有中国国籍；但父母双方或一方为中国公民并定居在外国，本人出生时即具有外国国籍的，不具有中国国籍。"因此，如李莎出生于俄罗斯，但未取得俄罗斯国籍，仍具有中国国籍，C 项错误。第 4 条规定："父母双方或一方为中国公民，本人出生在中国，具有中国国籍。"D 项正确。

【答案】ABD

3. 中国公民王某与甲国公民彼得于2013年结婚后定居甲国并在该国产下一子，取名彼得森。关于彼得森的国籍，下列哪些选项是正确的？（2015/1/75，多选）

A. 具有中国国籍，除非其出生时即具有甲国国籍
B. 可以同时拥有中国国籍与甲国国籍
C. 出生时是否具有甲国国籍，应由甲国法确定
D. 如出生时即具有甲国国籍，其将终生无法获得中国国籍

【解析】《国籍法》第5条规定："父母双方或一方为中国公民，本人出生在外国，具有中国国籍；但父母双方或一方为中国公民并定居在外国，本人出生时即具有外国国籍的，不具有中国国籍。"A项正确。该法第3条规定："中华人民共和国不承认中国公民具有双重国籍。"B项错误。给予哪些人本国国籍，是一国的权利，根据其国内法确定，C项正确。根据该法第7条、8条，外国人愿意遵守中国宪法和法律，可以经申请批准加入中国国籍；被批准加入中国国籍的，不得再保留外国国籍。D项错误。

【答案】AC

4. 中国人王某定居美国多年，后自愿加入美国国籍，但没有办理退出中国国籍的手续。根据我国相关法律规定，下列哪些选项是正确的？（2010/1/80，多选）

A. 由于王某在中国境外，故须向在国外的中国外交代表机关或领事机关办理退出中国国籍的手续
B. 王某无需办理退出中国国籍的手续
C. 王某具有双重国籍
D. 王某已自动退出了中国国籍

【解析】《国籍法》第9条规定："定居外国的中国公民，自愿加入或取得外国国籍的，即自动丧失中国国籍。"本题中，王某是定居美国的中国人，自愿加入美国国籍即自动丧失中国国籍，无需办理退出中国国籍的手续，A项错误，B、D正确。《国籍法》第3条规定："中华人民共和国不承认中国公民具有双重国籍。"C项错误。

【答案】BD

5. 中国人姜某（女）与甲国人惠特尼婚后在甲国定居，后姜某在甲国生下一女。根据我国国籍法，下列哪一选项是正确的？（2007/1/31，单选）

A. 如姜某之女出生时未获其他国家国籍，可以获得中国国籍
B. 姜某之女一出生就无条件获得中国国籍
C. 如姜某之女出生时已获得甲国国籍，她也可以同时获得中国国籍
D. 姜某之女出生地在甲国，因而不能获得中国国籍

【解析】《国籍法》第5条规定："父母双方或一方为中国公民，本人出生在外国，具有中国国籍；但父母双方或一方为中国公民并定居在外国，本人出生时即具有外国国籍的，不具有中国国籍。"A项正确，B、D错误。该法第3条规定："中华人民共和国不承认中国公民具有双重国籍。"C项错误。

【答案】A

大咖点拨区

扫码听课

扫码听课

扫码听课

6. 根据我国《国籍法》的规定，在如下哪些情况下，当事人可以取得中国国籍？

A. 拉姆出生于中国，其父母均为无国籍人，长期定居于中国

B. 英国人凯特与中国公民张某结婚后，若放弃其英国国籍，即可自动取得中国国籍

C. 美国人乔丹向中国驻美使馆提交加入中国国籍申请后，使馆馆长口头许诺给予其中国国籍

D. 英国人露西与中国公民李某在英国结婚后生育一子，其子并未取得英国国籍则可以取得中国国籍

【解析】《国籍法》第6条规定："父母无国籍或国籍不明，定居在中国，本人出生在中国，具有中国国籍。"A项正确。根据《国籍法》第7条，外国人取得中国国籍，须经申请批准，而不能自动取得，B项错误。根据《国籍法》第16条，加入中国国籍的申请应由公安部审批，C项错误。《国籍法》第5条规定："父母双方或一方为中国公民，本人出生在外国，具有中国国籍；但父母双方或一方为中国公民并定居在外国，本人出生时即具有外国国籍的，不具有中国国籍。"D项正确。

【答案】AD

考点二　出入境管理

1. 甲国人汉斯持公务签证来华，在北京已居住两年。在此期间，汉斯与中国女子王某结婚并在北京生下一子。根据中国相关法律规定，下列哪些判断是正确的？（2019 网络回忆版）

A. 只要汉斯有尚未完结的民事诉讼就不得离境

B. 北京是汉斯的经常居所地

C. 汉斯利用周末假期在某语言培训机构兼职教课，属于非法就业

D. 汉斯的儿子具有中国国籍

【解析】《出境入境管理法》第12条规定："中国公民有下列情形之一的，不准出境：（一）未持有效出境入境证件或者拒绝、逃避接受边防检查的；（二）被判处刑罚尚未执行完毕或者属于刑事案件被告人、犯罪嫌疑人的；（三）有未了结的民事案件，人民法院决定不准出境的；（四）因妨害国（边）境管理受到刑事处罚或者因非法出境、非法居留、非法就业被其他国家或者地区遣返，未满不准出境规定年限的；（五）可能危害国家安全和利益，国务院有关主管部门决定不准出境的；（六）法律、行政法规规定不准出境的其他情形。"根据第三项，有未了结的民事诉讼，且"人民法院决定不准出境的"，才不得出境，A项错误。

《涉外司法解释（一）》第13条规定："自然人在涉外民事关系产生或者变更、终止时已经连续居住1年以上且作为其生活中心的地方，人民法院可以认定为涉外民事关系法律适用法规定的自然人的经常居所地，但就医、劳务派遣、公务等情形除外。"本题中，汉斯因公务来华在北京居住，应属除外情形，B项错误。

《出境入境管理法》第43条规定："外国人有下列行为之一的，属于非法就业：（一）未按照规定取得工作许可和工作类居留证件在中国境内工作的；（二）超出工作许可限定范围在中国境内工作的；（三）外国留学生违反勤工助学管理规定，超出规定的岗位范围或者时限在中国境内工作的。"本题中，汉斯并未取得工作许可和工作类居留证件，C项正确。

《国籍法》第4条规定："父母双方或一方为中国公民，本人出生在中国，具有中国国籍。"D项正确。

【答案】CD

2. 马萨是一名来华留学的甲国公民，依中国法律规定，下列哪些选项是正确的？（2017/1/76，多选）

A. 马萨入境中国时，如出入境边防检查机关不准其入境，可以不说明理由

B. 如马萨留学期间发现就业机会，即可兼职工作

C. 马萨留学期间在同学家中短期借住，应按规定向居住地的公安机关办理登记

D. 如马萨涉诉，则不得出境

【解析】《出境入境管理法》第25条第2款规定："对不准入境的，出入境边防检查机关可以不说明理由。"A项正确。第41条第1款规定："外国人在中国境内工作，应当按照规定取得工作许可和工作类居留证件。任何单位和个人不得聘用未取得工作许可和工作类居留证件的外国人。"马萨作为留学生，未取得相关许可不得在中国兼职工作，B项错误。第39条规定："外国人在中国境内旅馆住宿的，旅馆应当按照旅馆业治安管理的有关规定为其办理住宿登记，并向所在地公安机关报送外国人住宿登记信息。外国人在旅馆以外的其他住所居住或者住宿的，应当在入住后二十四小时内由本人或者留宿人，向居住地的公安机关办理登记。"C项正确。第28条规定："外国人有下列情形之一的，不准出境：（一）被判处刑罚尚未执行完毕或者属于刑事案件被告人、犯罪嫌疑人的，但是按照中国与外国签订的有关协议，移管被判刑人的除外；（二）有未了结的民事案件，人民法院决定不准出境的；……"可见，马萨如涉及刑事诉讼，中国根据与对方的引渡条约进行引渡时，可以出境；马萨如涉及民事诉讼，则须"人民法院决定不准出境"，才不得出境。D项错误。

【答案】AC

3. 王某是定居美国的中国公民，2013年10月回国为父母购房。根据我国相关法律规定，下列哪一选项是正确的？（2014/1/34，单选）

A. 王某应向中国驻美签证机关申请办理赴中国的签证

B. 王某办理所购房产登记需提供身份证明的，可凭其护照证明其身份

C. 因王某是中国公民，故需持身份证办理房产登记

D. 王某回中国后，只要其有未了结的民事案件，就不准出境

【解析】根据《出境入境管理法》第9条和第15条，中国公民出境入境，应当依法申请办理护照或者其他旅行证件；外国人入境，应当向驻外签证机关申请办理签证。本题中，王某是中国公民，其回国应办理护照而非签证，A项错误。该法第14条规定："定居国外的中国公民在中国境内办理金融、教育、医疗、交通、电信、社会保险、财产登记等事务需要提供身份证明的，可以凭本人的护照

证明其身份。"B项正确，C项错误。根据该法第12条第3项，中国公民"有未了结的民事案件，人民法院决定不准出境的"，不准出境，D项错误。

【答案】B

4. 甲国公民杰克申请来中国旅游，关于其在中国出入境和居留期间的管理，下列哪些选项是正确的？（2013/1/76，多选）

A. 如杰克患有严重精神障碍，中国签证机关不予签发其签证

B. 如杰克入境后可能危害中国国家安全和利益，中国出入境边防检查机关可不准许其入境

C. 杰克入境后，在旅馆以外的其他住所居住或者住宿的，应当在入住后48小时内由本人或者留宿人，向居住地的公安机关办理登记

D. 如杰克在中国境内有未了结的民事案件，法院决定不准出境的，中国出入境边防检查机关有权阻止其出境

【解析】根据《出境入境管理法》第21条，外国人有下列情形之一的，不予签发签证：（1）被处驱逐出境或者被决定遣送出境，未满不准入境规定年限的；（2）患有严重精神障碍、传染性肺结核病或者有可能对公共卫生造成重大危害的其他传染病的；（3）可能危害中国国家安全和利益、破坏社会公共秩序或者从事其他违法犯罪活动的；（4）在申请签证过程中弄虚作假或者不能保障在中国境内期间所需费用的；（5）不能提交签证机关要求提交的相关材料的；（6）签证机关认为不宜签发签证的其他情形。A项正确。根据该法第25条，外国人有下列情形之一，不准入境：（1）未持有效出境入境证件或者拒绝、逃避接受边防检查的；（2）具有本法第21条第1款第1项至第4项规定情形的；（3）入境后可能从事与签证种类不符的活动的；（4）法律、行政法规规定不准入境的其他情形。B项正确。根据该法第39条第2款，外国人在旅馆以外的其他住所居住或者住宿的，应当在入住后24小时内由本人或者留宿人，向居住地的公安机关办理登记，C项错误。根据该法第28条，外国人有下列情形之一的，不准出境：（1）被判处刑罚尚未执行完毕或者属于刑事案件被告人、犯罪嫌疑人的，但是按照中国与外国签订的有关协议，移管被判刑人的除外；（2）有未了结的民事案件，人民法院决定不准出境的；（3）拖欠劳动者的劳动报酬，经国务院有关部门或者省、自治区、直辖市人民政府决定不准出境的；（4）法律、行政法规规定不准出境的其他情形。D项正确。

【答案】ABD

5. 外国公民雅力克持旅游签证来到中国，我国公安机关查验证件时发现，其在签证已经过期的情况下，涂改证照，居留中国并临时工作。关于雅力克的出入境和居留，下列哪些表述符合中国法律规定？（2012/1/75，多选）

A. 在雅力克旅游签证有效期内，其前往不对外国人开放的地区旅行，不再需要向当地公安机关申请旅行证件

B. 对雅力克的行为县级以上公安机关可拘留审查

C. 对雅力克的行为县级以上公安机关可依法予以处罚

D. 如雅力克持涂改的出境证件出境，中国边防检查机关有权阻止其出境

【解析】《出境入境管理法》第44条第2款规定："未经批准，外国人不得进入限制外国人进入的区域。"A项错误。本题中，当事人的行为属非法居留、非

法就业，根据《出境入境管理法》第59、60条，"外国人有非法居留、非法就业嫌疑的"，"经当场盘问或者继续盘问后仍不能排除嫌疑，需要作进一步调查的，可以拘留审查。"同时，该法第58条规定："本章规定的当场盘问、继续盘问、拘留审查、限制活动范围、遣送出境措施，由县级以上地方人民政府公安机关或者出入境边防检查机关实施。"B项正确。《出境入境管理法》第70条规定："本章规定的行政处罚，除本章另有规定外，由县级以上地方人民政府公安机关或者出入境边防检查机关决定；其中警告或者五千元以下罚款，可以由县级以上地方人民政府公安机关出入境管理机构决定。"同时，根据该法第78、80条，外国人非法居留、非法就业的，可处罚款或居留。C项正确。《出境入境管理法》第27条规定："外国人出境，应当向出入境边防检查机关交验本人的护照或者其他国际旅行证件等出境入境证件，履行规定的手续，经查验准许，方可出境。"D项正确。

【答案】BCD

6. 甲国公民大卫到乙国办理商务，购买了联程客票搭乘甲国的国际航班，经北京首都国际机场转机到乙国。甲国与我国没有专门协定。根据我国有关出入境法律，下列判断正确的是：（2010/1/98，不定项）

A. 大卫必须提前办理中国过境签证

B. 如大卫在北京机场的停留时间不超过24小时且不出机场，可免办中国入境签证

C. 如大卫不出北京机场，无论其停留时间长短都可免办中国入境签证

D. 如大卫在北京转机临时离开机场，需经边防检查机关批准

【解析】《出境入境管理法》第22条："外国人有下列情形之一的，可以免办签证：……（三）持联程客票搭乘国际航行的航空器、船舶、列车从中国过境前往第三国或者地区，在中国境内停留不超过24小时且不离开口岸，或者在国务院批准的特定区域内停留不超过规定时限的；……"B项正确，A、C错误。该法第23条规定："有下列情形之一的外国人需要临时入境的，应当向出入境边防检查机关申请办理临时入境手续：……（二）本法第22条第3项规定的人员需要离开口岸的；……"D项正确。

【答案】BD

7. 甲国人彼得拟申请赴中国旅游。依我国相关法律规定，下列哪些选项是正确的？（2009/1/80，多选）

A. 甲国人彼得应向中国公安部门提出入境申请

B. 受理彼得入境申请的中国有关机关没有义务必须批准入境

C. 如彼得获准入境后发现适合他的工作，可以留在中国工作

D. 如彼得获准入境后前往不对外国人开放的地区旅行，必须向当地公安机关申请旅行证件

【解析】《出境入境管理法》第15条规定："外国人入境，应当向驻外签证机关申请办理签证，但是本法另有规定的除外。"同时，该法第4条第2款规定："中华人民共和国驻外使馆、领馆或者外交部委托的其他驻外机构（以下称驻外签证机关）负责在境外签发外国人入境签证。出入境边防检查机关负责实施出入境边防检查。县级以上地方人民政府公安机关及其出入境管理机构负责外国人

停留居留管理。"可见，彼得应向中国驻外使馆、领馆或者外交部委托的其他驻外机构申请办理签证，而非向中国公安部门提出申请，A项错误。第21条规定："外国人有下列情形之一的，不予签发签证：（一）被处驱逐出境或者被决定遣送出境，未满不准入境规定年限的；（二）患有严重精神障碍、传染性肺结核病或者有可能对公共卫生造成重大危害的其他传染病的；（三）可能危害中国国家安全和利益、破坏社会公共秩序或者从事其他违法犯罪活动的；（四）在申请签证过程中弄虚作假或者不能保障在中国境内期间所需费用的；（五）不能提交签证机关要求提交的相关材料的；（六）签证机关认为不宜签发签证的其他情形。对不予签发签证的，签证机关可以不说明理由。"B项正确。该法第41条第1款规定："外国人在中国境内工作，应当按照规定取得工作许可和工作类居留证件。任何单位和个人不得聘用未取得工作许可和工作类居留证件的外国人。"第43规定："外国人有下列行为之一的，属于非法就业：（一）未按照规定取得工作许可和工作类居留证件在中国境内工作的；……"可见，彼得不得随意留在中国工作，C项错误。第44条第2款规定："未经批准，外国人不得进入限制外国人进入的区域。"D项正确。

【答案】BD

8. 大卫和玛丽是甲国人，据甲国的报道，大卫曾参加某极端组织的活动。两人拟赴中国云南等地旅游。乙国人亨利过境北京去哈萨克斯坦旅游。依我国2012年《出境入境管理法》，下列哪项是正确的？

A. 大卫应当向中国公安机关申请办理入境签证

B. 亨利过境中国北京，在北京机场停留应办理入境签证

C. 如经查证认为大卫入境后可能破坏中国社会秩序的，不准入境

D. 玛丽获得中国入境旅游签证后，即可赴中国任何地区旅游

【解析】《出境入境管理法》第15条规定："外国人入境，应当向驻外签证机关申请办理签证，但是本法另有规定的除外。"同时，该法第4条第2款规定："中华人民共和国驻外使馆、领馆或者外交部委托的其他驻外签证机关（以下称驻外签证机关）负责在境外签发外国人入境签证。出入境边防检查机关负责实施出境入境边防检查。县级以上地方人民政府公安机关及其出入境管理机构负责外国人停留居留管理。"可见，大卫应向中国驻外使馆、领馆或者外交部委托的其他驻外机构申请办理签证，而非向中国公安机关提出申请，A项错误。根据该法第22条第3项，外国人"持联程客票搭乘国际航行的航空器、船舶、列车从中国过境前往第三国或者地区，在中国境内停留不超过24小时且不离开口岸，或者在国务院批准的特定区域内停留不超过规定时限的"，可以免办签证，B项错误。根据该法第25条第1款第2项和第21条第1款第3项，外国人"可能危害中国国家安全和利益、破坏社会公共秩序或者从事其他违法犯罪活动的"，不准入境，C项正确。该法第44条第2款规定："未经批准，外国人不得进入限制外国人进入的区域。"D项错误。

【答案】C

扫码听课

大咖点拨区

扫码听课

考点三　引渡和庇护

1. 甲国人施密特在乙国旅游期间，乙国经丙国的申请对施密特采取了强制措施，之后丙国请求乙国引渡施密特，根据国际法的相关规则和实践，下列哪些判断是正确的？（2019 网络回忆版）

A. 如果施密特是政治犯，乙国应当拒绝引渡

B. 如果施密特的行为在乙国和丙国都构成严重犯罪，乙国可以引渡

C. 如果施密特的行为只在丙国构成犯罪，乙国可以拒绝引渡

D. 因施密特为甲国公民，乙国无权将其引渡给丙国

【解析】根据"政治犯不引渡"原则，如果被请求引渡的人所犯罪行属于政治犯罪，被请求国应当拒绝引渡，A 项正确。

根据"双重犯罪"原则，被请求引渡人的行为必须是请求国和被请求国法律都认定为是犯罪的行为，且达到一定的最低量刑限度，B 正确。如果只在请求国构成犯罪，而被请求国法律不认为是犯罪，则被请求国可以拒绝引渡，C 项正确。

将被请求引渡人引渡给请求国后，如果经原引出国同意，请求国可将其引渡给第三国，D 项错误。

【答案】ABC

2. 中国人张某在甲国将甲国公民杀死后逃至乙国，已知甲国和乙国之间没有签订引渡条约，但是中国和甲乙两国都有引渡条约。下列说法正确的有：（2018 网络回忆版）

A. 中国外交部可以向乙国政府请求将张某先行采取强制措施再行引渡

B. 如甲国向乙国申请引渡，乙国无正当理由不得拒绝引渡

C. 如果乙国未经中国同意将张某引渡给甲国，则中国可以向乙国提起外交保护

D. 如乙国将张某引渡给中国后，甲国向中国提请引渡张某，中国政府应当予以拒绝

【解析】《引渡法》第 48 条规定："在紧急情况下，可以在向外国正式提出引渡请求前，通过外交途径或者被请求国同意的其他途径，请求外国对有关人员先行采取强制措施。"A 项正确。

甲国和乙国之间没有签订引渡条约，在没有引渡条约的情况下，是否引渡是乙国的权利，乙国可以拒绝，B 项错误。

一国进行外交保护要满足三个条件：（1）侵害是由所在国国家不当行为所致；（2）从受害行为发生到外交保护结束，受害人持续拥有保护国国籍；（3）受害人在提出外交保护之前，必须用尽当地法律规定的一切救济手段，包括行政和司法救济手段。本题显然并未满足上述条件，中国不能提起外交保护，C 项错误。

《引渡法》第 8 条规定："外国向中华人民共和国提出的引渡请求，有下列情形之一的，应当拒绝引渡：（一）根据中华人民共和国法律，被请求引渡人具有中华人民共和国国籍的；……"张某为中国公民，故应当拒绝引渡，D 项正确。

【答案】AD

扫码听课

3. 甲国公民汤姆于2012年在本国故意杀人后潜逃至乙国，于2014年在乙国强奸一名妇女后又逃至中国。乙国于2015年向中国提出引渡请求。经查明，中国和乙国之间没有双边引渡条约。依相关国际法及中国法律规定，下列哪一选项是正确的？（2015/1/33，单选）

A. 乙国的引渡请求应向中国最高人民法院提出

B. 乙国应当作出互惠的承诺

C. 最高人民法院应对乙国的引渡请求进行审查，并由审判员组成合议庭进行

D. 如乙国将汤姆引渡回本国，则在任何情况下都不得再将其转引

【解析】《引渡法》第10条规定："请求国的引渡请求应当向中华人民共和国外交部提出。"A项错误。该法第15条规定："在没有引渡条约的情况下，请求国应当作出互惠的承诺。"B项正确。该法第16条第2款规定："最高人民法院指定的高级人民法院对请求国提出的引渡请求是否符合本法和引渡条约关于引渡条件等规定进行审查并作出裁定。最高人民法院对高级人民法院作出的裁定进行复核。"第22条规定："高级人民法院根据本法和引渡条约关于引渡条件等有关规定，对请求国的引渡请求进行审查，由审判员三人组成合议庭进行。"C项错误。根据该法第14条，如经中国同意，请求国可将该人再引渡给第三国，D项错误。

【答案】B

4. 甲国人张某侵吞中国某国企驻甲国办事处的大量财产。根据中国和甲国的法律，张某的行为均认定为犯罪。中国与甲国没有司法协助协定。根据国际法相关规则，下列哪一选项是正确的？（2011/1/33，单选）

A. 张某进入中国境内时，中国有关机关可依法将其拘捕

B. 中国对张某侵吞财产案没有管辖权

C. 张某乘甲国商船逃至公海时，中国有权派员在公海将其缉拿

D. 甲国有义务将张某引渡给中国

【解析】张某的行为依中国法律已构成犯罪，其进入中国境内时，中国有关机关可依法直接行使管辖权将其拘捕，A项正确。张某侵吞中国某国企驻甲国办事处的大量财产，属危害中国国家利益的犯罪行为，中国司法机关可以根据保护性管辖对其行使管辖权，B项错误。国家对公海上发生事件的管辖包括船旗国管辖和普遍管辖。张某乘甲国商船，船旗国并非中国，中国无权对其行使船旗国管辖。普遍管辖主要针对公海上发生的海盗、非法广播、贩奴、贩毒等特定国际罪行，并不包括张某所涉犯罪，因而中国也无权对其行使普遍管辖。C项错误。根据一般国际法，除非有关引渡条约或国内法有特殊规定，各国有权拒绝引渡本国公民，D项错误。

【答案】A

5. 甲国公民库克被甲国刑事追诉，现在中国居留，甲国向中国请求引渡库克，中国和甲国间无引渡条约。关于引渡事项，下列选项正确的是：（2013/1/97，不定项）

A. 甲国引渡请求所指的行为依照中国法律和甲国法律均构成犯罪，是中国准予引渡的条件之一

B. 由于库克健康原因，根据人道主义原则不宜引渡，中国可以拒绝引渡

C. 根据中国法律，引渡请求所指的犯罪纯属军事犯罪的，中国应当拒绝引渡

D. 根据甲国法律，引渡请求所指的犯罪纯属军事犯罪的，中国应当拒绝引渡

【解析】根据《引渡法》第7条，外国向中国提出的引渡请求必须同时符合下列条件，才能准予引渡：(1) 引渡请求所指的行为，依照中国法律和请求国法律均构成犯罪；(2) 为了提起刑事诉讼而请求引渡的，根据中国法律和请求国法律，对于引渡请求所指的犯罪均可判处1年以上有期徒刑或者其他更重的刑罚；为了执行刑罚而请求引渡的，在提出引渡请求时，被请求引渡人尚未服完的刑期至少为6个月。A项正确。根据《引渡法》第9条，外国向中国提出的引渡请求，有下列情形之一的，可以拒绝引渡：(1) 中国对于引渡请求所指的犯罪具有刑事管辖权，并且对被请求引渡人正在进行刑事诉讼或者准备提起刑事诉讼的；(2) 由于被请求引渡人的年龄、健康等原因，根据人道主义原则不宜引渡的。B项正确。根据《引渡法》第8条第5项，根据中国或者请求国法律，引渡请求所指的犯罪纯属军事犯罪的，应当拒绝引渡，C、D正确。

【答案】ABCD

6. 甲国公民彼得，在中国境内杀害一中国公民和一乙国在华留学生，被中国警方控制。乙国以彼得杀害本国公民为由，向中国申请引渡，中国和乙国间无引渡条约。关于引渡事项，下列哪些选项是正确的？（2012/1/76，多选）

A. 中国对乙国无引渡义务

B. 乙国的引渡请求应通过外交途径联系，联系机关为外交部

C. 应由中国最高法院对乙国的引渡请求进行审查，并作出裁定

D. 在收到引渡请求时，中国司法机关正在对引渡所指的犯罪进行刑事诉讼，故应当拒绝引渡

【解析】在国际法中，引渡需要根据引渡条约进行，国家没有一般的引渡义务，当他国在没有引渡条约的情况下提出引渡时，一国可以根据国内法或其他因素自由裁量，A项正确。

《引渡法》第4条第1款规定："中华人民共和国和外国之间的引渡，通过外交途径联系。中华人民共和国外交部为指定的进行引渡的联系机关。"B项正确。《引渡法》第16条第2款规定："最高人民法院指定的高级人民法院对请求国提出的引渡请求是否符合本法和引渡条约关于引渡条件等规定进行审查并作出裁定。最高人民法院对高级人民法院作出的裁定进行复核。"C项错误。根据《引渡法》第9条，"中华人民共和国对于引渡请求所指的犯罪具有刑事管辖权，并且对被请求引渡人正在进行刑事诉讼或者准备提起刑事诉讼的"，"可以拒绝引渡"。这里是"可以"，并非"应当"，D项错误。

【答案】AB

7. 中国人高某在甲国探亲期间加入甲国国籍，回中国后健康不佳，也未申请退出中国国籍。后甲国因高某在该国的犯罪行为，向中国提出了引渡高某的请求，乙国针对高某在乙国实施的伤害乙国公民的行为，也向中国提出了引渡请求。依我国相关法律规定，下列哪一选项是正确的？（2009/1/32，单选）

A. 如依中国法律和甲国法律均构成犯罪，即可准予引渡

B. 中国应按照收到引渡请求的先后确定引渡的优先顺序

C. 由于高某健康不佳，中国可以拒绝引渡

D. 中国应当拒绝引渡

【解析】《国籍法》第9条规定："定居外国的中国公民，自愿加入或取得外国国籍的，即自动丧失中国国籍。"本条的适用须具备前提条件即"定居外国"，本题中，高某在甲国探亲期间加入甲国国籍，之后回国，并未定居甲国，不能依据第9条自动丧失中国国籍。同时，《国籍法》第11条规定，"申请退出中国国籍获得批准的，即丧失中国国籍。"本题中，高某也未申请退出中国国籍，不能依据第11条丧失中国国籍。可见，在本题中，高某仍然具有中国国籍，对具有中国国籍的当事人，《引渡法》第8条规定："外国向中华人民共和国提出的引渡请求，有下列情形之一的，应当拒绝引渡：（一）根据中华人民共和国法律，被请求引渡人具有中华人民共和国国籍的；……"，D项正确。

【答案】D

8. 甲国1999年发生未遂军事政变，政变领导人朗曼逃到乙国。甲国法院缺席判决朗曼10年有期徒刑。甲乙两国之间没有相关的任何特别协议。根据国际法有关规则，下列哪一选项是正确的？（2007/1/29，单选）

A. 甲国法院判决生效后，甲国可派出军队进入乙国捉拿朗曼，执行判决

B. 乙国可以给予朗曼庇护

C. 乙国有义务给予朗曼庇护

D. 甲国法院的判决生效后，乙国有义务将朗曼逮捕并移交甲国

【解析】引渡，指一国将处于本国境内的被外国指控为犯罪或已经判刑的人，应外国的请求，送交外国审判或处罚的一种国际司法协助行为。甲国派出军队进入乙国捉拿朗曼属于严重侵犯乙国主权的行为，A项错误。在国际法中，国家没有一般的引渡义务，因此引渡需要根据相关的引渡条约进行，当他国在没有引渡条约的情况下提出引渡时，一国可以自由裁量决定是否引渡，D项错误。庇护，指一国对于遭到外国追诉或迫害而前来避难的外国人，准予其入境和居留，给予保护，并拒绝将其引渡给另一国的行为。庇护是国家基于领土主权而引申出的权利，决定给予哪些人庇护是国家的权利，国家通常没有必须给予哪些人庇护的义务，B项正确，C项错误。

【答案】B

9. 甲国人亨利持假护照入境乙国，并以政治避难为名进入丙国驻乙国的使馆。甲乙丙三国都是《维也纳外交关系公约》的缔约国，此外彼此间没有相关的其他协议。根据国际法的有关规则，下列哪些选项是正确的？（2007/1/78，多选）

A. 亨利目前位于乙国领土上，其身份为非法入境者

B. 亨利目前位于丙国领土内，丙国有权对其提供庇护

C. 丙国有义务将亨利引渡给甲国

D. 丙国使馆有义务将亨利交由乙国依法处理

【解析】根据一般国际实践，国家没有义务允许外国人入境，外国人入境要持有护照并获得签证，本题中，甲国人亨利持假护照入境乙国，属非法入境；对于亨利所处地点的认识，虽然有观点将使馆视为拟制领土，认为其是"一国领土在域外的延伸"，但这仅是个别人的看法，并非各方接受的通说，在实践中，使馆所在地仍是驻在国的领土。综上，A项正确。域外庇护，指一国利用本国在外国的使领馆馆舍或船舶、飞机为场所进行的庇护。这种庇护没有一般国际法依

据，而且常常导致对其他国际法规则的违背，B 项错误。引渡需根据引渡条约进行，无条约义务时，一国可自由决定是否引渡。本题中，三国间没有订立引渡条约，故丙国没有义务将亨利引渡给甲国，C 项错误。根据《外交关系公约》，使馆馆舍不得用于与使馆职务不相符合的其他用途，利用使馆馆舍庇护接受国或第三国人员即为一种与使馆职务不符的用途，故丙国使馆应将亨利交由乙国依法处理，D 项正确。

【答案】AD

10. 某国现向中国提出引渡请求，根据中国《引渡法》，下列说法中错误的是?

A. 外交部为指定的进行引渡的联系机关，外国向中国提出引渡请求应当向中国外交部提出

B. 在没有引渡条约的情况下，请求国应当作出互惠的承诺

C. 最高人民法院指定的中级人民法院对请求国提出的引渡请求是否符合中国法律和引渡条约关于引渡条件等规定进行审查并作出裁定，高级人民法院对中级人民法院作出的裁定进行复核

D. 外交部对请求国提出的引渡请求进行审查，认为符合法律和引渡条约的规定的，应当将引渡请求书及其所附文件和材料转交最高人民法院、最高人民检察院

【解析】《引渡法》第 4 条第 1 款规定:"中华人民共和国和外国之间的引渡，通过外交途径联系。中华人民共和国外交部为指定的进行引渡的联系机关。"同时，该法第 10 条规定:"请求国的引渡请求应当向中华人民共和国外交部提出。"A 项正确。该法第 15 条规定:"在没有引渡条约的情况下，请求国应当作出互惠的承诺。"B 项正确。该法第 16 条第 2 款规定:"最高人民法院指定的高级人民法院对请求国提出的引渡请求是否符合本法和引渡条约关于引渡条件等规定进行审查并作出裁定。最高人民法院对高级人民法院作出的裁定进行复核。"C 项错误。该法第 19 条规定:"外交部对请求国提出的引渡请求进行审查，认为符合本法第二章第二节和引渡条约的规定的，应当将引渡请求书及其所附文件和材料转交最高人民法院、最高人民检察院。"D 项正确。

【答案】C

11. 中国公民甲某十年前因走私犯案逃亡 A 国。A 国与中国没有引渡条约。A 国表示，如中国对甲某被指控犯罪有确凿证据，且承诺不对其判处死刑，则可将其引渡给中国。根据中国《引渡法》，下列判断正确的是?

A. 引渡请求应通过中国外交部向 A 国提出

B. 如情况紧急，可在正式提出引渡请求前，通过外交途径请求 A 国对甲某先行采取强制措施

C. 中国对于上述引渡所附条件是否承诺，由最高人民检察院决定

D. 如 A 国同意引渡，由中国公安机关负责对甲某的接收

【解析】根据《引渡法》第 47 条，中国向外国请求引渡，应通过外交部向外国提出请求，A 项正确。根据第 48 条，"在紧急情况下，可以在向外国正式提出引渡请求前，通过外交途径或者被请求国同意的其他途径，请求外国对有关人员先行采取强制措施。"B 项正确。根据第 50 条，"对于限制追诉的承诺，由最高人

民检察院决定；对于量刑的承诺，由最高人民法院决定。"本题中属于量刑的承诺，应由最高人民法院决定，C项错误。根据第51条，"公安机关负责接收外国准予引渡的人以及与案件有关的财物。"D项正确。

【答案】ABD

第五章　外交关系法和领事关系法

考点一　外交机关和领事机关

1. 甲乙丙三国因历史原因，冲突不断，甲国单方面暂时关闭了驻乙国使馆。艾诺是甲国派驻丙国使馆的二秘，近日被丙国宣布为不受欢迎的人。根据相关国际法规则，下列哪些选项是正确的？（2014/1/74，多选）

A. 甲国关闭使馆应经乙国同意后方可实现

B. 乙国驻甲国使馆可用合法手段调查甲国情况，并及时向乙国作出报告

C. 丙国宣布艾诺为个受欢迎的人，须向甲国说明理由

D. 在丙国宣布艾诺为不受欢迎的人后，如甲国不将其召回或终止其职务，则丙国可拒绝承认艾诺为甲国驻丙国使馆人员

扫码听课

【解析】在外交关系建立并互设使馆之后，由于某种原因，一国可单方面关闭使馆，甚至断绝与另一国的外交关系，无需对方同意，A 项错误。根据《外交关系公约》，使馆有调查和报告的职务，可以以一切合法的手段，调查接受国的各种情况，并及时向派遣国作出报告，B 项正确。根据《外交关系公约》，对于派遣国的使馆馆长及外交人员，接受国可以随时不加解释地宣布其为"不受欢迎的人"；遇此情形，派遣国应斟酌情况召回该人员或终止其在使馆中的职务，否则，接受国可以拒绝承认该人员为使馆人员。C 项错误，D 项正确。

【答案】BD

2. 甲乙两国 1990 年建立大使级外交关系，并缔结了双边的《外交特权豁免议定书》。2007 年两国交恶，甲国先宣布将其驻乙国的外交代表机构由大使馆降为代办处，乙国遂宣布断绝与甲国的外交关系。之后，双方分别撤走了各自驻对方的使馆人员。对此，下列哪一选项是正确的？（2008/1/30，单选）

A. 甲国的行为违反国际法，应承担国家责任

B. 乙国的行为违反国际法，应承担国家责任

C. 上述《外交特权豁免议定书》终止执行

D. 甲国可以查封没收乙国使馆在甲国的财产

扫码听课

【解析】两国建立外交关系后，一国因某些原因将外交关系降级或与对方断交，这是国家行使主权的表现，并不违反国际法，也无需承担国家责任，A、B 错误。《条约法公约》第 63 条规定："条约当事国间断绝外交或领事关系不影响彼此间由条约确定之法律关系，但外交或领事关系之存在为适用条约所必不可少者不在此限。"可见，两国断交后，一般条约不受影响，但建立在外交关系基础上的条约则因此终止，《外交特权豁免议定书》即属此类条约，因此外交关系的断绝将导致该议定书终止执行，C 项正确。《外交关系公约》第 22 条第 3 款规定：

"使馆馆舍及设备，以及馆舍内其他财产与使馆交通工具免受搜查、征用、扣押或强制执行。"第45条规定："遇两国断绝外交关系，或遇使馆长期或暂时撤退时：（a）接受国应尊重并保护使馆馆舍以及使馆财产与档案，纵有武装冲突情事，亦应如此办理。"D项错误。

【答案】C

3. 甲国与乙国基于传统友好关系，兼顾公平与效率原则，同意任命德高望重并富有外交经验的丙国公民布朗作为甲乙两国的领事官员派遣至丁国。根据《维也纳领事关系公约》，下列哪一选项是正确的？（2015/1/34，单选）

A. 布朗既非甲国公民也非乙国公民，此做法违反《公约》

B. 《公约》没有限制，此做法无须征得丁国同意

C. 如丁国明示同意，此做法是被《公约》允许的

D. 如丙国与丁国均明示同意，此做法才被《公约》允许

【解析】根据《维也纳领事关系公约》第22条，领事官员原则上应属派遣国国籍，但如果经接受国明示同意，也可委派接受国国籍的人或第三国国籍的人为领事官员，A项错误。根据公约，派遣第三国国籍的人为领事官员，应经接受国明示同意，C项正确，B、D错误。

【答案】C

4. 下列关于外交代表派遣的说法中正确的是哪项？

A. 派遣国派遣使馆武官之前，应征得接受国同意

B. 委派接受国国籍的人为使馆外交秘书，不必经接受国同意

C. 接受国可以拒绝接受其不同意的派遣国使馆馆长人选，但须说明理由

D. 接受国可宣布派遣国的使馆随员为"不能接受"

【解析】派遣国派遣使馆馆长和武官之前，应先将其拟派人选通知接受国，征得接受国同意后才能正式派遣，A项正确。对于使馆的其他人员，派遣国可直接委派，一般无须事先征求接受国同意，但如果委派接受国国籍的人或第三国国籍的人为使馆外交人员，仍须经接受国的同意方可派遣，B项错误。接受国可以拒绝接受其所不同意的任何派遣国使馆人员，并无须向派遣国说明理由，C项错误。对于派遣国的使馆馆长及外交人员，接受国可以随时不加解释地宣布其为"不受欢迎的人"；对于使馆的其他人员，接受国可以宣布其为"不能接受"。使馆随员为外交人员，只能宣布其为"不受欢迎的人"，D项错误。

【答案】A

考点二　外交特权与豁免和领事特权与豁免

1. 根据《维也纳外交关系公约》和《维也纳领事关系公约》，下列哪个判断是正确的？（2020网络回忆版）

A. 甲国驻乙国使馆的参赞非工作时间在高速公路上交通肇事，该参赞声明放弃外交特权与豁免，乙国有权对其逮捕并审判

B. 甲国外交信差涉嫌毒品犯罪，待其将负责携带的外交邮袋送交收件人后，乙国有权对其逮捕并审判

C. 甲国驻乙国领事官员可在甲国驻乙国大使的批准下，在领馆辖区范围外从事职务活动

D. 甲国驻乙国公使可在节假日有偿参加乙国招商引资等商事活动

【解析】外交人员特权与豁免的放弃，只能由派遣国作出，外交人员本人无权放弃，A项错误。外交信差仅在执行职务时人身不可侵犯，在执行职务完毕后，可对其逮捕审判，B项正确。领事官员执行职务限于领馆辖区范围内，在辖区范围外执行职务须经接受国同意，C项错误。外交人员不应在接受国内为私人利益从事任何专业或商业活动，D项错误。

【答案】B

扫码听课

2. 甲乙两国因政治问题交恶，甲国将其驻乙国的大使馆降级为代办处。后乙国出现大规模骚乱，某乙国公民试图翻越围墙进入甲国驻乙国代办处，被甲国随员汤姆开枪打死。根据该案情，以下说法正确的是：(2018 网络回忆版)

A. 因甲国主动将驻乙国使馆降级为代办处，根据相关公约的规定，代办处不再受到外交法的保护

B. 随员汤姆的行为是为了保护代办处的安全，因此不负任何刑事责任

C. 乙国可以因随员汤姆的开枪行为对其采取刑事强制措施

D. 如果甲国明示放弃汤姆的外交豁免权，则乙国可以对汤姆采取刑事强制措施

【解析】使馆分为大使馆、公使馆和代办处，代办处也是一级使馆，受外交关系法的保护，A项错误。

随员属于外交人员，外交人员在刑事领域享有完全豁免，接受国不得对其进行刑事审判和处罚，但这并不等同于外交人员不负任何刑事责任，其承担刑事责任的问题通过外交途径解决，B项错误。

外交人员人身不可侵犯，不得对外交人员搜查、逮捕或拘留，C项错误。

外交人员的特权与豁免可以由派遣国明示放弃，放弃后，外交人员不再享有相关特权与豁免，接受国可对其采取刑事强制措施，D项正确。

【答案】D

3. 汉斯为甲国驻乙国大使馆的武官，甲乙都是《维也纳外交关系条约》的缔约国，下列哪项判断是正确的？(2019 网络回忆版)

A. 甲国大使馆爆发恶性传染病，乙国卫生人员可直接进入使馆馆舍消毒

B. 乙国应为甲大使馆提供必要的免费物业服务

C. 非经乙国许可，甲大使馆不得装置使用无线设备

D. 汉斯杀死了两个乙国人，乙国司法部门不得对其进行刑事审判与处罚

【解析】根据《维也纳外交关系条约》，接受国人员非经馆长许可，不得进入使馆馆舍，即使是送达司法文书、遇火灾或流行病发生，也不例外，A项错误。使馆免纳捐税，但并不免交水电费及其他服务费用，B项错误。非经接受国同意，使馆不得安装或使用无线电发报机，"无线设备"与"无线电发报机"不能等同，C项错误。外交人员在接受国犯罪，接受国法院不得对外交人员进行刑事审判和处罚，D项正确。

【答案】D

4. 甲、乙两国均为《维也纳外交关系公约》缔约国，甲国拟向乙国派驻大使馆工作人员。其中，杰克是武官，约翰是二秘，玛丽是甲国籍会计且非乙国永久居留者。依该公约，下列哪一选项是正确的？（2017/1/33，单选）

A. 甲国派遣杰克前，无须先征得乙国同意

B. 约翰在履职期间参与贩毒活动，乙国司法机关不得对其进行刑事审判与处罚

C. 玛丽不享有外交人员的特权与豁免

D. 如杰克因参加斗殴意外死亡，其家属的特权与豁免自其死亡时终止

【解析】根据《维也纳外交关系公约》，派遣国派遣使馆馆长和武官之前，应事先征得接受国同意；对于使馆的其他人员，派遣国可以直接委派，一般无须事先征求接受国同意，但如果委派接受国国籍的人或第三国国籍的人为使馆外交人员，则仍须经接受国的同意方得派遣。本题中，杰克是武官，派遣之前应征得接受国乙国同意，A项错误。约翰为外交人员，根据公约，外交人员享有完全的对接受国刑事管辖的豁免，接受国司法机关不得对其进行刑事审判与处罚，B项正确。玛丽为行政技术人员，根据公约，使馆的行政技术人员及与其构成同一户口的家属，如非接受国国民且不在该国永久居留者，也享有外交人员享有的一般特权与豁免，只是有一些限制和修改，C项错误。根据公约，如遇使馆人员死亡，其家属应继续享有其应享有的特权与豁免，直到给予其离境的合理期间结束时为止，D项错误。

【答案】B

5. 甲乙丙3国均为《维也纳外交关系公约》缔约国。甲国汤姆长期旅居乙国，结识甲国驻乙国大使馆参赞杰克，2人在乙国与丙国汉斯发生争执并互殴，汉斯被打成重伤。后，杰克将汤姆秘匿于使馆休息室。关于事件的处理，下列哪一选项是正确的？（2012/1/32，单选）

A. 杰克行为已超出职务范围，乙国可对其进行逮捕

B. 该使馆休息室并非使馆工作专用部分，乙国警察有权进入逮捕汤姆

C. 如该案件在乙国涉及刑事诉讼，杰克无作证义务

D. 因该案发生在乙国，丙国法院无权对此进行管辖

【解析】根据《维也纳外交关系公约》，外交人员人身不可侵犯，接受国不得对外交人员搜查、逮捕或拘留，A项错误。根据公约，使馆馆舍不得侵犯，接受国人员非经使馆馆长许可，不得进入使馆任何地方，包括使馆专用和非专用部分，B项错误。根据公约，外交人员没有出庭作证的义务，C项正确。根据保护性管辖原则，国家对于在本国领域外从事对该国国家或其公民犯罪行为的外国人有进行管辖的权利。本题中，虽然案件发生在乙国，但受害人为丙国公民，丙国可依据保护性管辖原则对案件进行管辖，D项错误。

【答案】C

6. 甲乙两国均为《维也纳领事关系公约》缔约国，阮某为甲国派驻乙国的领事官员。关于阮某的领事特权与豁免，下列哪一表述是正确的？（2013/1/32，单选）

A. 如犯有严重罪行，乙国可将其羁押

B. 不受乙国的司法和行政管辖

C. 在乙国免除作证义务

D. 在乙国免除缴纳遗产税的义务

【解析】根据《维也纳领事关系公约》，接受国对领事官员不得逮捕或羁押，但对犯有严重罪行的除外，A项正确。领事官员执行职务行为，不受接受国的司法和行政管辖，并非任何情况均不受接受国管辖，B项错误。领事官员对其职务所涉事项没有作证义务，除此之外领事官员不得拒绝，C项错误。领事官员免纳一切对个人和物的课税，但间接税、遗产税、服务费等不在免除之列，D项错误。

【答案】A

扫码听课

7. 甲乙二国建有外交及领事关系，均为《维也纳外交关系公约》和《维也纳领事关系公约》缔约国。乙国为举办世界杯足球赛进行城市改建，将甲国使馆区域、大使官邸、领馆区域均纳入征用规划范围。对此，乙国作出了保障外国使馆、领馆执行职务的合理安排，并对搬迁使领馆给予及时、有效、充分的补偿。根据国际法相关规则，下列哪些判断是正确的？（2010/1/79，多选）

A. 如甲国使馆拒不搬迁，乙国可采取强制的征用搬迁措施

B. 即使大使官邸不在使馆办公区域内，乙国也不可采取强制征用搬迁措施

C. 在作出上述安排和补偿的情况下，乙国可征用甲国总领馆办公区域

D. 甲国总领馆馆舍在任何情况下均应免受任何方式的征用

【解析】《维也纳外交关系公约》第22条第3款规定："使馆馆舍及设备，以及馆舍内其他财产与使馆交通工具免受搜查、征用、扣押或强制执行。"本题中，即使甲国使馆拒不搬迁，乙国也不得强制征用，A项错误。该公约第30条第1款规定："外交代表之私人寓所一如使馆馆舍应享有同样之不得侵犯权及保护。"B项正确。《维也纳领事关系公约》第31条第4款规定："领馆馆舍、馆舍设备以及领馆之财产与交通工具应免为国防或公用目的而实施之任何方式之征用。如为此等目的确有征用之必要时，应采取一切可能步骤以免领馆职务之执行受有妨碍，并应向派遣国为迅速、充分及有效之赔偿。"可见，领馆馆舍原则上不得征用，但如有必要并作出相应补偿的情况下可以征用，C项正确，D项错误。

【答案】BC

8. 康某是甲国驻华使馆的官员。与康某一起生活的还有其妻、其子（26岁，已婚）和其女（15岁）。该三人均具有甲国国籍。一日，四人在某餐厅吃饭，与邻桌发生口角，引发斗殴并致对方重伤。警方赶到时，斗殴已结束。甲国为《维也纳外交关系公约》的缔约国，与我国没有相关的其他协议。根据国际法和我国法律的相关规定，下列哪一选项是正确的？（2007/1/33，单选）

A. 警方可直接对康某采取强制措施，包括立即限制其人身自由

B. 警方可直接对其妻依法采取强制措施，包括立即限制其人身自由

C. 警方可直接对其子依法采取强制措施，包括立即限制其人身自由

D. 警方不得对康家的任何人采取任何强制措施，包括立即限制其人身自由

【解析】《外交关系公约》第29条规定："外交代表人身不可侵犯。外交代表不受任何方式之逮捕或拘禁。接受国对外交代表应特示尊重，并应采取一切适当步骤以防止其人身、自由或尊严受有任何侵犯。"本题中，康某为外交人员，人身不可侵犯，不得对其采取强制措施，A项错误。根据公约第37条第1款，"与外交代表构成同一户口的家属，如非接受国国民"，可以享有与外交代表相同的

扫码听课

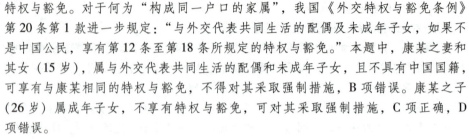
特权与豁免。对于何为"构成同一户口的家属"，我国《外交特权与豁免条例》第20条第1款进一步规定："与外交代表共同生活的配偶及未成年子女，如果不是中国公民，享有第12条至第18条所规定的特权与豁免。"本题中，康某之妻和其女（15岁），属与外交代表共同生活的配偶和未成年子女，且不具有中国国籍，可享有与康某相同的特权与豁免，不得对其采取强制措施，B项错误。康某之子（26岁）属成年子女，不享有特权与豁免，可对其采取强制措施，C项正确，D项错误。

【答案】C

9. 马某是甲国驻乙国的外交官，其下列哪种行为不享有外交豁免权？

A. 马某为使馆购买楼房一栋，因价款问题被房地产商告上乙国法院

B. 马某与外交官同事李某之间有债务纠纷，被李某诉至乙国法院

C. 马某叔父将自己位于乙国首都的别墅遗赠给马某，被叔父之子诉上乙国法院

D. 马某目击乙国首都街头一起凶杀案，乙国警方欲让马某出庭作证

【解析】根据《外交关系公约》，外交人员原则上享有民事和行政管辖豁免，但有下列例外：（1）外交人员在接受国的私有不动产诉讼，但代表派遣国为使馆购置不动产除外；（2）以私人身份作为遗嘱执行人、遗产管理人、继承人或受赠人的继承事项诉讼；（3）外交代表在接受国内在公务范围以外所从事的专业或商业活动的诉讼；（4）外交人员主动起诉而引起的与该诉讼直接有关的反诉。同时，根据《外交关系公约》，外交人员免除作证义务。C项属于以私人身份参与的继承诉讼，该情形下，外交人员不享有豁免，接受国法院可以管辖，故C项正确。

【答案】C

10. 甲国驻乙国总领馆的一只邮袋在乙国入境时，被乙国有关部门怀疑内有违禁品，并试图拆开检查。该邮袋上有领馆专用的明显标志。甲、乙两国均为《维也纳领事关系公约》的缔约国，但相互间无其他相关协定。根据公约的规定，下列哪些选项是正确的？

A. 乙国有关部门有权自行打开该邮袋检查

B. 乙国有关部门若打开该邮袋检查，须在甲国授权代表在场的情况下进行

C. 若甲国拒绝打开该邮袋，则乙国可以对该邮袋采取没收或扣押措施

D. 若甲国拒绝打开该邮袋，则乙国应将该邮袋退回原发送地

【解析】根据《领事关系公约》，领馆邮袋不得予以开拆或扣留，但如有重大理由且派遣国授权代表在场的情况下可以开拆，A项错误，B项正确；若派遣国拒绝开拆，邮袋应退回原发送地，C项错误，D项正确。

【答案】BD

考点三　特别使团

经乙国同意，甲国派特别使团与乙国进行特定外交任务谈判，甲国国民贝登和丙国国民奥马均为使团成员，下列哪些选项是正确的？（2009/1/79，多选）

A. 甲国对奥马的任命需征得乙国同意，乙国一经同意则不可撤销此项同意

B. 甲国特别使团下榻的房舍遇到火灾而无法获得使团团长明确答复时，乙国可以推定获得同意进入房舍救火

C. 贝登在公务之外开车肇事被诉诸乙国法院，因贝登有豁免权乙国法院无权管辖

D. 特别使团也适用对使馆人员的"不受欢迎的人"的制度

【解析】特别使团，指一国经另一国同意或邀请，派往另一国代表派遣国进行谈判或完成某项特定外交任务的临时机构。根据1969年《特别使团公约》，派遣国派遣特别使团应事先取得接受国同意，接受国可随时撤销此项同意，A项错误。根据公约，特别使团的房舍不可侵犯，但遇到火灾或其他严重灾难而无法获得团长答复时，可推定获得同意而进入房舍，B项正确。根据公约，使团有关人员公务范围以外使用车辆引起的交通肇事诉讼，接受国法院可以管辖，C项错误。特别使团人员也适用接受国对使馆人员的"不受欢迎的人"和"不能接受"的制度，D项正确。

【答案】BD

第六章　条约法

考点一　条约的缔结

扫码听课

1. 依据《中华人民共和国缔结条约程序法》及中国相关法律，下列哪些选项是正确的？（2015/1/76，多选）

A. 国务院总理与外交部长参加条约谈判，无需出具全权证书

B. 由于中国已签署《联合国国家及其财产管辖豁免公约》，该公约对我国具有拘束力

C. 中国缔结或参加的国际条约与中国国内法有冲突的，均优先适用国际条约

D. 经全国人大常委会决定批准或加入的条约和重要协定，由全国人大常委会公报公布

【解析】《缔结条约程序法》第6条第2款规定："下列人员谈判、签署条约、协定，无须出具全权证书：（一）国务院总理、外交部长；（二）谈判、签署与驻在国缔结条约、协定的中华人民共和国驻该国使馆馆长，但是各方另有约定的除外；（三）谈判、签署以本部门名义缔结协定的中华人民共和国政府部门首长，但是各方另有约定的除外；（四）中华人民共和国派往国际会议或者派驻国际组织，并在该会议或者该组织内参加条约、协定谈判的代表，但是该会议另有约定或者该组织章程另有规定的除外。"A项正确。虽然中国已签署《联合国国家及其财产管辖豁免公约》，但尚未批准，所以该公约对我国还没有产生拘束力，B项错误。关于条约与国内法冲突时的优先适用问题，中国并没有统一的规定：在民商事范围内，根据原《民法通则》第142条第2款的规定，"中华人民共和国缔结或者参加的国际条约同中华人民共和国的民事法律有不同规定的，适用国际条约的规定，但中华人民共和国声明保留的条款除外"；在民商事范围外，条约能否优先适用，则要视法律的具体规定而定。C项错误。《缔结条约程序法》第15条规定："经全国人民代表大会常务委员会决定批准或者加入的条约和重要协定，由全国人民代表大会常务委员会公报公布。其他条约、协定的公布办法由国务院规定。"D项正确。

【答案】AD

2. 根据《维也纳条约法公约》和《中华人民共和国缔结条约程序法》，关于中国缔约程序问题，下列哪些表述是正确的？（2013/1/74，多选）

A. 中国外交部长参加条约谈判，无需出具全权证书

B. 中国谈判代表对某条约作出待核准的签署，即表明中国表示同意受条约约束

C. 有关引渡的条约由全国人大常委会决定批准，批准书由国家主席签署

扫码听课

D. 接受多边条约和协定，由国务院决定，接受书由外交部长签署

【解析】根据《条约法公约》，以下情形无需出具全权证书：（1）国家元首、政府首脑和外交部长谈判缔约；（2）使馆馆长议定派遣国和接受国之间的条约约文；（3）国家向国际会议或国际组织派遣的代表，议定该会议或组织中的条约约文。A项正确。待核准的签署是等待政府确认的签署，在本国确认以前，它只有认证条约约文的效力，并非表明国家同意受条约约束，B项错误。根据《缔结条约程序法》第7条，条约和重要协定的批准由全国人民代表大会常务委员会决定。前款规定的条约和重要协定是指：（1）友好合作条约、和平条约等政治性条约；（2）有关领土和划定边界的条约、协定；（3）有关司法协助、引渡的条约、协定；（4）同中国法律有不同规定的条约、协定；（5）缔约各方议定须经批准的条约、协定；（6）其他须经批准的条约、协定。批准书由中华人民共和国主席签署，外交部长副署。C项正确。根据《缔结条约程序法》第12条，接受多边条约和协定，由国务院决定；接受书由外交部长签署，具体手续由外交部办理。D项正确。

【答案】ACD

3. 中国拟与甲国就有关贸易条约进行谈判。根据我国相关法律规定，下列哪一选项是正确的？（2010/1/32，单选）

A. 除另有约定，中国驻甲国大使参加该条约谈判，无须出具全权证书

B. 中国驻甲国大使必须有外交部长签署的全权证书方可参与谈判

C. 该条约在任何条件下均只能以中国和甲国两国的官方文字作准

D. 该条约在缔结后应由中国驻甲国大使向联合国秘书处登记

【解析】《缔结条约程序法》第6条第2款规定："下列人员谈判、签署条约、协定，无须出具全权证书：（一）国务院总理、外交部长；（二）谈判、签署与驻在国缔结条约、协定的中华人民共和国驻该国使馆馆长，但是各方另有约定的除外；（三）谈判、签署以本部门名义缔结协定的中华人民共和国政府部门首长，但是各方另有约定的除外；（四）中华人民共和国派往国际会议或者派驻国际组织，并在该会议或者该组织内参加条约、协定谈判的代表，但是该会议另有约定或者该组织章程另有规定的除外。"可见，除另有约定，中国驻甲国大使参加该条约谈判，无须出具全权证书，A项正确，B项错误。该法第13条第1款规定："中华人民共和国同外国缔结的双边条约、协定，以中文和缔约另一方的官方文字写成，两种文本同等作准；必要时，可以附加使用缔约双方同意的另一种第三国文字，作为同等作准的第三种正式文本或者作为起参考作用的非正式文本；经缔约双方同意，也可以规定对条约、协定的解释发生分歧时，以该第三种文本为准。"C项错误。该法第17条第1款规定："中华人民共和国缔结的条约和协定由外交部按照联合国宪章的有关规定向联合国秘书处登记。"这里并非由中国驻甲国大使办理登记，D项错误。

【答案】A

4. 甲国倡议并一直参与某多边国际公约的制订，甲国总统与其他各国代表一道签署了该公约的最后文本。根据该公约的规定，只有在2/3以上签字国经其国内程序予以批准并向公约保存国交存批准书后，该公约才生效。但甲国议会经过辩论，拒绝批准该公约。根据国际法的有关规则，下列哪一项判断是正确的？

A. 甲国议会的做法违反国际法

B. 甲国政府如果不能交存批准书，将会导致其国际法上的国家责任

C. 甲国签署了该公约，所以该公约在国际法上已经对甲国产生了条约的拘束力

D. 由于甲国拒绝批准该公约，即使该公约本身在国际法上生效，其对甲国也不产生条约的拘束力

【解析】国家没有批准条约的义务，甲国议会不批准该条约的行为并不违反国际法，A错。条约的签署一般仅具有认证约文的功能，除非条约本身规定或各谈判国约定签署即表示同意受条约的拘束。本题中，条约规定只有经过批准才能对相关国家产生拘束力，故条约并未生效，国家不批准的行为不违反国际法，不会导致国家责任，BC错，D正确。

【答案】D

考点二　条约的保留

扫码听课

1. 甲乙丙丁都是某多边条约的缔约国，条约规定缔约国之间就该条约产生的纠纷应提交国际法院解决，甲对此规定声明保留。乙国表示接受甲国的保留；丙国不仅反对甲国的保留，还主张条约在甲丙之间不发生效力；丁国反对甲国的保留但不反对条约其他条款在甲丁两国间的适用。甲乙丙丁都是《维也纳条约法公约》的缔约国，下列哪些判断是正确的？（2020 网络回忆版）

A. 甲乙之间因该条约产生的纠纷应由国际法院管辖

B. 丙国可反对甲国的保留，但不能主张条约在甲丙之间不发生效力

C. 甲丁之间条约有效，仅保留所涉条款在两国之间视为不存在

D. 乙丁之间因该条约产生的纠纷应由国际法院管辖

【解析】本题中，甲国为保留国，乙国为接受保留，丙、丁两国为反对保留国。根据《维也纳条约法公约》，在保留国与接受保留国之间，适用保留后的规定，故甲、乙两国之间应适用保留后的规定而非原来条约的规定，A项错误。

丙国反对甲国提出的保留，可据此主张条约在两国之间不发生效力，B项错误。

在保留国与反对保留国之间，若反对保留国并不反对该条约在保留国与反对保留国之间生效，则保留所涉及的规定，在保留的范围内，不适用于该两国之间，C项正确。

乙、丁两国均未提出保留，在未提出保留的国家之间，适用原来条约的规定，D项正确。

【答案】CD

扫码听课

2. 中国参与某项民商事司法协助多边条约的谈判并签署了该条约，下列哪些表述是正确的？（2012/1/74，多选）

A. 中国签署该条约后有义务批准该条约

B. 该条约须由全国人大常委会决定批准

C. 对该条约规定禁止保留的条款，中国在批准时不得保留

D. 如该条约获得批准，对于该条约与国内法有不同规定的部分，在中国国内可以直接适用，但中国声明保留的条款除外

【解析】 从国内法来看，批准是一国权力机关依据国内法对条约的认可；从国际法来看，批准表明一国同意受条约的拘束。是否批准一项条约，由各国自行决定，即使对于已签署的条约，国家也没有必须批准的义务。A 项错误。

《缔结条约程序法》第 7 条规定："条约和重要协定的批准由全国人民代表大会常务委员会决定。前款规定的条约和重要协定是指：（一）友好合作条约、和平条约等政治性条约；（二）有关领土和划定边界的条约、协定；（三）有关司法协助、引渡的条约、协定；（四）同中华人民共和国法律有不同规定的条约、协定；（五）缔约各方议定须经批准的条约、协定；（六）其他须经批准的条约、协定。"B 项正确。

条约的保留，指一国在签署、批准或加入条约时所作的单方声明，不论措辞如何，其目的在于排除或更改条约中某些规定对该国适用时的法律效果。根据《条约法公约》，以下三种情形不得提出保留：（1）条约规定禁止保留；（2）条约准许特定的保留，但有关保留不在条约准许的保留范围内；（3）保留与条约的目的和宗旨不符。C 项正确。

《民事诉讼法》第 267 条规定："中华人民共和国缔结或者参加的国际条约同本法有不同规定的，适用该国际条约的规定，但中华人民共和国声明保留的条款除外。"本题涉及民商事司法协助条约，应依该条规定确定适用，D 项正确。

【答案】 BCD

3. 甲、乙、丙国同为一开放性多边条约缔约国，现丁国要求加入该条约。四国均为《维也纳条约法公约》缔约国。丁国对该条约中的一些条款提出保留，下列哪一判断是正确的？（2009/1/29，单选）

A. 对于丁国提出的保留，甲、乙、丙国必须接受

B. 丁国只能在该条约尚未生效时提出保留

C. 该条约对丁国生效后，丁国仍然可以提出保留

D. 丁国的加入可以在该条约生效之前或生效之后进行

【解析】 条约的保留，指一国在签署、批准或加入条约时所作的单方声明，不论措辞如何，其目的在于排除或更改条约中某些规定对该国适用时的法律效果。对于一国提出的保留，其他缔约国可以接受，也可以反对，A 项错误。条约的保留可在签署、批准或加入条约的任何阶段提出，无论条约本身是否生效，一国均可提出保留，B 项错误。但条约对一国生效后（即对该国产生拘束力后），则该国不得再对条约提出保留，否则被视为毁约，C 项错误。加入是未对条约进行签署的国家表示同意受条约的拘束，成为条约当事方的一种方式。签署通常只能在条约规定的开放签署的期限内进行，而加入一般没有期限的限制，可以在条约生效之前或生效之后进行，D 项正确。

【答案】 D

4. 某些国家共同签订了一份关于解决国籍冲突若干问题的公约，公约中规定不承认双重国籍。在签署公约时，甲国对这一规定提出保留，乙国同意甲国的保留，丙国反对甲国的保留，丁国就甲国的保留未作任何的表示，该四国均签署了公约。依据条约法中关于条约保留的规定，下列说法中错误的是：

A. 在甲乙两国之间，可以承认双重国籍的公民，乙国在甲国的保留范围内不适用公约的规定

B. 若丙国并不反对公约在甲丙两国之间生效，那么甲国保留所涉及到的不承认双重国籍问题，在保留的范围内，不适用于该两国之间

C. 在乙国和丙国之间，公约规定的双重国籍问题不适用于两国之间

D. 在丙国和丁国之间，两国应当适用原公约的规定，不承认双重国籍

【解析】根据《条约法公约》，在保留国与同意保留国之间，适用保留后的规定，A 项正确。在保留国与反对保留国之间，若反对保留国并不反对该条约在两国之间生效，则保留所涉及的规定不予适用，B 项正确。乙、丙、丁三国均未提出保留，在未提出保留的国家之间，适用原来条约的规定，C 项错误，D 项正确。

【答案】C

考点三　条约的冲突

甲乙丙三国为某投资公约的缔约国，甲国在参加该公约时提出了保留，乙国接受该保留，丙国反对该保留，后乙丙丁三国又签订了涉及同样事宜的新投资公约。根据《维也纳条约法公约》，下列哪些选项是正确的？（2014/1/76，多选）

A. 因乙丙丁三国签订了新公约，导致甲乙丙三国原公约失效

B. 乙丙两国之间应适用新公约

C. 甲乙两国之间应适用保留修改后的原公约

D. 尽管丙国反对甲国在原公约中的保留，甲丙两国之间并不因此而不发生条约关系

【解析】条约的冲突，指一国就同一事项先后参加的几个条约的规定相互矛盾，从而引起哪个条约应当优先适用。根据《维也纳条约法公约》，先后就同一事项签订的两个条约的当事国部分相同，部分不同时，在同为两条约当事国之间，适用后约优于先约的原则。本题中，乙丙同为先后两个投资公约的缔约国，两国之间应适用新公约，B 项正确。乙丙丁三国签订新公约，这只可能导致新旧条约之间的冲突，但并不导致原公约失效，A 项错误。条约的保留，指一国在签署、批准或加入条约时所作的单方声明，不论措辞如何，其目的在于排除或更改条约中某些规定对该国适用时的法律效果。关于保留的效果，根据《维也纳条约法公约》，在保留国与接受保留国之间，适用保留后的规定，C 项正确。根据《维也纳条约法公约》，在保留国与反对保留国之间，若反对保留国并不反对该条约在两国之间生效，则保留所涉及的规定，在保留的范围内，不适用于该两国之间。本题中，丙国反对甲国提出的保留，通常只是保留所涉及的规定不予适用而已，并非两国之间不发生条约关系，D 项正确。

【答案】BCD

考点四 条约的终止和暂停施行

菲德罗河是一条依次流经甲乙丙丁四国的多国河流。1966 年，甲乙丙丁四国就该河流的航行事项缔结条约，规定缔约国船舶可以在四国境内的该河流中通航。2005 年底，甲国新当选的政府宣布：因乙国政府未能按照条约的规定按时维修其境内航道标志，所以甲国不再受上述条约的拘束，任何外国船舶进入甲国境内的菲德罗河段，均须得到甲国政府的专门批准。自 2006 年起，甲国开始拦截和驱逐未经其批准而驶入甲国河段的乙丙丁国船舶，并发生多起扣船事件。对此，根据国际法的有关规则，下列表述正确的是：(2008/1/98，不定项)

A. 由于乙国未能履行条约义务，因此，甲国有权终止该条约

B. 若乙丙丁三国一致同意，可以终止该三国与甲国间的该条约关系

C. 若乙丙丁三国一致同意，可以终止该条约

D. 甲乙两国应分别就其上述未履行义务的行为，承担同等的国家责任

【解析】 根据《条约法公约》第 60 条第 2 款，对于多边条约，当事国一方有重大违约，则其他守约方有权以一致同意的方式，采取如下两种措施：(1) 在守约方与违约方之间，终止该条约，或全部或部分停止其施行；(2) 在全体条约当事方之间，终止该条约，或全部或部分停止其施行。根据公约第 60 条第 3 款，这里的"重大违约"包括：(1) 条约当事国一方非法单方面终止条约；(2) 当事国违反条约的规定，而这项规定是实现条约目的和宗旨所必要的。本题中，乙国的行为仅构成一般违约，不属于重大违约，在一般违约的情况下，甲国无权终止条约，A 项错误。甲国非法单方面终止条约，已构成重大违约，对此，乙丙丁三国有权以一致同意的方式，在该三国与甲国之间终止该条约，或者在所有当事国之间终止该条约，B、C 正确。甲乙两国均涉及违约，但违约程度不同，承担责任大小也不相同，D 项错误。

【答案】 BC

第七章　国际争端解决

考点一　国际争端的解决方法

1. 根据国际法相关规则，关于国际争端解决方式，下列哪些表述是正确的？（2011/1/76，多选）

A. 甲乙两国就界河使用发生纠纷，丙国为支持甲国可出面进行武装干涉

B. 甲乙两国发生边界争端，丙国总统可出面进行调停

C. 甲乙两国可书面协议将两国的专属经济区争端提交联合国国际法院，国际法院对此争端拥有管辖权

D. 国际法院可就国际争端解决提出咨询意见，该意见具有法律拘束力

【解析】当前国际法下，国际争端应和平解决，通过武装干涉介入他国间争端不符合国际法，A项错误。调停是第三方以调停人的身份，就争端的解决提出方案，并直接参加或主持谈判，以协助争端解决，其属于解决国际争端的非强制方法，B项正确。对于任何争端，当事国都可以在争端发生后，达成协议，将争端提交国际法院，法院根据当事国各方的同意进行管辖，C项正确。国际法院可就国际争端解决提出咨询意见，该意见没有法律拘束力，D项错误。

【答案】BC

2. 甲国因故宣布乙国驻甲国使馆的一名外交人员为"不受欢迎的人"后，乙国也宣布了甲国驻乙国使馆中的一名外交人员为"不受欢迎的人"。假设甲乙两个国家都是1961年《维也纳外交关系公约》的成员国，对此，下列表述正确的是？

A. 乙国的做法属于国际法上的反报

B. 乙国的做法属于国际法上的报复

C. 甲乙两国的做法都违反了其所承担的国际义务，应对此承担国际责任

D. 甲国的做法违反了其所承担的国际义务，应承担国际责任；乙国的做法属于国际法上的对抗措施，可以不承担国际责任

【解析】反报和报复最主要的区别在于，反报是针对他国不违反国际法的行为采取的措施，而报复针对的是他国违反国际法的行为。本题中，甲国的行为不违反国际法，所以乙国采取的对抗措施属于反报，故A项正确，BD错误。反报是国际法允许的，不需承担国际责任，C项错误。

【答案】A

3. 甲乙两国因某岛屿归属问题长期存在争端，积怨甚深。丙国出面使甲乙两国重开谈判，并为领土归属问题提出解决方案。根据国际法，下列判断中正确的是？

A. 丙国使甲乙两国重开谈判，并提出解决方案的行为属于斡旋

B. 丙国使甲乙两国重开谈判，并提出解决方案的行为属于调停

C. 丙国提出的争端解决方案具有法律拘束力，甲乙两国必须接受

D. 丙国对于争端解决成败与否不承担任何责任

【解析】斡旋与调停都是有第三方参与的争端解决方式，区别在于：斡旋中，第三方不提出解决争端的方案，仅为解决争端提供帮助；调停中，第三方提出了争端解决的方案。A 项错误，B 项正确。对于调停，第三方提出的争端解决方案无法律拘束力，争端当事方可以拒绝；同时，第三方对调停成败与否不承担任何责任。C 项错误，D 项正确。

【答案】BD

扫码听课

考点二　国际法院

1. 甲乙两国都是联合国会员国，现因领土争端，甲国欲向国际法院提起诉讼，关于该问题以下说法正确的是：（2018 网络回忆版）

A. 如国际法院受理该案件，发现主审法官中有甲国公民，则乙国可以申请该法官回避

B. 如审理案件中甲国发现法官中有乙国法官，则可以申请增加本国国籍的法官为专案法官

C. 如法院判乙国败诉又不执行该判决，则甲国可以申请国际法院强制执行该判决

D. 如果国际法院作出判决，则该判决可以成为国际法渊源对所有联合国成员国都有约束力

【解析】国际法院法官对涉及其国籍国的案件，不适用回避制度，除非就任前曾参与该案件，A 项错误。

在国际法院审理案件中，如一方当事国有本国国籍的法官，他方当事国也有权选派一人作为法官参与该案的审理；如双方当事国都没有本国国籍的法官，双方都可各选派法官一人参与该案的审理。这种临时选派的法官称为"专案法官"，他们和正式法官具有完全平等的地位。B 项正确。

国际法院没有执行权，如一方拒不履行判决，他方可向安理会提出申诉，安理会可以作出建议或决定采取措施执行判决，C 项错误。

国际法院的判决具有终局性，一经作出即对当事国产生拘束力，但国际法院的判决仅属于确立国际法原则的辅助资料，并不是国际法的渊源，D 项错误。

【答案】B

2. 关于国际法院，依《国际法院规约》，下列哪一选项是正确的？（2016/1/34，单选）

A. 安理会常任理事国对法官选举拥有一票否决权

B. 国际法院是联合国的司法机关，有诉讼管辖和咨询管辖两项职权

C. 联合国秘书长就执行其职务中的任何法律问题请求国际法院发表咨询意见

扫码听课

D. 国际法院做出判决后，如当事国不服，可向联合国大会上诉

【解析】国际法院的法官在联合国大会和安理会中分别独立进行选举，只有在两个机关同时获得绝对多数票方可当选，安理会常任理事国对法官选举没有否决权，A项错误。国际法院是联合国的司法机关，具有诉讼管辖（受理有关国家提起的诉讼）和咨询管辖（向某些主体提供法律咨询）两项职权，B项正确。对于咨询管辖，联合国大会、大会临时委员会、安理会、经社理事会、托管理事会等以及经大会授权的联合国专门机构或其他机构，可以请求国际法院发表咨询意见，而任何国家、团体、个人包括联合国秘书长，都无权请求法院发表咨询意见，C项错误。国际法院的判决具有终局性，一经作出即对当事国产生拘束力，当事国必须履行，如一方拒不履行判决，他方可向安理会提出申诉，安理会可以作出建议或决定采取措施执行判决，D项错误。

【答案】B

3. 关于联合国国际法院的表述，下列哪一选项是正确的？（2013/1/34，单选）

A. 联合国常任理事国对国际法院法官的选举不具有否决权

B. 国际法院法官对涉及其国籍国的案件，不适用回避制度，即使其就任法官前曾参与该案件

C. 国际法院判决对案件当事国具有法律拘束力，构成国际法的渊源

D. 国际法院作出的咨询意见具有法律拘束力

扫码听课

【解析】国际法院的法官在联合国大会和安理会中分别独立进行选举，只有在这两个机关同时获得绝对多数票方可当选，安理会常任理事国对法官的选举没有否决权，A项正确。国际法院法官对涉及其国籍国的案件，不适用回避制度，除非其就任法官前曾参与该案件，B项错误。国际法院判决对案件当事国具有法律拘束力，但并不属于国际法的渊源，国际法的渊源为国际条约、国际习惯和一般法律原则，C项错误。国际法院作出的咨询意见没有法律拘束力，D项错误。

【答案】A

4. 甲、乙是联合国会员国。甲作出了接受联合国国际法院强制管辖的声明，乙未作出接受联合国国际法院强制管辖的声明。甲、乙也是《联合国海洋法公约》的当事国，现对相邻海域中某岛屿归属产生争议。关于该争议的处理，下列哪一选项是不符合国际法的？（2012/1/33，单选）

A. 甲、乙可达成协议将争议提交联合国国际法院

B. 甲、乙可自愿选择将争议提交联合国国际法院或国际海洋法庭

C. 甲可单方将争议提交联合国国际法院

D. 甲、乙可自行协商解决争议

扫码听课

【解析】对于任何争端，当事国都可以在争端发生后，达成协议，将争端提交国际法院，法院根据当事国各方的同意进行管辖，A项正确。国际海洋法庭的管辖不具有排他性，其并不排除国际法院对海洋争端的管辖，争端当事国可以自愿选择将争端交由哪个机构来审理，B项正确。国际法院对某案件进行管辖须获得争端双方的同意，仅单方提交而未获得另一方同意国际法院无权管辖，C项错误。国际争端解决的方法包括强制方法和非强制方法。非强制方法是指争端各方在自愿的基础上解决国际争端的方法，包括谈判与协商、斡旋与调停、调查与和

解等，D 项正确。

【答案】C

5. 甲乙两国协议将其边界领土争端提交联合国国际法院。国际法院作出判决后，甲国拒不履行判决确定的义务。根据《国际法院规约》，关于乙国，下列哪一说法是正确的？（2011/1/34，单选）

A. 可申请国际法院指令甲国国内法院强制执行

B. 可申请由国际法院强制执行

C. 可向联合国安理会提出申诉，请求由安理会作出建议或决定采取措施执行判决

D. 可向联大法律委员会提出申诉，由法律委员会决定采取行动执行判决

【解析】根据《国际法院规约》，如有一方拒不执行判决，他方可向安理会提出申诉，安理会可以作出有关建议或决定采取措施执行判决，C 项正确。

【答案】C

6. 根据《国际法院规约》的规定，下列选项正确的有？

A. 国际法院可以适用世界各国所普遍承认的一般法律原则审判案件

B. 联合国秘书长可以请求国际法院发表咨询意见

C. 由于国际法院法官由联合国大会和安理会双重选举产生，因此受联合国大会和安理会的制约

D. 安理会常任理事国对国际法院法官的选举具有否决权

【解析】国际法院审理案件，可以适用法律规则包括：国际条约、国际习惯以及世界各国所普遍承认的一般法律原则，A 项正确。联合国大会、大会临时委员会、安理会、经社理事会、托管理事会等及经大会授权的联合国专门机构或其他机构，可以请求国际法院发表咨询意见，联合国秘书长无权请求国际法院发表咨询意见，B 项错误。国际法院的法官不代表任何国家，不受任何政府的制约，也不受联合国大会和安理会的制约，C 项错误。国际法院的法官由联合国安理会和联合国大会分别独立选举产生，只要在两个机构均获得多数票即可当选，安理会常任理事国对此没有否决权，D 项错误。

【答案】A

考点三　海洋法法庭

1. 甲、乙、丙三国对某海域的划界存在争端，三国均为《联合国海洋法公约》缔约国。甲国在批准公约时书面声明海洋划界的争端不接受公约的强制争端解决程序，乙国在签署公约时口头声明选择国际海洋法法庭的管辖，丙国在加入公约时书面声明选择国际海洋法法庭的管辖。依相关国际法规则，下列哪一选项是正确的？（2017/1/34，单选）

A. 甲国无权通过书面声明排除公约强制程序的适用

B. 国际海洋法法庭对该争端没有管辖权

C. 无论三国选择与否，国际法院均对该争端有管辖权

D. 国际海洋法法庭的设立排除了国际法院对海洋争端的管辖权

【解析】《海洋法公约》的争端解决机制规定在公约第15部分（争端的解决）及相关四个附件中。其强调了和平解决争端的原则，并设定了两个层次的机制：（1）协商解决，争端方可以采取自行选择的任何和平方式，首先寻求通过达成一般性、区域性或双边协定解决争端；（2）强制程序，如果采用自行选择的和平方法解决争端失败，经任何一方请求，应提交以下导致有拘束力裁判的强制程序解决。有四个处于平等地位的机构可供当事方选择，分别是：海洋法法庭、国际法院、依附件七组成的仲裁庭和依附件八组成的特别仲裁庭。根据公约第298条，对于海洋划界、领土争端、军事活动、涉及历史性海湾所有权的争端以及安理会正在行使管辖权的争端，缔约国可以通过书面声明排除强制程序的适用，A项错误。根据公约第287条，一国在签署、批准或加入公约时，或在其后任何时间，可以自由用书面声明方式选择海洋法法庭的管辖，只有争端各方都选择了法庭程序，法庭才有管辖权。本题中，甲国不接受公约的强制争端解决程序，乙国在签署公约时只是口头而非书面声明选择国际海洋法法庭的管辖，均不符合法庭管辖要件，B项正确。国际法院对某争端进行管辖，也须获得争端各方的同意，C项错误。海洋法法庭的建立，不排除国际法院对海洋争端的管辖，争端当事国可以自愿选择将争端交由哪个机构来审理，D项错误。

【答案】B

扫码听课

2. 甲乙两国就海洋的划界一直存在争端，甲国在签署《联合国海洋法公约》时以书面声明选择了海洋法法庭的管辖权，乙国在加入公约时没有此项选择管辖的声明，但希望争端通过多种途径解决。根据相关国际法规则，下列选项正确的是：（2014/1/97，不定项）

A. 海洋法法庭的设立不排除国际法院对海洋活动争端的管辖

B. 海洋法法庭因甲国单方选择管辖的声明而对该争端具有管辖权

C. 如甲乙两国选择以协商解决争端，除特别约定，两国一般没有达成有拘束力的协议的义务

D. 如丙国成为双方争端的调停国，则应对调停的失败承担法律后果

【解析】海洋法法庭的建立，不排除国际法院对海洋活动争端的管辖，争端当事国可以自愿选择将海洋争端交由哪个机构来审理，A项正确。海洋法法庭管辖权具有强制管辖性质，一国可以自由用书面声明方式选择海洋法法庭的管辖，只有争端各方都选择了法庭程序，法庭才有管辖权，B项错误。除非特别约定，一般地，谈判或协商的当事国没有达成有拘束力协议的义务，C项正确。调停，指第三方以调停人的身份，就争端解决提出方案，并直接参与谈判，以协助解决争端。调停国对调停成败不承担任何法律义务或后果，D项错误。

【答案】AC

3. 以下关于海洋法法庭的说法中，正确的是？

A. 海洋法法庭的诉讼当事方只能是国家

B. 甲乙两国均为《联合国海洋法公约》缔约国，若双方决定就彼此间海洋争端通过国际司法途径解决争端，则只能选择海洋法法庭

C. 如争端双方均选择海洋法法庭管辖，而其中一方拒不出庭，则法庭应终止审理

D. 海洋法法庭审理案件时，可以适用《联合国海洋法公约》和其他与公约

扫码听课

不抵触的国际法原则、规则

【解析】海洋法法庭的诉讼当事方可以是国家，也可以是国际海底管理局和平行开发合同的自然人、法人，A项错误。海洋法法庭的管辖不具有排他性，争端国家可以选择将争端交由海洋法法庭或国际法院解决，B项错误。如果一方不出庭或不进行辩护，另一方可请求法庭继续进行审理并作出判决，C项错误。海洋法法庭审理案件，适用《联合国海洋法公约》和其他与公约不抵触的国际法原则、规则，D项正确。

【答案】D

大咖点拨区

大咖点拨区

扫码听课

第八章　战争与武装冲突法

考点一　战争状态和战时中立

1. 甲乙两国是陆上邻国，因划界纠纷爆发战争。根据相关国际法规则，下列哪些选项是正确的？（2021 网络回忆版）

A. 甲乙两国互助条约立即废止

B. 甲乙两国边界条约自动废止

C. 甲国军舰在海上遇到乙国商船后，可对其拿捕没收

D. 甲国可以对其境内的乙国公民进行敌侨登记并进行强制集中居住

【解析】两国开战后，条约关系发生一系列变化：政治友好条约立即废止；一般的政治和经济类条约停止效力；规定缔约国间永久状态的条约（如边界条约）继续维持，除非缔约国另有协议；战争类条约开始适用。互助条约属政治友好类条约，立即废止，A 项正确。边界条约属规定缔约国间永久状态的条约，继续维持效力，B 项错误。

关于商船的地位，对在海上相遇的于战争开始前就已离开最后出发港并对战争毫无所知的敌国商船不得没收，C 项错误。

战争开始后，交战国可对其境内的敌国公民实行各种限制，如进行敌侨登记、强制集中居住等，D 项正确。

【答案】AD

扫码听课

2. 甲、乙国发生战争，丙国发表声明表示恪守战时中立义务。对此，下列哪一做法不符合战争法？（2012/1/34，单选）

A. 甲、乙战争开始后，除条约另有规定外，二国间商务条约停止效力

B. 甲、乙不得对其境内敌国人民的私产予以没收

C. 甲、乙交战期间，丙可与其任一方保持正常外交和商务关系

D. 甲、乙交战期间，丙同意甲通过自己的领土过境运输军用装备

【解析】战争开始后，两国间一般的政治和经济类条约，如引渡条约、商务条约等，除条约另有规定外，停止效力。A 项正确。战争开始后，交战国对其境内的敌国国家财产，除属于使馆的财产档案等外，可予以没收；对其境内的敌国人民的私产可予以限制，如禁止转移、冻结或征用，但不得没收。B 项正确。战时中立，指在战争时期，非交战国选择不参与战争、保持对交战双方不偏不倚的法律地位。中立国可与交战国中任何一方保持正常关系及交往，C 项正确。一旦选择战时中立，则应承担防止义务，即中立国有义务采取一切措施，防止交战国在其领土内从事与战争有关的行为，如在该区域征兵、备战、建立军事设施、军队或军事物资过境等。D 项显然违反了该项义务，不符合国际法。

【答案】D

3. 甲乙两国由于边界纠纷引发武装冲突，进而彼此宣布对方为敌国。目前乙国军队已突入甲国境内，占领了甲国边境的桑诺地区。根据与武装冲突相关的国际法规则，下列哪些选项符合国际法？（2008/1/79，多选）

A. 甲国对位于其境内的乙国国家财产，包括属于乙国驻甲国使馆的财产，不可予以没收

B. 甲国对位于其境内的乙国国民的私有财产，予以没收

C. 乙国对桑诺地区的甲国公民的私有财产，予以没收

D. 乙国强令位于其境内的甲国公民在规定时间内进行敌侨登记

【解析】战争开始后，交战国对其境内的敌国国家财产，除属于使馆的财产档案等外，可予以没收，A项错误。交战国对其境内的敌国人民的私产可予以限制，如禁止转移、冻结或征用，但不得没收，B项错误。对占领区内的敌国人民的私产不应以任何方式干涉或没收，但对可供军事需要的财产可以征用，C项错误。交战国对其境内的敌国公民可实行各种限制，如进行敌侨登记、强制集中居住等，但在战争许可范围内，应尽可能地减免对敌国公民人身、财产和尊荣上的限制和强制，D项正确。

【答案】D（司法部答案：AD）

4. 甲乙两国之间爆发战争，根据战争法的相关规则，下列关于战争开始的后果的说法中正确的是？

A. 外交关系和领事关系一般自动断绝，外交人员的外交特权与豁免自战争状态开始时终止

B. 甲乙两国之间的划界条约继续有效

C. 甲国对其境内的乙国公民的私有财产可以予以限制

D. 甲乙两国之间签订的一切条约均立即失效

【解析】战争开始后，将产生以下法律后果：（1）外交和领事关系断绝，战争开始后，交战国间的外交和领事关系一般自动断绝，但外交人员离境前的合理期限内仍享有特权与豁免；（2）条约关系发生一系列变化：政治友好条约立即废止；一般的政治和经济类条约停止效力；规定缔约国间永久状态的条约（如边界条约）继续维持，除非缔约国另有协议；战争类条约开始适用；（3）经贸往来的禁止：交战国人民之间的贸易往来被禁止，但已履行的契约或已结算的债务并不废除；（4）对敌产和敌国公民产生影响，对敌国私人财产可予限制。BC正确。

【答案】BC

5. 下列关于战时中立的说法中，正确的是？

A. 中立国是指在其他国家之间的战争开始后，非交战国所选择的不参与战争、保持对交战双方不偏不倚、公正中立的法律地位

B. 中立国的地位根据国际条约确定，在平时和战时都必须履行其中立义务，不得任意选择或放弃其地位

C. 中立国不得直接或间接向任何交战国提供军事支持或帮助，但如果平等地给予交战双方则是允许的

D. 作为联合国会员国的中立国，即使联合国安理会作出使用武力的决定，该中立国仍可以自由选择是否保持中立，可以不参加实际战斗

【解析】战时中立,指在战争时期,非交战国选择不参与战争、保持对交战双方不偏不倚的法律地位,A项正确。B项所指为永久中立,并非战时中立,错误。一旦选择战时中立,中立国将承担不作为义务,不得直接或间接向任何交战国提供军事支持或帮助;除基于人道考虑给予医疗帮助外,上述支持或帮助即使是平等地给予交战双方,也是中立地位不允许的。C项错误。根据《联合国宪章》,联合国会员国承担根据安理会决议采取集体行动的义务(包括使用武力),因而战时中立制度受到联合国集体安全制度的制约;但实践中,在安理会作出采取行动的决议的情况下,各国仍可以自由地选择是否保持中立,可不参加实际战斗,实际上保留中立地位。D项正确。

【答案】AD

考点二 对战时平民和战争受难者的保护

甲乙两国因边境冲突引发战争,甲国军队俘获数十名乙国战俘。依《日内瓦公约》,关于战俘待遇,下列哪些选项是正确的?(2009/1/78,多选)

A. 乙国战俘应保有其被俘时所享有的民事权利

B. 战事停止后甲国可依乙国战俘的情形决定遣返或关押

C. 甲国不得将乙国战俘扣为人质

D. 甲国为使本国某地区免受乙国军事攻击可在该地区安置乙国战俘

【解析】根据《日内瓦第三公约》,战俘自其被俘至其丧失战俘身份前应享受规定的合法待遇和相关权利,包括:(1)交战方应将战俘拘留所设在比较安全的地带;(2)不得将战俘扣为人质,禁止对战俘施以暴行或恫吓及公众好奇的烦扰;不得对战俘实行报复,进行人身残害或肢体残伤,或供任何实验;不得侮辱战俘的人格和尊严;(3)战俘应保有其被俘时所享有的民事权利;战俘的个人财物除武器、马匹、军事装备和文件以外一律归其个人所有;战俘的金钱和贵重物品可由拘留国保存,但不得没收;(4)对战俘的衣、食、住要能维持其健康水平,不得以生活上的苛求作为处罚措施;保障战俘的医疗和医药卫生;(5)尊重战俘的风俗习惯和宗教信仰,允许他们从事宗教、文化和体育活动;(6)准许战俘与其家庭通讯和收寄邮件;(7)战俘享有司法保障,受审时享有辩护权和上诉权;拘留国对战俘的刑罚不得超过对其本国武装部队人员同样行为所规定的刑罚;禁止因个人行为而对战俘实行集体惩罚;对战俘判处死刑应特别慎重;(8)询问战俘应使用其了解的语言;(9)不得因民族、宗教、国籍等对战俘加以歧视;(10)战事停止后,战俘应立即予以释放并遣返,不得迟延。A、C符合上述第(3)和第(2)项规定,正确。B项违反上述第(10)项规定,错误。D项中将战俘安置在不安全地区,违反上述第(1)项规定,错误。

【答案】AC

国际私法

第一章　国际私法总论

考点一　国际私法的主体

张某居住在深圳，2008年3月被深圳某公司劳务派遣到马来西亚工作，2010年6月回深圳，转而受雇于香港某公司，其间每周一到周五在香港上班，周五晚上回深圳与家人团聚。2012年1月，张某离职到北京治病，2013年6月回深圳，现居该地。依《涉外民事关系法律适用法》（不考虑该法生效日期的因素）和司法解释，关于张某经常居所地的认定，下列哪一表述是正确的？（2013/1/37，单选）

A. 2010年5月，在马来西亚

B. 2011年12月，在香港

C. 2013年4月，在北京

D. 2008年3月至今，一直在深圳

【解析】最高院《关于适用〈涉外民事关系法律适用法〉若干问题的解释（一）》第13条规定："自然人在涉外民事关系产生或者变更、终止时已经连续居住1年以上且作为其生活中心的地方，人民法院可以认定为涉外民事关系法律适用法规定的自然人的经常居所地，但就医、劳务派遣、公务等情形除外。"D项正确。

【答案】D

考点二　国际私法的基本概念和制度

（一）涉外民事关系

下列在我国法院提起的诉讼中，构成涉外民事法律关系的有哪些？

A. 中国公民和美国公民之间的婚姻关系

B. 某中国公民和另一经常居所在德国的中国公民之间的继承关系

C. 标的物在美国的财产继承纠纷

D. 因发生在南非的交通事故而产生的侵权行为关系

【解析】最高院《关于适用〈中华人民共和国涉外民事关系法律适用法〉若干问题的解释（一）》第1条规定："民事关系具有下列情形之一的，人民法院可以认定为涉外民事关系：（一）当事人一方或双方是外国公民、外国法人或者其他组织、无国籍人；（二）当事人一方或双方的经常居所地在中华人民共和国领域外；（三）标的物在中华人民共和国领域外；（四）产生、变更或者消灭民事关系的法律事实发生在中华人民共和国领域外；（五）可以认定为涉外民事关系的其他情形。"据此，A、B、C、D均属于涉外民事关系。

【答案】 ABCD

（二）冲突规范

扫码听课

1. 《涉外民事关系法律适用法》规定：结婚条件，适用当事人共同经常居所地法律；没有共同经常居所地的，适用共同国籍国法律；没有共同国籍，在一方当事人经常居所地或者国籍国缔结婚姻的，适用婚姻缔结地法律。该规定属于下列哪一种冲突规范？（2011/1/38，单选）

A. 单边冲突规范

B. 重叠适用的冲突规范

C. 无条件选择适用的冲突规范

D. 有条件选择适用的冲突规范

【解析】 冲突规范的类型包括：单边冲突规范、双边冲突规范、重叠适用的冲突规范、选择适用的冲突规范四种。（1）单边冲突规范，直接规定适用某国法律。（2）双边冲突规范，并不直接规定适用内国法还是外国法，而是规定了一个可以推定适用的法律。（3）重叠适用的冲突规范，规定了两个或两个以上可以适用的法律，并且要求同时适用。（4）选择适用的冲突规范，规定了两个或两个以上可以适用的法律，选择其一予以适用。具体又分为如下两种：第一，无条件选择适用的冲突规范，即可供选择的法律中没有适用的先后顺序之分；第二，有条件选择适用的冲突规范，即可供选择的法律中，在适用时有先后顺序之分。本例给出的几个可以适用的法律中存在先后顺序，显然属于有条件选择适用的冲突规范，D项正确。

【答案】 D

2. 下列属于有条件选择适用的冲突规范的是？

A. 遗产管理等事项，适用遗产所在地法律

B. 法律行为的方式适用完成地法律，也可以适用调整行为效力的法律

C. 收养的条件和手续，适用收养人和被收养人经常居所地法律

扫码听课

D. 夫妻人身关系，适用共同经常居所地法律；没有共同经常居所地的，适用共同国籍国法律

【解析】 冲突规范的类型包括：单边冲突规范、双边冲突规范、重叠适用的冲突规范、选择适用的冲突规范四种。（1）单边冲突规范，直接规定适用某国法律。（2）双边冲突规范，并不直接规定适用内国法还是外国法，而是规定了一个可以推定适用的法律。（3）重叠适用的冲突规范，规定了两个或两个以上可以适用的法律，并且要求同时适用。（4）选择适用的冲突规范，规定了两个或两个以上可以适用的法律，选择其一予以适用。具体又分为如下两种：第一，无条件选择适用的冲突规范，即可供选择的法律中没有适用的先后顺序之分；第二，有条件选择适用的冲突规范，即可供选择的法律中，在适用时有先后顺序之分。A项属于双边冲突规范，B项为无条件选择适用的冲突规范，C项为重叠适用的冲突

规范，D 项为有条件选择适用的冲突规范。

【答案】D

（三）准据法

1. 关于冲突规范和准据法，下列哪一判断是错误的？（2010/1/33，单选）

A. 冲突规范与实体规范相似

B. 当事人的属人法包括当事人的本国法和住所地法

C. 当事人的本国法指的是当事人国籍所属国的法律

D. 准据法是经冲突规范指引、能够具体确定国际民事法律关系当事人权利义务的实体法

【解析】冲突规范，是指明某种国际民商事关系应当适用何种实体法的法律规范。冲突规范是一种法律适用规范、间接规范，其构成独特，由范围、系属等元素构成，与实体规范不同，A 项错误。属人法是以人的国籍、住所或惯常居所作为连结点的系属，大陆法系国家通常以当事人的本国法为当事人的属人法，英美法系国家坚持以当事人的住所地法为属人法，B 项正确。当事人的本国法即当事人国籍国法律，C 项正确。准据法，指经冲突规范指定用来具体确定当事人权利义务的实体法，D 项正确。

【答案】A

2. 下列有关准据法特点的说法中正确的是？

A. 准据法属于冲突规范的范畴

B. 准据法的本质特征是必须经冲突规范指引

C. 准据法是具体确定当事人权利义务的实体法

D. 在反致情况下，内国冲突规范所援用的外国冲突规范也是准据法

【解析】准据法是经冲突规范援用的实体法律，它本身并不属于冲突规范的范畴，A 项错误。准据法必须是通过冲突规范所指定的法律，其本质特征即是必须经过冲突规范指引，B 项正确。准据法是能够具体确定国际民商事法律关系当事人的权利与义务的实体法，C 项正确。在反致情况下，内国冲突规范所援用的外国冲突规范并不能直接确定当事人的权利与义务，因此并不是准据法，D 项错误。

【答案】BC

（三）反致

墨西哥甲在中国某法院涉诉，其纠纷依中国法应适用墨西哥法，依墨西哥法应适用中国法，根据我国《法律适用法》，下列哪项判断是正确的？（2019 网络回忆版）

A. 该纠纷应适用墨西哥实体法

B. 依最密切联系原则选择实体法

C. 该纠纷应适用中国实体法

D. 因中国法和墨西哥法冲突，法院应驳回起诉

【解析】《涉外民事关系法律适用法》第 9 条规定："涉外民事关系适用的外国法律，不包括该国的法律适用法。"我国在司法实践中不接受反致，根据中国冲突规范指向外国法时，应直接适用外国的实体法，而不适用外国的冲突规范，A 项正确，B、C、D 错误。

【答案】A

(四) 外国法的查明

1. 波兰甲公司和中国乙公司签订买卖合同，合同约定争议适用波兰法。后双方发生纠纷，中国乙公司在中国某法院起诉，下列哪些判断是正确的？（2019 网络回忆版）

A. 甲乙公司应查明并提供波兰法

B. 若双方当事人对波兰法的解释有异议，应由法院审查认定

C. 双方可以在一审法庭辩论终结前变更适用德国法

D. 若波兰甲公司认为本案由波兰法院管辖更为方便，经法院核实，可裁定驳回起诉

【解析】《涉外民事关系法律适用法》第 10 条第 1 款规定："涉外民事关系适用的外国法律，由人民法院、仲裁机构或者行政机关查明。当事人选择适用外国法律的，应当提供该国法律。"本题中，双方约定适用波兰法，则应由当事人提供波兰法，A 项正确。

最高院《关于适用〈涉外民事关系法律适用法〉若干问题的解释（一）》第 16 条规定："人民法院应当听取各方当事人对应当适用的外国法律的内容及其理解与适用的意见，当事人对该外国法律的内容及其理解与适用均无异议的，人民法院可以予以确认；当事人有异议的，由人民法院审查认定。"B 项正确。

最高院《关于适用〈涉外民事关系法律适用法〉若干问题的解释（一）》第 6 条第 1 款规定："当事人在一审法庭辩论终结前协议选择或者变更选择适用的法律的，人民法院应予准许。"C 项正确。

《民诉法解释》第 530 条规定："涉外民事案件同时符合下列情形的，人民法院可以裁定驳回原告的起诉，告知其向更方便的外国法院提起诉讼：（1）被告提出案件应由更方便外国法院管辖的请求，或者提出管辖异议；（2）当事人之间不存在选择中国法院管辖的协议；（3）案件不属于中国法院专属管辖；（4）案件不涉及中国国家、公民、法人或者其他组织的利益；（5）案件争议的主要事实不是发生在中国境内，且案件不适用中国法律，人民法院审理案件在认定事实和适用法律方面存在重大困难；（6）外国法院对案件享有管辖权，且审理该案件更加方便。"上述六种情形须同时满足，中国法院才可拒绝管辖，D 项错误。

【答案】ABC

2. 根据《涉外民事关系法律适用法》和司法解释，关于外国法律的查明问题，下列哪一表述是正确的？（2013/1/36，单选）

A. 行政机关无查明外国法律的义务

B. 查明过程中，法院应当听取各方当事人对应当适用的外国法律的内容及其理解与适用的意见

C. 无法通过中外法律专家提供的方式获得外国法律的，法院应认定为不能查明

D. 不能查明的，应视为相关当事人的诉讼请求无法律依据

【解析】根据《涉外民事关系法律适用法》第 10 条第 1 款，涉外民事关系适用的外国法律，由人民法院、仲裁机构或者行政机关查明；当事人选择适用外国法律的，应当提供该国法律，A 项错误。根据最高院《关于适用〈涉外民事关系

法律适用法〉若干问题的解释（一）》第16条，人民法院应当听取各方当事人对应当适用的外国法律的内容及其理解与适用的意见，当事人对该外国法律的内容及其理解与适用均无异议的，人民法院可以予以确认；当事人有异议的，由人民法院审查认定，B项正确。根据该司法解释第15条，人民法院通过由当事人提供、已对中国生效的国际条约规定的途径、中外法律专家提供等合理途径仍不能获得外国法律的，可以认定为不能查明外国法律，C项错误。根据《涉外民事关系法律适用法》第10条第2款，不能查明外国法律或者该国法律没有规定的，适用中国法律，D项错误。

【答案】B

3. 在某涉外合同纠纷案件审判中，中国法院确定应当适用甲国法律。关于甲国法的查明和适用，下列哪一说法是正确的？（2011/1/35，单选）

A. 当事人选择适用甲国法律的，法院应当协助当事人查明该国法律

B. 该案适用的甲国法包括该国的法律适用法

C. 不能查明甲国法的，适用中华人民共和国法律

D. 不能查明甲国法的，驳回当事人的诉讼请求

【解析】《涉外民事关系法律适用法》第10条第1款规定："涉外民事关系适用的外国法律，由人民法院、仲裁机构或者行政机关查明。当事人选择适用外国法律的，应当提供该国法律。"根据该条，当事人选择适用外国法时，法院无须负责查明，而应由当事人提供该外国法，A项错误。《涉外民事关系法律适用法》第9条规定："涉外民事关系适用的外国法律，不包括该国的法律适用法。"B项错误。《涉外民事法律关系适用法》第10条第2款规定："不能查明外国法律或者该国法律没有规定的，适用中华人民共和国法律。"可见，不能查明甲国法的，应适用中国法律，而非驳回当事人的诉讼请求，C项正确，D项错误。

【答案】C

4. 中国人张某与墨西哥人福克斯订立服装饰品的大宗买卖合同，后因福克斯供货不符合合同要求，张某在中国法院起诉。关于本案的定性和法律查明，下列说法正确的是？

A. 如果张某和福克斯约定适用墨西哥法律，则该案的法律性质应依墨西哥法律认定

B. 如果双方没有约定合同适用的法律，则法院应根据最密切联系原则对案件性质进行认定

C. 如果张某和福克斯约定适用墨西哥法律，则当事人应向法院提供该法律

D. 如果无法查明相关法律，则应适用我国和墨西哥共同参加的国际条约

【解析】《涉外民事关系法律适用法》第8条规定："涉外民事关系的定性，适用法院地法律。"本题中法院地在中国，应依中国法定性，A、B错误。该法第10条第1款规定："涉外民事关系适用的外国法律，由人民法院、仲裁机构或者行政机关查明。当事人选择适用外国法律的，应当提供该国法律。"C项正确。第10条第2款规定："不能查明外国法律或者该国法律没有规定的，适用中华人民共和国法律。"D项错误。

【答案】C

大咖点拨区

扫码听课

扫码听课

（五）公共秩序保留与直接适用的法

1. 沙特某公司在华招聘一名中国籍雇员张某。为规避中国法律关于劳动者权益保护的强制性规定，劳动合同约定排他性地适用菲律宾法。后因劳动合同产生纠纷，张某向中国法院提起诉讼。关于该劳动合同的法律适用，下列哪一项是正确的？（2015/1/35，单选）

A. 适用沙特法

B. 因涉及劳动者权益保护，直接适用中国的强制性规定

C. 在沙特法、中国法与菲律宾法中选择适用对张某最有利的法律

D. 适用菲律宾法

【解析】最高院《关于适用〈中华人民共和国涉外民事关系法律适用法〉若干问题的解释（一）》第8条规定："有下列情形之一，涉及中华人民共和国社会公共利益、当事人不能通过约定排除适用、无需通过冲突规范指引而直接适用于涉外民事关系的法律、行政法规的规定，人民法院应当认定为涉外民事关系法律适用法第四条规定的强制性规定：（一）涉及劳动者权益保护的；（二）涉及食品或公共卫生安全的；（三）涉及环境安全的；（四）涉及外汇管制等金融安全的；（五）涉及反垄断、反倾销的；（六）应当认定为强制性规定的其他情形。"B项正确。

【答案】B

2. 根据我国法律和司法解释，关于涉外民事关系适用的外国法律，下列说法正确的是：（2014/1/98，不定项）

A. 不能查明外国法律，适用中国法律

B. 如果中国法有强制性规定，直接适用该强制性规定

C. 外国法律的适用将损害中方当事人利益的，适用中国法

D. 外国法包括该国法律适用法

【解析】《涉外民事关系法律适用法》第10条第2款规定："不能查明外国法律或者该国法律没有规定的，适用中华人民共和国法律。"A项正确。该法第4条规定："中华人民共和国法律对涉外民事关系有强制性规定的，直接适用该强制性规定。"B项正确。该法第5条规定："外国法律的适用将损害中华人民共和国社会公共利益的，适用中华人民共和国法律。"C项表述错误。该法第9条规定："涉外民事关系适用的外国法律，不包括该国的法律适用法。"D项错误。

【答案】AB

3. 中国甲公司与德国乙公司进行一项商事交易，约定适用英国法律。后双方发生争议，甲公司在中国法院提起诉讼。关于该案的法律适用问题，下列哪一选项是错误的？（2013/1/35，单选）

A. 如案件涉及食品安全问题，该问题应适用中国法

B. 如案件涉及外汇管制问题，该问题应适用中国法

C. 应直接适用的法律限于民事性质的实体法

D. 法院在确定应当直接适用的中国法律时，无需再通过冲突规范的指引

【解析】直接适用的法，指在国际民商事交往中，为了维护国家和社会的重大利益，无须借助冲突规范的指引而直接适用于国际民商事关系的强制性法律规范。根据《涉外民事关系法律适用法》第4条，中国法律对涉外民事关系有强制

性规定的，直接适用该强制性规定，D 项正确。根据最高院《关于适用〈涉外民事关系法律适用法〉若干问题的解释（一）》第 8 条，有下列情形之一，涉及中国社会公共利益、当事人不能通过约定排除适用、无需通过冲突规范指引而直接适用于涉外民事关系的法律、行政法规的规定，人民法院应当认定为涉外民事关系法律适用法第 4 条规定的强制性规定：（1）涉及劳动者权益保护的；（2）涉及食品或公共卫生安全的；（3）涉及环境安全的；（4）涉及外汇管制等金融安全的；（5）涉及反垄断、反倾销的；（6）应当认定为强制性规定的其他情形。A、B 正确。从该条也可看出，直接适用的法并不限于民事性质的实体法，包括经济、行政管理等方面的法律、法规，C 项错误。

【答案】C

（六）法律规避

因中国与新加坡不承认同性婚姻，经常居所同在新疆的新加坡男性公民毛毛与中国男性公民萌主到伦敦结婚。后因感情不和，毛毛与萌主欲解除婚姻关系引发争议，诉到某中国法院，并要求分割财产。关于该案，根据中国相关法律，下列哪些选项是正确的？（2018 网络回忆版）

A. 两人在伦敦结婚的行为，属于国际私法上的法律规避
B. 因伦敦是婚姻缔结地，两人的婚姻条件应适用英国法
C. 二人的财产分割应根据夫妻财产关系法律适用规则
D. 因新疆是两人共同经常居所地，两人的结婚条件应适用中国法

【解析】法律规避，指在国际民商事交往中，当事人通过故意改变连结点的方式，以避开本应适用的对其不利的法律，而使对其有利的法律得以适用的行为。其构成要件包括：（1）从主观上讲，当事人有规避法律的故意；（2）从行为方式上看，当事人主要是通过改变连结点而实现规避法律；（3）从规避对象上看，当事人规避的是本应对其适用的法律；（4）从客观结果上看，规避行为已经完成，即对其不利的法律不再适用，对其有利的法律开始适用。本题中，中国与新加坡不承认同性婚姻，双方的行为显然构成法律规避，A 项正确。

《涉外民事关系法律适用法》第 21 条规定："结婚条件，适用当事人共同经常居所地法律；没有共同经常居所地的，适用共同国籍国法律；没有共同国籍，在一方当事人经常居所地或者国籍国缔结婚姻的，适用婚姻缔结地法律。"本题中，双方经常居所地均在中国，结婚条件应适用中国法，B 项错误，D 项正确。

最高院《关于适用〈中华人民共和国涉外民事关系法律适用法〉若干问题的解释（一）》第 9 条规定："一方当事人故意制造涉外民事关系的连结点，规避中华人民共和国法律、行政法规的强制性规定的，人民法院应认定为不发生适用外国法律的效力。"在该情形下，法院要适用中国法，而中国法律不承认同性婚姻，二人的婚姻关系无效，故本题中二人的财产分割也不能适用夫妻财产关系的法律适用规则，C 项错误。

【答案】AD

大咖点拨区

扫码听课

大咖点拨区

第二章 国际民商事法律适用

考点一 民事主体

（一）自然人

扫码听课

1. 约翰同时拥有甲乙两国国籍，定居在上海。约翰和中国公民王某在上海发生侵权纠纷，诉至中国某法院。根据我国相关法律，下列哪项判断是正确的（2020网络回忆版）

A. 因我国不承认双重国籍，故约翰应放弃一个国籍才可在我国法院起诉

B. 因约翰定居中国上海，我国法院应认定约翰为中国人

C. 我国法院应当适用最密切联系原则认定约翰的国籍

D. 若约翰和王某协议选择甲国法，法院应适用甲国法处理本案侵权纠纷

【解析】

中国不承认双重国籍，但并未规定双重国籍人必须放弃一个国籍才可在中国法院起诉，A项错误。

《涉外民事关系法律适用法》第19条规定："依照本法适用国籍国法律，自然人具有两个以上国籍的，适用有经常居所的国籍国法律；在所有国籍国均无经常居所的，适用与其有最密切联系的国籍国法律。自然人无国籍或者国籍不明的，适用其经常居所地法律。"约翰同时拥有甲乙两国国籍，其在上海定居，在所有国籍国并无经常居所，故应依最密切联系原则认定其国籍，B项错误，C项正确。

《涉外民事关系法律适用法》第44条规定："侵权责任，适用侵权行为地法律，但当事人有共同经常居所地的，适用共同经常居所地法律。侵权行为发生后，当事人协议选择适用法律的，按照其协议。"D项正确。

【答案】CD

扫码听课

2. 经常居所同在上海的越南公民阮某与中国公民李某结伴乘新加坡籍客轮从新加坡到印度游玩。客轮在公海遇风暴沉没，两人失踪。现两人亲属在上海某法院起诉，请求宣告两人失踪。依中国法律规定，下列哪一选项是正确的？（2016/1/35，单选）

A. 宣告两人失踪，均应适用中国法

B. 宣告阮某失踪，可适用中国法或越南法

C. 宣告李某失踪，可适用中国法或新加坡法

D. 宣告阮某与李某失踪，应分别适用越南法与中国法

【解析】《涉外民事关系法律适用法》第13条规定："宣告失踪或者宣告死亡，适用自然人经常居所地法律。"本题中，阮某和李某的经常居所均在中国上

海，故宣告两人失踪均应适用中国法，A 项正确。

【答案】A

3. 经常居住于中国的英国公民迈克，乘坐甲国某航空公司航班从甲国出发，前往中国，途经乙国领空时，飞机失去联系。若干年后，迈克的亲属向中国法院申请宣告其死亡。关于该案件应适用的法律，下列哪一选项是正确的？（2014/1/36，单选）

A. 中国法
B. 英国法
C. 甲国法
D. 乙国法

【解析】《涉外民事关系法律适用法》第 13 条规定："宣告失踪或者宣告死亡，适用自然人经常居所地法律。"A 项正确。

【答案】A

4. 甲国公民琼斯的经常居住地在乙国，其在中国居留期间，因合同纠纷在中国法院参与民事诉讼。关于琼斯的民事能力的法律适用，下列哪一选项是正确的？（2012/1/35，单选）

A. 民事权利能力适用甲国法
B. 民事权利能力适用中国法
C. 民事行为能力应重叠适用甲国法和中国法
D. 依照乙国法琼斯为无民事行为能力，依照中国法为有民事行为能力的，其民事行为能力适用中国法

【解析】《涉外民事关系法律适用法》第 11 条规定："自然人的民事权利能力，适用经常居所地法律。"琼斯的经常居所地在乙国，应适用乙国法，A、B 错误。《涉外民事关系法律适用法》第 12 条规定："自然人的民事行为能力，适用经常居所地法律。自然人从事民事活动，依照经常居所地法律为无民事行为能力，依照行为地法律为有民事行为能力的，适用行为地法律，但涉及婚姻家庭、继承的除外。"C 项错误，D 项正确。

【答案】D

5. 中国籍人李某 2008 年随父母定居甲国，甲国法律规定自然人具有完全民事行为能力的年龄为 21 周岁。2009 年 7 月李某 19 周岁，在其回国期间与国内某电脑软件公司签订了购买电脑软件的合同，合同分批履行。李某在部分履行合同后，以不符合甲国有关完全民事行为能力年龄法律规定为由，主张合同无效，某电脑软件公司即向我国法院起诉。依我国相关法律规定，下列哪一说法是正确的？（2009/1/35，单选）

A. 应适用甲国法律认定李某不具有完全行为能力
B. 应适用中国法律认定李某在中国的行为具有完全行为能力
C. 李某已在甲国定居，在中国所为行为应适用定居国法律
D. 李某在甲国履行该合同的行为应适用甲国法律

【解析】《涉外民事关系法律适用法》第 12 条规定："自然人的民事行为能力，适用经常居所地法律。自然人从事民事活动，依照经常居所地法律为无民事行为能力，依照行为地法律为有民事行为能力的，适用行为地法律，但涉及婚姻家庭、继承的除外。"本题中，李某定居甲国，甲国为其经常居所地；李某购买电脑的行为发生在中国，中国为行为地。李某 19 周岁，虽然依甲国法不具有完全

民事行为能力，但依据行为地法即中国法，年满 18 周岁即具有完全民事行为能力，故应适用中国法认定李某具有完全行为能力，B 项正确。

【答案】B

6. 中国某法院受理一涉外案件，涉及当事人约翰本国法的适用问题。已知约翰具有法国、加拿大和美国三重国籍，长期居住于加拿大，在美国有销售电脑的生意，在法国开设一家餐厅。根据我国法律，中国法院应以哪国的法律为约翰的本国法？

A. 中国法   B. 加拿大法

C. 美国法   D. 法国法

【解析】《涉外民事关系法律适用法》第 19 条规定："依照本法适用国籍国法律，自然人具有两个以上国籍的，适用有经常居所的国籍国法律；在所有国籍国均无经常居所的，适用与其有最密切联系的国籍国法律。"本题中，约翰在加拿大有经常居所，应以加拿大法作为其本国法，B 项正确。

【答案】B

（二）法人

1. 韩国公民金某在新加坡注册成立一家公司，主营业地设在香港地区。依中国法律规定，下列哪些选项是正确的？（2016/1/77，多选）

A. 该公司为新加坡籍

B. 该公司拥有韩国与新加坡双重国籍

C. 该公司的股东权利义务适用中国内地法

D. 该公司的民事权利能力与行为能力可适用香港地区法或新加坡法

【解析】对于法人的国籍，原《最高人民法院关于贯彻执行〈中华人民共和国民法通则〉若干问题的意见（试行）》第 184 条规定："外国法人以其注册登记地国家的法律为其本国法。"可见，我国以法人的注册登记国为其国籍国，A 项正确，B 项错误。对于法人的能力问题，《涉外民事关系法律适用法》第 14 条规定："法人及其分支机构的民事权利能力、民事行为能力、组织机构、股东权利义务等事项，适用登记地法律。法人的主营业地与登记地不一致的，可以适用主营业地法律。法人的经常居所地，为其主营业地。"本题中，该公司的登记地在新加坡，主营业地在香港，主营业地与登记地不一致，故其民事权利能力与行为能力、股东权利义务等事项可以适用主营业地法即香港地区法，也可以适用登记地法即新加坡法，C 项错误，D 项正确。

【答案】AD

2. 德国甲公司与中国乙公司在中国共同设立了某合资有限责任公司，后甲公司以确认其在合资公司的股东权利为由向中国某法院提起诉讼。关于本案的法律适用，下列哪一选项是正确的？（2014/1/35，单选）

A. 因合资公司登记地在中国，故应适用中国法

B. 因侵权行为地在中国，故应适用中国法

C. 因争议与中国的联系更密切，故应适用中国法

D. 当事人可协议选择纠纷应适用的法律

【解析】《涉外民事关系法律适用法》第 14 条规定："法人及其分支机构的民事权利能力、民事行为能力、组织机构、股东权利义务等事项，适用登记地法

大咖点拨区

扫码听课

扫码听课

扫码听课

律。法人的主营业地与登记地不一致的，可以适用主营业地法律。法人的经常居所地，为其主营业地。"A 项正确。

【答案】A

3. 甲国 A 公司和乙国 B 公司共同出资组建了 C 公司，C 公司注册地和主营业地均在乙国，同时在甲国、乙国和中国设有分支机构，现涉及中国某项业务诉诸中国某法院。根据我国相关法律规定，该公司的民事行为能力应当适用哪国法律？（2011/1/36，单选）

A. 甲国法　　　　　　　　　B. 乙国法
C. 中国法　　　　　　　　　D. 乙国法或者中国法

【解析】《涉外民事关系法律适用法》第 14 条规定："法人及其分支机构的民事权利能力、民事行为能力、组织机构、股东权利义务等事项，适用登记地法律。法人的主营业地与登记地不一致的，可以适用主营业地法律。法人的经常居所地，为其主营业地。"本案中，C 公司注册地和主营业地均在乙国，确定其民事行为能力应当适用乙国法，B 项正确。

【答案】B

扫码听课

考点二　物权

1. 荷兰甲公司将一批货物卖给中国乙公司，买卖合同订立时，该批货物载于由荷兰鹿特丹开往大连的韩国籍"靖远"号远洋货船上。乙公司就该批货物的所有权纠纷诉至中国某法院，根据我国法律，下列判断正确的是哪项？（2021 网络回忆版）

A. 应适用中国法或荷兰法
B. 若双方约定适用瑞士法，应从其约定
C. 若双方没有约定，应适用韩国法
D. 可以在中国法或者荷兰法中择一适用

【解析】《涉外民事关系法律适用法》第 38 条规定："当事人可以协议选择运输中动产物权发生变更适用的法律。当事人没有选择的，适用运输目的地法律。"本题中，若双方协议选择该批货物所有权适用的法律，应依其选择，未选择时应适用运输目的地法即中国法，B 项正确，A、C、D 错误。

【答案】B

扫码听课

2. 甲国马戏团带着动物明星欢欢来中国演出，因管理人员看管不力，欢欢逃脱被中国公民王某捕获，王某将欢欢卖给甲国公民琳达。现甲国马戏团在中国某法院起诉，要求琳达归还欢欢。根据我国《法律适用法》，我国法院应如何认定本案动产物权的法律适用？（2020 网络回忆版）

A. 若当事双方协议选择乙国法，法院应适用乙国法
B. 应当适用双方共同国籍国的甲国法
C. 应当适用中国法或甲国法
D. 因为欢欢逃脱和买卖的行为都发生在中国，故应适用中国法

【解析】《涉外民事关系法律适用法》第 37 条规定："当事人可以协议选择动

扫码听课

产物权适用的法律。当事人没有选择的，适用法律事实发生时动产所在地法律。"可见，对于动产物权适用的法律，首先适用双方协议选择的法律，A项正确，B、C错误。本题中引起物权变动的法律事实为买卖，买卖行为发生时动产所在地为中国，故在当事人没有选择时，才应适用中国法，D项错误。

【答案】A

3. 经常居住在天津的德国公民托马斯家中失窃，名画丢失，该画后被中国公民李伟在韩国艺术品市场购得，得知李伟将画带回中国并委托拍卖公司在天津拍卖后，托马斯欲通过诉讼途径索回该画作。根据我国《法律适用法》，关于本案下列哪一说法是正确的？（2018 网络回忆版）

A. 托马斯的诉讼行为能力应适用德国法来判断

B. 关于该画作的物权问题，当事双方应当在与案件有实际联系的德国法、中国法以及韩国法中进行选择

C. 关于该画作的物权问题，当事双方不能就准据法的选择达成一致时，应适用韩国法

D. 关于该画作的物权问题，当事双方不能就准据法的选择达成一致时，应适用法院地法中国法

【解析】《涉外民事关系法律适用法》第12条规定："自然人的民事行为能力，适用经常居所地法律。自然人从事民事活动，依照经常居所地法律为无民事行为能力，依照行为地法律为有民事行为能力的，适用行为地法律，但涉及婚姻家庭、继承的除外。"本题中，托马斯的经常居所地在中国，其行为能力应依据中国法认定，A项错误。

《涉外民事关系法律适用法》第37条规定："当事人可以协议选择动产物权适用的法律。当事人没有选择的，适用法律事实发生时动产所在地法律。"对于动产物权适用的法律，可以适用双方协议选择的法律，对于选择的范围并没有限制，B项错误。本题中，该画失窃后被中国公民李伟在韩国购得，即引起物权变动的法律事实发生时动产所在地为韩国，故当事人未能选择时应适用韩国法，C项正确，D项错误。

【答案】C

4. 2014年1月，北京居民李某的一件珍贵首饰在家中失窃后被窃贼带至甲国。同年2月，甲国居民陈某在当地珠宝市场购得该首饰。2015年1月，在获悉陈某将该首饰带回北京拍卖的消息后，李某在北京某法院提起原物返还之诉。关于该首饰所有权的法律适用，下列哪一选项是正确的？（2015/1/36，单选）

A. 应适用中国法

B. 应适用甲国法

C. 如李某与陈某选择适用甲国法，不应支持

D. 如李某与陈某无法就法律选择达成一致，应适用甲国法

【解析】《涉外民事关系法律适用法》第37条规定："当事人可以协议选择动产物权适用的法律。当事人没有选择的，适用法律事实发生时动产所在地法律。"本题中，陈某在甲国珠宝市场购得该首饰，即引起物权变动的法律事实发生时该动产位于甲国，D项正确。

【答案】D

5. A公司和B公司于2011年5月20日签订合同，由A公司将一批平板电脑售卖给B公司。A公司和B公司营业地分别位于甲国和乙国，两国均为《联合国国际货物销售合同公约》缔约国。合同项下的货物由丙国C公司的"潇湘"号商船承运，装运港是甲国某港口，目的港是乙国某港口。在运输途中，B公司与中国D公司就货物转卖达成协议。B公司与D公司就运输途中平板电脑的所有权产生了争议，D公司将争议诉诸中国某法院。根据我国有关法律适用的规定，关于平板电脑所有权的法律适用，下列选项正确的是？（2011/1/98，不定项）

A. 当事人有约定的，可以适用当事人选择的法律，也可以适用乙国法

B. 当事人有约定的，应当适用当事人选择的法律

C. 当事人没有约定的，应当适用甲国法

D. 当事人没有约定的，应当适用乙国法

【解析】《涉外民事关系法律适用法》第38条规定："当事人可以协议选择运输中动产物权发生变更适用的法律。当事人没有选择的，适用运输目的地法律。"本题中，运输目的地为乙国。B、D正确。

【答案】BD

大咖点拨区

扫码听课

考点三 债权

（一）合同

1. 甲公司在德国汉堡登记注册，主营业地在波兰华沙，在新加坡有一分公司。新加坡分公司与中国乙公司签订授权在中国独家经销的合同。甲公司得知后诉至中国某法院，主张其新加坡分公司和中国乙公司签订的合同无效。关于本案，下列哪项判断是正确的？（2021网络回忆版）

A. 甲公司的经常居住地是波兰华沙

B. 甲公司是波兰籍公司

C. 若新加坡分公司和中国乙公司的合同未选择法律，该合同应适用新加坡法

D. 若新加坡分公司和中国乙公司的合同未选择法律，该合同应适用波兰法

【解析】《涉外民事关系法律适用法》第14条第2款规定："法人的经常居所地，为其主营业地。"本题中，甲公司主营业地在波兰华沙，A项正确。

对于法人国籍的认定，我国在实践中采取登记地标准，原《民通意见》第184条规定："外国法人以其注册登记地国家的法律为其本国法。"甲公司在德国汉堡登记注册，其国籍国应为德国，B项错误。

《涉外民事关系法律适用法》第41条规定："当事人可以协议选择合同适用的法律。当事人没有选择的，适用履行义务最能体现该合同特征的一方当事人经常居所地法律或者其他与该合同有最密切联系的法律。"如双方未选择合同适用的法律，则应适用最密切联系地法，本案中的最密切联系地应为中国，C、D错误。

【答案】A

扫码听课

2. 中国人张某在韩国首尔出差时在金达公司购买了一箱"野生高丽参"，回国后经鉴定该高丽参系人工养殖，遂引发纠纷。经查，金达公司在中国既无住

扫码听课

大咖点拨区

扫码听课

所，也未从事过相关经营活动，但在大连有可供扣押的房产。根据我国相关的法律规定，下列说法正确的是哪项？（2021 网络回忆版）

A. 本纠纷应在韩国法和中国法中适用对张某有利的法律

B. 如张某在大连起诉，我国法院有管辖权

C. 本纠纷应适用韩国法

D. 如张某在大连起诉，我国法院能否管辖取决于金达公司的意思表示

【解析】《涉外民事关系法律适用法》第 42 条规定："消费者合同，适用消费者经常居所地法律；消费者选择适用商品、服务提供地法律或者经营者在消费者经常居所地没有从事相关经营活动的，适用商品、服务提供地法律。"本案中，消费者张某的经常居所地为中国，作为经营者的金达公司在中国未从事过相关经营活动，故应适用商品提供地法即韩国法，A 项错误，C 项正确。

《民事诉讼法》第 272 条规定："因合同纠纷或者其他财产权益纠纷，对在中华人民共和国领域内没有住所的被告提起的诉讼，如果合同在中华人民共和国领域内签订或者履行，或者诉讼标的物在中华人民共和国领域内，或者被告在中华人民共和国领域内有可供扣押的财产，或者被告在中华人民共和国领域内设有代表机构，可以由合同签订地、合同履行地、诉讼标的物所在地、可供扣押财产所在地、侵权行为地或者代表机构住所地人民法院管辖。"根据该条，只要具备以下连结因素之一，中国法院就有权管辖：（1）合同在中国领域内签订或者履行；（2）诉讼标的物在中国领域内；（3）被告在中国领域内有可供扣押的财产；（4）被告在中国领域内设有代表机构。本题中，被告金达公司在中国有可供扣押的房产，故中国法院有权管辖，B 项正确，D 项错误。

【答案】BC

3. 主营业地在广州的法国某公司雇佣了一个韩国人金某，与金某在广州签订劳动合同，金某的工作内容为巡回于东亚从事产品售后服务工作。后金某提出辞职，法国公司不允许并向广州某法院起诉了金某。下列说法正确的是：（2018 网络回忆版）

A. 如果金某是韩国来中国的留学生，则公安机关应对法国公司进行罚款处理

B. 关于该劳动合同的纠纷双方可以在一审庭审辩论终结前协商一致选择韩国法为准据法

C. 该劳动合同纠纷应该适用法国法

D. 对于该案件我国法院无管辖权，应裁定驳回法国公司的起诉

【解析】《出境入境管理法》第 43 条规定："外国人有下列行为之一的，属于非法就业：（一）未按照规定取得工作许可和工作类居留证件在中国境内工作的；（二）超出工作许可限定范围在中国境内工作的；（三）外国留学生违反勤工助学管理规定，超出规定的岗位范围或者时限在中国境内工作的。"第 80 条第 3 款规定："非法聘用外国人的，处每非法聘用一人 1 万元、总额不超过 10 万元的罚款；有违法所得的，没收违法所得。"A 项正确。

《涉外民事关系法律适用法》第 43 条规定："劳动合同，适用劳动者工作地法律；难以确定劳动者工作地的，适用用人单位主营业地法律。劳务派遣，可以适用劳务派出地法律。"对于劳动合同所适用的法律，并未规定双方可以协议选择，B 项错误。本题中，劳动者工作地难以确定，劳动合同应适用用人单位主营

业地法即中国法，C 项错误。

《民事诉讼法》第 272 条规定："因合同纠纷或者其他财产权益纠纷，对在中华人民共和国领域内没有住所的被告提起的诉讼，如果合同在中华人民共和国领域内签订或者履行，或者诉讼标的物在中华人民共和国领域内，或者被告在中华人民共和国领域内有可供扣押的财产，或者被告在中华人民共和国领域内设有代表机构，可以由合同签订地、合同履行地、诉讼标的物所在地、可供扣押财产所在地、侵权行为地或者代表机构住所地人民法院管辖。"本题中，合同签订地在中国，故中国法院有权管辖，D 项错误。

【答案】A

4. 中国甲公司与英国乙公司签订一份商事合同，约定合同纠纷适用英国法。合同纠纷发生 4 年后，乙公司将甲公司诉至某人民法院。英国关于合同纠纷的诉讼时效为 6 年。关于本案的法律适用，下列哪些选项是正确的？（2017/1/79，多选）

A. 本案的诉讼时效应适用中国法

B. 本案的实体问题应适用英国法

C. 本案的诉讼时效与实体问题均应适用英国法

D. 本案的诉讼时效应适用中国法，实体问题应适用英国法

【解析】《涉外民事关系法律适用法》第 7 条规定："诉讼时效，适用相关涉外民事关系应当适用的法律。"本题涉及的涉外民事关系为合同关系，关于合同的法律适用，第 41 条规定："当事人可以协议选择合同适用的法律。当事人没有选择的，适用履行义务最能体现该合同特征的一方当事人经常居所地法律或者其他与该合同有最密切联系的法律。"本题中，因双方已约定合同纠纷适用英国法，故本案的实体问题应适用英国法，同时本案涉及的诉讼时效也应适用英国法，B、C 正确，A、D 错误。

【答案】BC

5. 在某合同纠纷中，中国当事方与甲国当事方协议选择适用乙国法，并诉至中国法院。关于该合同纠纷，下列哪些选项是正确的？（2015/1/77，多选）

A. 当事人选择的乙国法，仅指该国的实体法，既不包括其冲突法，也不包括其程序法

B. 如乙国不同州实施不同的法律，人民法院应适用该国首都所在地的法律

C. 在庭审中，中国当事方以乙国与该纠纷无实际联系为由主张法律选择无效，人民法院不应支持

D. 当事人在一审法庭辩论即将结束时决定将选择的法律变更为甲国法，人民法院不应支持

【解析】在我国司法实践中，涉外民事或商事合同应适用的法律，仅指有关国家或地区的实体法，不包括冲突法和程序法。A 项正确。《涉外民事关系法律适用法》第 6 条规定："涉外民事关系适用外国法律，该国不同区域实施不同法律的，适用与该涉外民事关系有最密切联系区域的法律。"B 项错误。最高院《关于适用〈中华人民共和国涉外民事关系法律适用法〉若干问题的解释（一）》第 5 条规定："一方当事人以双方协议选择的法律与系争的涉外民事关系没有实际联系为由主张选择无效的，人民法院不予支持。"C 项正确。该司法解释第 6 条第 1

大咖点拨区

扫码听课

扫码听课

款规定:"当事人在一审法庭辩论终结前协议选择或者变更选择适用的法律的,人民法院应予准许。"D项错误。

【答案】AC

6. 甲国公民大卫被乙国某公司雇佣,该公司主营业地在丙国,大卫工作内容为巡回于东亚地区进行产品售后服务,后双方因劳动合同纠纷诉诸中国某法院。关于该纠纷应适用的法律,下列哪一选项是正确的?(2014/1/38,单选)

A. 中国法   B. 甲国法

C. 乙国法   D. 丙国法

【解析】《涉外民事关系法律适用法》第43条规定:"劳动合同,适用劳动者工作地法律;难以确定劳动者工作地的,适用用人单位主营业地法律。劳务派遣,可以适用劳务派出地法律。"本题中,大卫工作地点难以确定,而用人单位主营业地在丙国,故应适用丙国法,D项正确。

【答案】D

7. 中国甲公司与巴西乙公司因合同争议在中国法院提起诉讼。关于该案的法律适用,下列哪些选项是正确的?(2014/1/77,多选)

A. 双方可协议选择合同争议适用的法律

B. 双方应在一审开庭前通过协商一致,选择合同争议适用的法律

C. 因法院地在中国,本案的时效问题应适用中国法

D. 如案件涉及中国环境安全问题,该问题应适用中国法

【解析】《涉外民事关系法律适用法》第41条规定:"当事人可以协议选择合同适用的法律。当事人没有选择的,适用履行义务最能体现该合同特征的一方当事人经常居所地法律或者其他与该合同有最密切联系的法律。"A项正确。最高院《关于适用〈涉外民事关系法律适用法〉若干问题的解释(一)》第6条第1款规定:"当事人在一审法庭辩论终结前协议选择或者变更选择适用的法律的,人民法院应予准许。"选择时间为"辩论终结前",并非"开庭前",B项错误。《涉外民事关系法律适用法》第7条规定:"诉讼时效,适用相关涉外民事关系应当适用的法律。"C项错误。《涉外民事关系法律适用法》第4条规定:"中华人民共和国法律对涉外民事关系有强制性规定的,直接适用该强制性规定。"同时,根据最高院《关于适用〈涉外民事关系法律适用法〉若干问题的解释(一)》第8条,涉及下列情形的法律、法规,人民法院应当认定为涉外民事关系法律适用法第4条规定的强制性规定:"(一)涉及劳动者权益保护的;(二)涉及食品或公共卫生安全的;(三)涉及环境安全的;(四)涉及外汇管制等金融安全的;(五)涉及反垄断、反倾销的;(六)应当认定为强制性规定的其他情形。"D项正确。

【答案】AD

8. 在涉外民事关系中,依《涉外民事关系法律适用法》和司法解释,关于当事人意思自治原则,下列表述中正确的是:(2013/1/98,不定项)

A. 当事人选择的法律应与所争议的民事关系有实际联系

B. 当事人仅可在具有合同性质的涉外民事关系中选择法律

C. 在一审法庭辩论终结前,当事人有权协议选择或变更选择适用的法律

D. 各方当事人援引相同国家的法律且未提出法律适用异议的,法院可以认定

当事人已经就涉外民事关系适用的法律作出了选择

【解析】最高院《关于适用〈涉外民事关系法律适用法〉若干问题的解释（一）》第5条规定："一方当事人以双方协议选择的法律与系争的涉外民事关系没有实际联系为由主张选择无效的，人民法院不予支持。"A项错误。根据《涉外民事关系法律适用法》，除合同关系外，对于动产物权、侵权、不当得利、无因管理、婚姻等关系，当事人均可选择适用的法律，B项错误。最高院《关于适用〈涉外民事关系法律适用法〉若干问题的解释（一）》第6条规定："当事人在一审法庭辩论终结前协议选择或者变更选择适用的法律的，人民法院应予准许。各方当事人援引相同国家的法律且未提出法律适用异议的，人民法院可以认定当事人已经就涉外民事关系适用的法律做出了选择。"C、D正确。

【答案】CD

9. 根据我国有关法律规定，关于涉外民事关系的法律适用，下列哪些领域采用当事人意思自治原则？（2011/1/77，多选）

A. 合同
B. 侵权
C. 不动产物权
D. 诉讼离婚

【解析】《涉外民事关系法律适用法》第41条规定："当事人可以协议选择合同适用的法律。当事人没有选择的，适用履行义务最能体现该合同特征的一方当事人经常居所地法律或者其他与该合同有最密切联系的法律。"A项正确。《涉外民事关系法律适用法》第44条规定："侵权责任，适用侵权行为地法律，但当事人有共同经常居所地的，适用共同经常居所地法律。侵权行为发生后，当事人协议选择适用法律的，按照其协议。"B项正确。《涉外民事关系法律适用法》第36条规定："不动产物权，适用不动产所在地法律。"C项错误。《涉外民事关系法律适用法》第27条规定："诉讼离婚，适用法院地法律。"D项错误。

【答案】AB

10. 根据我国《涉外民事关系法律适用法》及相关司法解释，下列说法错误的是？

A. 中国法律没有明确规定当事人可以选择涉外民事关系适用的法律，当事人选择适用法律的，该选择无效

B. 如双方协议选择的法律与案件中的涉外民事关系没有实际联系，则该选择无效

C. 当事人应在一审法庭辩论终结前协议选择或者变更选择适用的法律

D. 当事人在合同中援引尚未对中国生效的条约，如不违反中国社会公共利益或法律、法规的强制性规定，则法院可根据该条约的内容确定当事人之间的权利义务

【解析】最高院《关于适用〈中华人民共和国涉外民事关系法律适用法〉若干问题的解释（一）》第4条规定："中华人民共和国法律没有明确规定当事人可以选择涉外民事关系适用的法律，当事人选择适用法律的，人民法院应认定该选择无效。"A项正确。第5条规定："一方当事人以双方协议选择的法律与系争的涉外民事关系没有实际联系为由主张选择无效的，人民法院不予支持。"B项错误。第6条第1款规定："当事人在一审法庭辩论终结前协议选择或者变更选择适用的法律的，人民法院应予准许。"C项正确。第7条规定："当事人在合同中援

引尚未对中华人民共和国生效的国际条约的，人民法院可以根据该国际条约的内容确定当事人之间的权利义务，但违反中华人民共和国社会公共利益或中华人民共和国法律、行政法规强制性规定的除外。"D项正确。

【答案】B

11. 根据《涉外民事关系法律适用法》及其司法解释，关于意思自治原则，下列说法错误的是？

A. 一方当事人可以以双方协议选择的法律与案件中的涉外民事关系没有实际联系为由主张选择无效

B. 当事人在合同中援引尚未对中国生效的条约，如不违反中国社会公共利益或中国法律、行政法规强制性规定，则法院可以根据该条约确定当事人之间的权利义务

C. 各方当事人援引相同国家的法律且未提出法律适用异议的，人民法院可以认定当事人已经就涉外民事关系适用的法律做出了选择

D. 不当得利、无因管理的法律适用中可以适用当事人意思自治原则

【解析】最高院《关于适用〈中华人民共和国涉外民事关系法律适用法〉若干问题的解释（一）》第5条规定："一方当事人以双方协议选择的法律与系争的涉外民事关系没有实际联系为由主张选择无效的，人民法院不予支持。"A项错误。第7条规定："当事人在合同中援引尚未对中华人民共和国生效的国际条约的，人民法院可以根据该国际条约的内容确定当事人之间的权利义务，但违反中华人民共和国社会公共利益或中华人民共和国法律、行政法规强制性规定的除外。"B项正确。第6条第2款规定："各方当事人援引相同国家的法律且未提出法律适用异议的，人民法院可以认定当事人已经就涉外民事关系适用的法律做出了选择。"C项正确。《涉外民事关系法律适用法》第47条规定："不当得利、无因管理，适用当事人协议选择适用的法律。当事人没有选择的，适用当事人共同经常居所地法律；没有共同经常居所地的，适用不当得利、无因管理发生地法律。"D项正确。

【答案】A

（二）侵权

1. 经常居所在广州的西班牙公民贝克，在服务器位于西班牙的某网络论坛上发帖诽谤经常居所在新加坡的中国公民王某。现王某将贝克诉至广州某法院，要求其承担侵害名誉权的责任。关于该纠纷的法律适用，下列哪一选项是正确的？（2017/1/35，单选）

A. 侵权人是西班牙公民，应适用西班牙法

B. 被侵权人的经常居所在新加坡，应适用新加坡法

C. 被侵权人是中国公民，应适用中国法

D. 论坛服务器在西班牙，应适用西班牙法

【解析】《涉外民事关系法律适用法》第46条规定："通过网络或者采用其他方式侵害姓名权、肖像权、名誉权、隐私权等人格权的，适用被侵权人经常居所地法律。"本题中，被侵权人王某的经常居所在新加坡，故应适用新加坡法，B项正确，A、C、D错误。

【答案】B

2. 甲国游客杰克于 2015 年 6 月在北京旅游时因过失导致北京居民孙某受重伤。现孙某在北京以杰克为被告提起侵权之诉。关于该侵权纠纷的法律适用，下列哪一选项是正确的？（2015/1/37，单选）

A. 因侵权行为发生在中国，应直接适用中国法

B. 如当事人在开庭前协议选择适用乙国法，应予支持，但当事人应向法院提供乙国法的内容

C. 因本案仅与中国、甲国有实际联系，当事人只能在中国法与甲国法中进行选择

D. 应在中国法与甲国法中选择适用更有利于孙某的法律

【解析】《涉外民事关系法律适用法》第 44 条规定："侵权责任，适用侵权行为地法律，但当事人有共同经常居所地的，适用共同经常居所地法律。侵权行为发生后，当事人协议选择适用法律的，按照其协议。"A、D 错误。同时，本条对当事人选择的范围并无限定，C 项错误。该法第 10 条第 1 款规定："涉外民事关系适用的外国法律，由人民法院、仲裁机构或者行政机关查明。当事人选择适用外国法律的，应当提供该国法律。"最高院《关于适用〈中华人民共和国涉外民事关系法律适用法〉若干问题的解释（一）》第 6 条第 1 款规定："当事人在一审法庭辩论终结前协议选择或者变更选择适用的法律的，人民法院应予准许"。B 项正确。

【答案】B

3. 甲国公民 A 与乙国公民 B 的经常居住地均在中国，双方就在丙国境内发生的侵权纠纷在中国法院提起诉讼。关于该案的法律适用，下列哪些选项是正确的？（2012/1/79，多选）

A. 如侵权行为发生后双方达成口头协议，就纠纷的法律适用做出了选择，应适用协议选择的法律

B. 如侵权行为发生后双方达成书面协议，就纠纷的法律适用做出了选择，应适用协议选择的法律

C. 如侵权行为发生后双方未选择纠纷适用的法律，应适用丙国法

D. 如侵权行为发生后双方未选择纠纷适用的法律，应适用中国法

【解析】《涉外民事关系法律适用法》第 44 条规定："侵权责任，适用侵权行为地法律，但当事人有共同经常居所地的，适用共同经常居所地法律。侵权行为发生后，当事人协议选择适用法律的，按照其协议。"协议选择既可以是口头协议，也可以是书面协议，A、B 正确。本题中，双方共同经常居所地在中国，未进行选择时应首先适用共同经常居所地法，即中国法，C 项错误，D 项正确。

【答案】ABD

4. 甲国人特里长期居于乙国，丙国人王某长期居于中国，两人在北京经营相互竞争的同种产品。特里不时在互联网上发布不利于王某的消息，王某在中国法院起诉特里侵犯其名誉权、肖像权和姓名权。关于该案的法律适用，根据我国相关法律规定，下列哪些选项是错误的？（2011/1/78，多选）

A. 名誉权的内容应适用中国法律，因为权利人的经常居住地在中国

B. 肖像权的侵害适用甲国法律，因为侵权人是甲国人

C. 姓名权的侵害适用乙国法律，因为侵权人的经常居所地在乙国

大咖点拨区

D. 网络侵权应当适用丙国法律，因为被侵权人是丙国人

【解析】《涉外民事关系法律适用法》第15条规定："人格权的内容，适用权利人经常居所地法律。"A项正确。《涉外民事关系法律适用法》第46条规定："通过网络或者采用其他方式侵害姓名权、肖像权、名誉权、隐私权等人格权的，适用被侵权人经常居所地法律。"本题中，被侵权人王某经常居所地在中国，应适用中国法，B、C、D错误。

【答案】BCD

5. 甲国人汤姆和乙国人大卫来中国旅游，两人在北京游览期间发生口角，汤姆将大卫打伤。大卫向中国某法院提起诉讼，要求汤姆进行赔偿。根据《涉外民事关系法律适用法》，关于本案应适用的法律，下列说法正确的是？

A. 如双方协议选择适用乙国法，依其选择

B. 如双方对适用的法律没有作出选择，而双方在丙国均有经常居所，适用丙国法

C. 因侵权行为发生在中国，法院在审理该案时一律适用侵权行为地法，即中国法

D. 因被侵权人为乙国人，应适用被侵权人本国法，即乙国法

【解析】《涉外民事关系法律适用法》第44条规定："侵权责任，适用侵权行为地法律，但当事人有共同经常居所地的，适用共同经常居所地法律。侵权行为发生后，当事人协议选择适用法律的，按照其协议。"因此，对于侵权的法律适用，首先允许双方协议选择，A项正确；双方没有选择时，应适用共同经常居所地法，B项正确；没有协议选择，也无共同经常居所时，才适用侵权行为地法，而非一律适用侵权行为地法，C项错误。D项无法律依据，错误。

【答案】AB

（三）不当得利、无因管理

1. 经常居住地在巴黎的法国人玛丽在广州工作，2020年圣诞节玛丽回国后，其饲养的宠物猫从阳台跃入邻居李某家被后者收留和饲养。玛丽回广州后，李某还并要求支付饲养费用，玛丽拒绝。李某向中国某法院起诉，下列选项正确的是哪项？（2021网络回忆版）

A. 若李某和玛丽未选择法律，法院应在中国法和法国法中择一适用

B. 若李某和玛丽协议选择德国法，法院应支持

C. 应适用中国法

D. 李某和玛丽只能在中国法和法国法中选择其中之一适用

【解析】《涉外民事关系法律适用法》第47条规定："不当得利、无因管理，适用当事人协议选择适用的法律。当事人没有选择的，适用当事人共同经常居所地法律；没有共同经常居所地的，适用不当得利、无因管理发生地法律。"本题属无因管理问题，若双方对所适用法律有选择则应依其选择，B项正确，D项错误。

未选择时，适用当事人共同经常居所地法律；没有共同经常居所地的，适用无因管理发生地法律。本题中，双方当事人没有共同经常居所，在没有选择时，应适用无因管理发生地法即中国法，A项错误。

无因管理所适用的法律允许双方协议选择，并非一律适用无因管理发生地

扫码听课

扫码听课

法，C 项错误。

【答案】B

2. 中国人王某在韩国旅游期间生病晕倒，在韩国出差的日本人桥本太郎将王某送入医院并垫付了医药费，王某伤好出院回国。桥本太郎向上海某法院起诉王某，要求其偿还医药费。已知王某和桥本太郎都定居上海，且双方没有选择法律，法院解决本案争端应适用哪国法？（2019 网络回忆版）

A. 中国法   B. 日本法

C. 韩国法   D. 最密切联系地法

【解析】《涉外民事关系法律适用法》第 47 条规定："不当得利、无因管理，适用当事人协议选择适用的法律。当事人没有选择的，适用当事人共同经常居所地法律；没有共同经常居所地的，适用不当得利、无因管理发生地法律。"本题属无因管理问题，双方未选择适用法律，而双方均在中国上海有经常居所，故应适用共同经常居所地法即中国法，A 项正确，B、C、D 错误。

【答案】A

大咖点拨区

扫码听课

3. 英国公民苏珊来华短期旅游，因疏忽多付房费 1000 元，苏珊要求旅店返还遭拒后，将其诉至中国某法院。关于该纠纷的法律适用，下列哪一选项是正确的？（2016/1/36，单选）

A. 因与苏珊发生争议的旅店位于中国，因此只能适用中国法

B. 当事人可协议选择适用瑞士法

C. 应适用中国法和英国法

D. 应在英国法与中国法中选择适用对苏珊有利的法律

【解析】《涉外民事关系法律适用法》第 47 条规定："不当得利、无因管理，适用当事人协议选择适用的法律。当事人没有选择的，适用当事人共同经常居所地法律；没有共同经常居所地的，适用不当得利、无因管理发生地法律。"根据该条，对于不当得利的法律适用，当事人有选择的首先要依其选择，没有选择的，才考虑适用共同经常居所地法，没有共同经常居所地的适用不当得利发生地法，B 项正确，A、C、D 错误。

【答案】B

扫码听课

4. 韩国人金某和李某，其经常居所地均在韩国，2019 年 6 月，两人随考察团来华交流访问期间，金某见李某推着一辆装满资料的三轮车上坡非常吃力，主动帮忙推车。因坡度太大，三轮车后滑撞伤金某，金某为治伤花去医药费 2000 元。后金某请求李某支付医药费未果，以无因管理为由诉至我国某法院。根据中国相关法律，下列说法正确的是？

A. 法院应当适用中国法定性本案是否为无因管理之诉

B. 如金某和李某协议选择中国法，法院在处理本案无因管理纠纷时应适用中国法

C. 法院在处理本案无因管理纠纷时只能适用韩国法

D. 法院在处理本案无因管理纠纷时只能适用中国法

【解析】《涉外民事关系法律适用法》第 8 条规定："涉外民事关系的定性，适用法院地法律。"本题中，法院地在中国，故应适用中国法进行定性，A 项正确。《涉外民事关系法律适用法》第 47 条规定："不当得利、无因管理，适用当

扫码听课

2022年

事人协议选择适用的法律。当事人没有选择的，适用当事人共同经常居所地法律；没有共同经常居所地的，适用不当得利、无因管理发生地法律。"根据该条，对于无因管理，首先应适用双方协议选择的法律，B项正确。本题中，双方共同经常居所地在韩国，无因管理发生地在中国，根据第47条的规定，只有在未选择时，才适用韩国法，C项错误；未选择且无共同经常居所地，才适用中国法，D项错误。

【答案】AB

考点四 商事关系

（一）票据关系

1. 中国公民李某在柏林签发一张转账支票给德国甲公司用于支付货款，付款人为中国乙银行北京分行；甲公司在柏林将支票背书转让给中国丙公司，丙公司在北京向乙银行请求付款时被拒。关于该支票的法律适用，依中国法律规定，下列哪一选项是正确的？（2017/1/36，单选）

A. 如李某依中国法为限制民事行为能力人，依德国法为完全民事行为能力人，应适用德国法

B. 甲公司对该支票的背书行为，应适用中国法

C. 丙公司向甲公司行使票据追索权的期限，应适用中国法

D. 如丙公司不慎将该支票丢失，其请求保全票据权利的程序，应适用德国法

【解析】《票据法》第96条规定："票据债务人的民事行为能力，适用其本国法律。票据债务人的民事行为能力，依照其本国法律为无民事行为能力或者为限制民事行为能力而依照行为地法律为完全民事行为能力的，适用行为地法律。"本题中，票决债务人李某为中国公民，签发票据的行为发生在德国，A项正确。《票据法》第98条规定："票据的背书、承兑、付款和保证行为，适用行为地法律。"本题中，背书行为发生在德国，背书行为应适用德国法，B项错误。《票据法》第99条规定："票据追索权的行使期限，适用出票地法律。"本题中，出票地在德国，行使票据追索权的期限应适用德国法，C项错误。《票据法》第101条规定："票据丧失时，失票人请求保全票据权利的程序，适用付款地法律。"本题中，付款地在中国北京，请求保全票据权利的程序应适用中国法，D项错误。

【答案】A

2. 在中国法院审理的某票据纠纷中，与该票据相关的法律行为发生在中国，该票据付款人为甲国某州居民里斯。关于里斯行为能力的法律适用，根据我国相关法律规定，下列哪一判断是正确的？（2010/1/38，单选）

A. 应适用与该票据纠纷有最密切联系的法律

B. 应适用里斯住所地的法律

C. 如依据中国法里斯具有完全行为能力，则应认定其具有完全行为能力

D. 如关于里斯行为能力的准据法无法查明，则应驳回起诉

【解析】《票据法》第96条规定："票据债务人的民事行为能力，适用其本国法律。票据债务人的民事行为能力，依照其本国法律为无民事行为能力或者为限

大咖点拨区

扫码听课

扫码听课

制民事行为能力而依照行为地法律为完全民事行为能力的，适用行为地法律。"A、B错误，C项正确。《涉外民事关系法律适用法》第10条第2款规定："不能查明外国法律或者该国法律没有规定的，适用中华人民共和国法律。"D项错误。

【答案】C

3. 甲国人罗得向希姆借了一笔款。罗得在乙国给希姆开具一张五万美元的支票，其记载的付款人是罗得开立帐户的丙国银行。后丙国银行拒绝向持有支票的希姆付款。因甲国战乱，希姆和罗得移居中国经商并有了住所，希姆遂在中国某法院起诉罗得，要求其支付五万美元。关于此案的法律适用，下列哪一选项是正确的？（2009/1/35，单选）

A. 该支票的追索应适用当事人选择的法律
B. 该支票追索权的行使期限应适用甲国法律
C. 该支票的记载事项适用乙国法律
D. 该支票记载的付款人是丙国银行，罗得的行为能力应适用丙国法

【解析】票据追索权，指票据没有获得承兑或付款时，持票人对其前手请求偿还的权利。为行使追索权，持票人必须在规定期间内提示票据，并按规定的期限和方式将拒付情形通知出票人和背书人，还要按规定的期限和方式取得拒绝证明，否则，持票人不能行使追索权。对此，《票据法》第100条规定："票据的提示期限、有关拒绝证明的方式、出具拒绝证明的期限，适用付款地法律。"本题中，该支票的追索应适用付款地法，即丙国法，票据关系所适用的法律并不允许当事人协议选择，A项错误。《票据法》第99条规定："票据追索权的行使期限，适用出票地法律。"本题中，出票地在乙国，故支票追索权的行使期限应适用乙国法律，B项错误。《票据法》第97条规定："汇票、本票出票时的记载事项，适用出票地法律。支票出票时的记载事项，适用出票地法律，经当事人协议，也可以适用付款地法律。"本题中，当事人并未协议选择适用付款地法，故应适用出票地乙国法，C项正确。《票据法》第96条规定："票据债务人的民事行为能力，适用其本国法律。票据债务人的民事行为能力，依照其本国法律为无民事行为能力或者为限制民事行为能力而依照行为地法律为完全民事行为能力的，适用行为地法律。"据此，罗得的行为能力应适用其本国法，即甲国法，D项错误。

【答案】C

（二）海事关系

1. 中国甲公司将其旗下的东方号货轮光船租赁给韩国乙公司，为便于使用，东方号的登记国由中国变更为巴拿马。现东方号与另一艘巴拿马籍货轮在某海域相撞，并被诉至中国某海事法院。关于本案的法律适用，下列哪一选项是正确的？（2017/1/37，单选）

A. 两船碰撞的损害赔偿应适用中国法
B. 如两船在公海碰撞，损害赔偿应适用《联合国海洋法公约》
C. 如两船在中国领海碰撞，损害赔偿应适用中国法
D. 如经乙公司同意，甲公司在租赁期间将东方号抵押给韩国丙公司，该抵押权应适用中国法

【解析】《海商法》第273条规定："船舶碰撞的损害赔偿，适用侵权行为地法律。船舶在公海上发生碰撞的损害赔偿，适用受理案件的法院所在地法律。同

一国籍的船舶，不论碰撞发生于何地，碰撞船舶之间的损害赔偿适用船旗国法律。"本题中，东方号登记国已变更为巴拿马，具有巴拿马国籍，其与另一艘巴拿马籍货轮相撞，属于同一国籍船舶的碰撞，应适用其船旗国法，即巴拿马法，A、B、C错误。《海商法》第271条规定："船舶抵押权适用船旗国法律。船舶在光船租赁以前或光船租赁期间，设立船舶抵押权的，适用原船舶登记国的法律。"本题涉及光船租赁，船舶抵押权应适用原船舶登记国法，即中国法，D项正确。

【答案】D

扫码听课

2. 甲国公司与乙国航运公司订立海上运输合同，由丙国籍船舶"德洋"号运输一批货物，有关"德洋"号的争议现在中国法院审理。根据我国相关法律规定，下列哪一选项是正确的？（2010/1/35，单选）

A. 该海上运输合同应适用船旗国法律

B. 有关"德洋"号抵押权的受偿顺序应适用法院地法律

C. 有关"德洋"号船舶优先权的争议应适用丙国法律

D. 除法律另有规定外，甲国公司与乙国航运公司可选择适用于海上运输合同的法律

【解析】《海商法》第269条规定："合同当事人可以选择合同适用的法律，法律另有规定的除外。合同当事人没有选择的，适用与合同有最密切联系的国家的法律。"A项错误，D项正确。该法第271条规定："航舶抵押权适用船旗国法律。船舶在光船租赁以前或者光船租赁期间，设立船舶抵押权的，适用原船舶登记国的法律。"本案中，"德洋"号的船旗国为丙国，有关"德洋"号抵押权的受偿顺序应适用丙国法，B项错误。该法第272条规定："船舶优先权，适用受理案件的法院所在地法律。"本案中有关"德洋"号的争议在中国法院审理，因此有关"德洋"号的船舶优先权应适用中国法，C项错误。

【答案】D

3. 甲国贸易公司航次承租乙国籍货轮"锦绣"号将一批货物从甲国运往中国，运输合同载有适用甲国法律的条款。"锦绣"号停靠丙国某港时与丁国籍轮"金象"号相撞，有关货损和碰撞案在中国法院审理。关于该案的法律适用，下列哪些选项是正确的？（2009/1/83，多选）

A. 有关航次租船运输合同的争议应适用与合同有最密切联系的法律

B. 有关航次租船运输合同的争议应适用甲国法律

C. 因为"锦绣"号与"金象"号的国籍不同，两轮的碰撞纠纷应适用法院地法解决

D. "锦绣"号与"金象"号的碰撞应适用丙国法律

扫码听课

【解析】《海商法》第269条规定："合同当事人可以选择合同适用的法律，法律另有规定的除外。合同当事人没有选择的，适用与合同有最密切联系的国家的法律。"因此，本题中的航次租船运输合同争议应适用合同中约定的甲国法，A项错误，B项正确。《海商法》273条规定："船舶碰撞的损害赔偿，适用侵权行为地法律。船舶在公海上发生碰撞的损害赔偿，适用受理案件的法院所在地法律。同一国籍的船舶，不论碰撞发生于何地，碰撞船舶之间的损害赔偿适用船旗国法律。"本题中，"锦绣"号与"金象"号分属乙国和丁国籍船舶，碰撞发生在丙国，故应适用侵权行为地法即丙国法，C项错误，D项正确。

【答案】BD

4. 巴拿马籍货轮"安达号"承运一批运往中国的货物，中途停靠韩国。"安达号"在韩国停靠卸载同船装运的其他货物时与利比亚籍"百利号"相碰。"安达号"受损但能继续航行，并得知"百利号"最后的目的港也是中国港口。"安达号"继续航行至中国港口卸货并在中国某海事法院起诉"百利号"，要求其赔偿碰撞损失。依照我国法律，该法院处理该争议应适用下列哪一国法律？(2007/1/37，单选)

A. 中国法律，因为本案两船国籍不同，应适用法院地法处理争议

B. 巴拿马法律，因为它是本案原告船舶的国籍国

C. 利比亚法律，因为它是本案被告船舶的国籍国

D. 韩国法律，因为韩国是侵权行为地

【解析】《海商法》第273条规定："船舶碰撞的损害赔偿，适用侵权行为地法律。船舶在公海上发生碰撞的损害赔偿，适用受理案件的法院所在地法律。同一国籍的船舶，不论碰撞发生于何地，碰撞船舶之间的损害赔偿适用船旗国法律。"本题中，碰撞的两艘船舶国籍不同，且碰撞未发生在公海，故应适用侵权行为地法，即韩国法，D项正确。

【答案】D

5. 某批中国货物由甲国货轮"盛京"号运送，提单中写明有关运输争议适用中国《海商法》。"盛京"号在公海航行时与乙国货轮"万寿"号相撞。两轮先后到达中国某港口后，"盛京"号船舶所有人在中国海事法院申请扣押了"万寿"号，并向法院起诉要求"万寿"号赔偿依其过失比例造成的撞碰损失。根据中国相关法律规定，下列选项正确的是：(2010/1/99，不定项)

A. 碰撞损害赔偿应重叠适用两个船旗国的法律

B. "万寿"号与"盛京"号的碰撞争议应适用甲国法律

C. "万寿"号与"盛京"号的碰撞争议应适用中国法律

D. "盛京"号运输货物的合同应适用中国《海商法》

【解析】《海商法》第273条规定："船舶碰撞的损害赔偿，适用侵权行为地法律。船舶在公海上发生碰撞的损害赔偿，适用受理案件的法院所在地法律。同一国籍的船舶，不论碰撞发生于何地，碰撞船舶之间的损害赔偿适用船旗国法律。"本题中，碰撞发生在公海，碰撞损害赔偿应适用法院地法律，即中国法律，C项正确，A、B错误。《海商法》第269条规定："合同当事人可以选择合同适用的法律，法律另有规定的除外。合同当事人没有选择的，适用与合同有最密切联系的国家的法律。"提单是海上运输合同的证明，本题中，提单中写明有关运输争议适用中国《海商法》，表明双方已在合同中选择适用中国《海商法》，D项正确。

【答案】CD

6. 巴拿马籍货轮"凯瑞号"承载一批货物运往中国，在中途停靠韩国某港口时，与另一艘利比亚货轮"威尔号"相撞，"凯瑞号"受损但可继续航行。"凯瑞号"航行至中国某港后向当地海事法院起诉"威尔号"，要求其赔偿损失。我国法院在审理该案时，应依据哪国法律确定损害赔偿？

A. 中国法   B. 巴拿马法

大咖点拨区

扫码听课

扫码听课

扫码听课

C. 利比亚法　　　　　　　　　　　　D. 韩国法

【解析】根据《海商法》第273条，"船舶碰撞的损害赔偿，适用侵权行为地法律。船舶在公海上发生碰撞的损害赔偿，适用受理案件的法院所在地法律。同一国籍的船舶，不论碰撞发生于何地，碰撞船舶之间的损害赔偿适用船旗国法律。"本案碰撞发生在韩国，且两船国籍不同，应适用侵权行为地法，D项正确。

【答案】D

（三）民用航空关系

1. 英国一架飞机在公海上空飞行时，坠落一物，将公海海面上航行的中国某轮船砸坏，该船立即驶入日本某港口修理，修好后返回中国，该船船东随后在中国法院起诉要求获得损害赔偿。本案应当适用哪国法律？

A. 英国法　　　　　　　　　　　　B. 中国法
C. 日本法　　　　　　　　　　　　D. 《海牙规则》

【解析】《民用航空法》第189条规定："民用航空器对地面第三人的损害赔偿，适用侵权行为地法律。民用航空器在公海上空对水面第三人的损害赔偿，适用受理案件的法院所在地法律。"本案中，民用航空器在公海上空对水面第三人造成损害，案件在中国法院受理，所以应当适用受理案件的法院所在地法律，即中国法，B项正确。

【答案】B

2. 某国公民甲拥有一架在英国登记的飞机，2017年，甲将飞机转让给美国公民乙。2018年，乙因与中国公民丙存在债务关系，遂将该飞机在美国抵押登记给丙。2020年，该飞机在某公海上空飞行时，坠落一物，将公海海面上航行的中国某轮船砸坏，该船立即驶入日本某港口修理，修好后返回中国，该船船东随后在中国某法院起诉要求获得损害赔偿。对于本案中涉及的法律适用，下列说法正确的是？

A. 飞机的转让应当适用国籍登记国法，即英国法
B. 飞机的抵押应当适用国籍登记国法，即英国法
C. 飞机在公海上空对水面第三人造成损害应适用法院地法，即中国法
D. 飞机在公海上空对水面第三人造成损害应适用侵权结果发生地法，即日本法

【解析】《民用航空法》第185条规定："民用航空器所有权的取得、转让和消灭，适用民用航空器国籍登记国法律。"A项正确。《民用航空法》第186条规定："民用航空器抵押权适用民用航空器国籍登记国法律。"B项正确。《民用航空法》第189条规定："民用航空器对地面第三人的损害赔偿，适用侵权行为地法律。民用航空器在公海上空对水面第三人的损害赔偿，适用受理案件的法院所在地法律。"C项正确，D项错误。

【答案】ABC

（四）代理

大卫公司是一家意大利的家具生产企业。2020年6月，中国东方公司在日本东京与大卫公司签订了一份独家代理销售合同，东方公司受托在中国销售大卫公司生产的家具，双方在该合同中约定适用意大利法作为确定双方权利义务的准据法。后双方就代理权限发生纠纷，诉至中国法院。依据《涉外民事关系法律适用

扫码听课

扫码听课

扫码听课

大咖点拨区

法》，中国法院审理此案应适用何种法律？

    A. 重叠适用意大利法和中国法   B. 中国法

    C. 意大利法   D. 日本法

【解析】《涉外民事关系法律适用法》第 16 条规定："代理适用代理行为地法律，但被代理人与代理人的民事关系，适用代理关系发生地法律。当事人可以协议选择委托代理适用的法律。"本题涉及委托代理，双方已选择意大利法作为准据法，应依其选择，C 项正确。

【答案】C

大咖点拨区

扫码听课

（五）信托

新加坡公民王颖与顺捷国际信托公司在北京签订协议，将其在中国的财产交由该公司管理，并指定受益人为其幼子李力。在管理信托财产的过程中，王颖与顺捷公司发生纠纷，并诉至某人民法院。关于该信托纠纷的法律适用，下列哪些选项是正确的？（2017/1/77，多选）

    A. 双方可协议选择适用瑞士法

    B. 双方可协议选择适用新加坡法

    C. 如双方未选择法律，法院应适用中国法

    D. 如双方未选择法律，法院应在中国法与新加坡法中选择适用有利于保护李力利益的法律

【解析】《涉外民事关系法律适用法》第 17 条规定："当事人可以协议选择信托适用的法律。当事人没有选择的，适用信托财产所在地法律或者信托关系发生地法律。"本题中，双方无论协议选择瑞士法或新加坡法，都是法律允许的，A、B 正确。双方在北京签订信托协议，信托关系发生地在中国，而信托财产也在中国，因此，如双方未选择法律，无论适用信托财产所在地法律，还是信托关系发生地法律，均为中国法，C 项正确，D 项错误。

【答案】ABC

考点五   婚姻与家庭关系

（一）结婚

1. 经常居所在汉堡的德国公民贝克与经常居所在上海的中国公民李某打算在中国结婚。关于贝克与李某结婚，依《涉外民事关系法律适用法》，下列哪一选项是正确的？（2016/1/37，单选）

    A. 两人的婚龄适用中国法

    B. 结婚的手续适用中国法

    C. 结婚的所有事项均适用中国法

    D. 结婚的条件同时适用中国法与德国法

【解析】结婚条件，即结婚实质要件，指婚姻双方当事人缔结有效婚姻必须满足的实体条件，如结婚意思表示真实、符合法定婚龄、未患有法定禁止结婚的疾病等。法定婚龄属结婚条件范畴，对此，《涉外民事关系法律适用法》第 21 条规定："结婚条件，适用当事人共同经常居所地法律；没有共同经常居所地的，

扫码听课

适用共同国籍国法律；没有共同国籍，在一方当事人经常居所地或者国籍国缔结婚姻的，适用婚姻缔结地法律。"本题中，当事人没有共同经常居所，也没有共同国籍，而在一方经常居所地（中国）结婚，故结婚条件应适用婚姻缔结地法，即中国法，A项正确，D项错误。结婚手续，即结婚形式要件，指婚姻关系成立应当履行的法定程序。对此，《涉外民事关系法律适用法》第22条规定："结婚手续，符合婚姻缔结地法律、一方当事人经常居所地法律或者国籍国法律的，均为有效。"本题中，双方的经常居所地和国籍国分别为德国和中国，婚姻缔结地在中国，故结婚手续符合中国法或德国法，均为有效，B项错误。从上述分析也可看出，结婚相关事项所适用的法律并不相同，C项错误。

【答案】A

2. 甲国公民玛丽与中国公民王某经常居住地均在中国，2人在乙国结婚。关于双方婚姻关系的法律适用，下列哪些选项是正确的？（2012/1/77，多选）

A. 结婚手续只能适用中国法

B. 结婚手续符合甲国法、中国法和乙国法中的任何一个，即为有效

C. 结婚条件应适用乙国法

D. 结婚条件应适用中国法

【解析】《涉外民事关系法律适用法》第22条规定："结婚手续，符合婚姻缔结地法律、一方当事人经常居所地法律或者国籍国法律的，均为有效。"本题中，双方的国籍国分别为甲国和中国，经常居所地在中国，婚姻缔结地为乙国，A项错误，B项正确。《涉外民事关系法律适用法》第21条规定："结婚条件，适用当事人共同经常居所地法律；没有共同经常居所地的，适用共同国籍国法律；没有共同国籍，在一方当事人经常居所地或者国籍国缔结婚姻的，适用婚姻缔结地法律。"本题中，双方的共同经常居所地在中国，故应适用中国法，C项错误，D项正确。

【答案】BD

（二）夫妻关系

中国人李某（女）与甲国人金某（男）2011年在乙国依照乙国法律登记结婚，婚后二人定居在北京。依《涉外民事关系法律适用法》，关于其夫妻关系的法律适用，下列哪些表述是正确的？（2013/1/77，多选）

A. 婚后李某是否应改从其丈夫姓氏的问题，适用甲国法

B. 双方是否应当同居的问题，适用中国法

C. 婚姻对他们婚前财产的效力问题，适用乙国法

D. 婚姻存续期间双方取得的财产的处分问题，双方可选择适用甲国法

【解析】夫妻人身关系，指与夫妻的人格和身份有关，不具有直接财产内容的权利义务关系，包括忠实义务、同居义务、扶助义务、姓名权、人身自由权、生育权等内容。《涉外民事关系法律适用法》第23条规定："夫妻人身关系，适用共同经常居所地法律；没有共同经常居所地的，适用共同国籍国法律。"本题中，夫妻共同经常居所地在中国，A项错误，B项正确。夫妻财产关系，指夫妻双方对家庭财产的权利义务，包括婚姻对双方婚前财产的效力、婚姻存续期间财产的归属、夫妻对财产的管理和处分、债务的负担等。《涉外民事关系法律适用法》第24条规定："夫妻财产关系，当事人可以协议选择适用一方当事人经常居

所地法律、国籍国法律或者主要财产所在地法律。当事人没有选择的，适用共同经常居所地法律；没有共同经常居所地的，适用共同国籍国法律。"本题中，金某国籍国为甲国，D 项正确；乙国为婚姻缔结地，C 项错误。

【答案】BD

（三）离婚

1. 中国公民王某将甲国公民米勒诉至某人民法院，请求判决两人离婚、分割夫妻财产并将幼子的监护权判决给她。王某与米勒的经常居所及主要财产均在上海，其幼子为甲国籍。关于本案的法律适用，下列哪些选项是正确的？（2017/1/78，多选）

A. 离婚事项，应适用中国法

B. 夫妻财产的分割，王某与米勒可选择适用中国法或甲国法

C. 监护权事项，在甲国法与中国法中选择适用有利于保护幼子利益的法律

D. 夫妻财产的分割与监护权事项均应适用中国法

【解析】《涉外民事关系法律适用法》第 27 条规定："诉讼离婚，适用法院地法律。"A 项正确。《涉外民事关系法律适用法》第 24 条规定："夫妻财产关系，当事人可以协议选择适用一方当事人经常居所地法律、国籍国法律或者主要财产所在地法律。当事人没有选择的，适用共同经常居所地法律；没有共同经常居所地的，适用共同国籍国法律。"本题中，中国和甲国分别为夫妻双方的国籍国，财产分割选择中国法或甲国法均为有效，B 项正确。《涉外民事关系法律适用法》第 30 条规定："监护，适用一方当事人经常居所地法律或者国籍国法律中有利于保护被监护人权益的法律。"C 项正确。从上述分析也可看出，夫妻财产分割与监护并非均应适用中国法，D 项错误。

【答案】ABC

2. 韩国公民金某与德国公民汉森自 2013 年 1 月起一直居住于上海，并于该年 6 月在上海结婚。2015 年 8 月，二人欲在上海解除婚姻关系。关于二人财产关系与离婚的法律适用，下列哪些选项是正确的？（2015/1/78，多选）

A. 二人可约定其财产关系适用韩国法

B. 如诉讼离婚，应适用中国法

C. 如协议离婚，二人没有选择法律的，应适用中国法

D. 如协议离婚，二人可以在中国法、韩国法及德国法中进行选择

【解析】《涉外民事关系法律适用法》第 24 条规定："夫妻财产关系，当事人可以协议选择适用一方当事人经常居所地法律、国籍国法律或者主要财产所在地法律。当事人没有选择的，适用共同经常居所地法律；没有共同经常居所地的，适用共同国籍国法律。"A 项正确。该法第 27 条规定："诉讼离婚，适用法院地法律。"B 项正确。该法第 26 条规定："协议离婚，当事人可以协议选择适用一方当事人经常居所地法律或国籍国法律。当事人没有选择的，适用共同经常居所地法律；没有共同经常居所地的，适用共同国籍国法律；没有共同国籍的，适用办理离婚手续机构所在地法律。"C、D 正确。

【答案】ABCD

3. 美国人汤姆与英国人露西于 2016 年在德国相识并注册结婚，婚后两人一直居住在中国北京。2020 年，两人因感情不和而协议离婚。现双方因夫妻财产纠

大咖点拨区

扫码听课

扫码听课

扫码听课

纷在中国法院起诉，法院在审理该案时首先要确定其协议离婚是否有效。根据《涉外民事关系法律适用法》，下列说法正确的是？

A. 对于协议离婚，如双方协议选择适用英国法，则依其选择

B. 对于协议离婚，如双方协议选择适用德国法，则依其选择

C. 对于夫妻财产关系，如双方协议选择适用英国法，则依其选择

D. 对于夫妻财产关系，如双方没有协议选择适用的法律，则适用中国法

【解析】《涉外民事关系法律适用法》第26条规定："协议离婚，当事人可以协议选择适用一方当事人经常居所地法律或者国籍国法律。"英国法为一方国籍国法，可以选择；德国为婚姻缔结地，不在可选择范围内。A项正确，B项错误。《涉外民事关系法律适用法》第24条规定："夫妻财产关系，当事人可以协议选择适用一方当事人经常居所地法律、国籍国法律或者主要财产所在地法律。当事人没有选择的，适用共同经常居所地法律；没有共同经常居所地的，适用共同国籍国法律。"本案中，英国为一方国籍国，中国为共同经常居所地，C、D正确。

【答案】ACD

（四）父母子女关系

定居在上海的法国人甲和中国人乙女结婚，不孕，遂让乙女的堂妹丙（中国人，定居上海）代孕，生下一子丁交给甲乙抚养，丁取得了法国国籍。后乙死亡，甲与新加坡女子戊再婚，并一起带丁回法国定居，一年多以后，丙请求确认和丁的母子关系，甲戊不许，引发争议诉至人民法院，根据相关法律和司法解释，下列哪些选项是正确的？（2018网络回忆版）

A. 丙与丁的人身关系适用法国法

B. 丙与丁的人身关系适用中国法或法国法中有利于保护弱方利益的法律

C. 戊与丁的母子关系适用法国法

D. 戊与丁的母子关系适用中国法、新加坡法或法国法中有利于保护弱方利益的法律

【解析】《涉外民事关系法律适用法》第25条规定："父母子女人身、财产关系，适用共同经常居所地法律；没有共同经常居所地的，适用一方当事人经常居所地法律或者国籍国法律中有利于保护弱者权益的法律。"本题中，丙的经常居所地在中国，丁的经常居所地在法国，双方并无共同经常居所地，应在中国法或法国法中适用有利于保护弱者权益的法律，A项错误，B项正确。戊和丁的共同经常居所地在法国，故戊与丁的母子关系应适用法国法，C项正确，D项错误。

【答案】BC

（五）收养

1. 经常居住于英国的法国籍夫妇甲和乙，想来华共同收养某儿童。对此，下列哪一说法是正确的？（2014/1/37，单选）

A. 甲、乙必须共同来华办理收养手续

B. 甲、乙应与送养人订立书面收养协议

C. 收养的条件应重叠适用中国法和法国法

D. 若发生收养效力纠纷，应适用中国法

【解析】根据《外国人在中国收养子女登记办法》第8条，"外国人来华收养子女，应当亲自来华办理登记手续。夫妻共同收养的，应当共同来华办理收养手

扫码听课

扫码听课

续；一方因故不能来华的，应当书面委托另一方。"A 项错误。根据该办法第 9 条，"外国人来华收养子女，应当与送养人订立书面收养协议。"B 项正确。《涉外民事关系法律适用法》第 28 条规定："收养的条件和手续，适用收养人和被收养人经常居所地法律。收养的效力，适用收养时收养人经常居所地法律。收养关系的解除，适用收养时被收养人经常居所地法律或者法院地法律。"据此，本题中，收养的条件应重叠适用中国法和英国法，C 项错误；收养效力纠纷，应适用英国法，D 项错误。

【答案】B

2. 某甲国公民经常居住地在甲国，在中国收养了长期居住于北京的中国儿童，并将其带回甲国生活。根据中国关于收养关系法律适用的规定，下列哪一选项是正确的？（2012/1/36，单选）

A. 收养的条件和手续应同时符合甲国法和中国法
B. 收养的条件和手续符合中国法即可
C. 收养效力纠纷诉至中国法院的，应适用中国法
D. 收养关系解除的纠纷诉至中国法院的，应适用甲国法

【解析】《涉外民事关系法律适用法》第 28 条规定："收养的条件和手续，适用收养人和被收养人经常居所地法律。收养的效力，适用收养时收养人经常居所地法律。收养关系的解除，适用收养时被收养人经常居所地法律或者法院地法律。"本题中，收养人经常居所地在甲国，被收养人经常居所地在中国，A 项正确，B 项错误。依据该条，收养的效力应适用收养时收养人经常居所地法律，即甲国法，C 项错误。依据该条，收养关系的解除，适用收养时被收养人经常居所地法律或者法院地法律。本题中，被收养人经常居所地和法院地均在中国，D 项错误。

【答案】A

3. 一对英国夫妇婚后移居意大利，后来华工作。该夫妇于今年收养一名中国儿童并决定一起回意大利生活。根据我国法律，有关该夫妇收养中国儿童应满足的条件和手续，应适用的法律为？

A. 应适用中国法和意大利法　　B. 应适用中国法和英国法
C. 只需适用中国的有关法律规定　D. 只需适用意大利的有关法律规定

【解析】根据《涉外民事关系法律适用法》第 28 条，收养的条件和手续，重叠适用收养人和被收养人经常居所地法律。本题中，英国夫妇婚后移居意大利，收养人经常居所地为意大利，而被收养人经常居所地为中国，所以，应适用中国法和意大利法，A 项正确。

【答案】A

考点六　继承

1. 经常居所地在苏州的甲国公民亨利通过悦音短视频留下遗嘱。亨利死后遗产继承纠纷诉至中国苏州某人民法院，依照中国相关法律规定，下列哪一选项是正确的？（2020 网络回忆版）

A. 该遗嘱方式须符合中国法和甲国法，遗嘱才能成立

B. 如需适用甲国法解决本案纠纷，而双方当事人对甲国法内容有异议，人民法院应认定甲国法无法查明

C. 如亨利立遗嘱时，甲国已禁止本国人使用悦音公司的短视频产品，则该遗嘱无效

D. 该遗嘱的效力应适用中国法或甲国法

【解析】《涉外民事关系法律适用法》第32条规定："遗嘱方式，符合遗嘱人立遗嘱时或者死亡时经常居所地法律、国籍国法律或者遗嘱行为地法律的，遗嘱均为成立。"本题中，遗嘱人经常居所地在中国，国籍国为甲国，遗嘱方式符合中国法或者甲国法，遗嘱均为成立，A、C错误。

《涉外民事关系法律适用法》第33条规定："遗嘱效力，适用遗嘱人立遗嘱时或者死亡时经常居所地法律或者国籍国法律。"D项正确。

最高院《关于适用〈涉外民事关系法律适用法〉若干问题的解释（一）》第16条规定："人民法院应当听取各方当事人对应当适用的外国法律的内容及其理解与适用的意见，当事人对该外国法律的内容及其理解与适用均无异议的，人民法院可以予以确认；当事人有异议的，由人民法院审查认定。"可见，如双方当事人对甲国法内容有异议，由人民法院审查认定，而非认定甲国法无法查明，B项错误。

【答案】D

2. 经常居所在上海的瑞士公民怀特未留遗嘱死亡，怀特在上海银行存有100万元人民币，在苏黎世银行存有10万欧元，且在上海与巴黎各有一套房产。现其继承人因遗产分割纠纷诉至上海某法院。依中国法律规定，下列哪些选项是正确的？（2016/1/78，多选）

A. 100万元人民币存款应适用中国法

B. 10万欧元存款应适用中国法

C. 上海的房产应适用中国法

D. 巴黎的房产应适用法国法

【解析】《涉外民事关系法律适用法》第31条规定："法定继承，适用被继承人死亡时经常居所地法律，但不动产法定继承，适用不动产所在地法律。"可见，对于法定继承的法律适用，我国采取"区别制"的做法，即将遗产区分为动产和不动产，动产继承适用被继承人死亡时经常居所地法，不动产继承适用不动产所在地法。本题中，被继承人在上海银行和苏黎世银行的存款均为动产，应适用被继承人死亡时经常居所地法即中国法，A、B正确。在上海与巴黎的房产属不动产，适用不动产所在地法即中国法和法国法，C、D正确。

【答案】ABCD

3. 中国人李某定居甲国，后移居乙国，数年后死于癌症，未留遗嘱。李某在中国、乙国分别有住房和存款，李某养子和李某妻子的遗产之争在中国法院审理。关于该遗产继承案的法律适用，下列哪些选项是正确的？（2010/1/83，多选）

A. 李某动产的继承应适用甲国法

B. 李某动产的继承应适用乙国法

C. 李某动产的继承应适用中国法

D. 李某所购房屋的继承应适用房屋所在国的法律

【解析】《涉外民事关系法律适用法》第31条规定："法定继承，适用被继承人死亡时经常居所地法律，但不动产法定继承，适用不动产所在地法律。"据此，动产继承适用被继承人死亡时经常居所地法，不动产继承适用不动产所在地法。本题中，被继承人死亡时经常居所地在乙国，故动产的继承应适用乙国法，B项正确，A、C错误；房屋为不动产，不动产继承应适用不动产所在地法，D项正确。

【答案】BD

4. 英国公民戴维长期居住于中国，于2019年在上海病逝。其在生前在美国纽约有一套公寓，2018年在上海订立遗嘱，将该公寓交由其中国养子李某继承。戴维去世后，其女儿对李某的继承权提出异议，遂向上海某法院提出诉讼，要求继承李某在美国的公寓。根据《涉外民事关系法律适用法》，下列说法正确的是？

A. 对李某遗嘱效力的确认，法院可适用中国法

B. 对李某遗嘱效力的确认，法院可适用英国法

C. 对李某遗嘱效力的确认，法院可适用美国法

D. 对于公寓的继承，应适用不动产所在地法即美国法

【解析】《涉外民事关系法律适用法》第33条规定："遗嘱效力，适用遗嘱人立遗嘱时或者死亡时经常居所地法律或者国籍国法律。"本案中，中国为遗嘱人经常居所地，英国为遗嘱人国籍国，美国为不动产所在地，A、B正确，C项错误。本题为遗嘱继承，并非法定继承，对公寓的继承应依遗嘱确定，D项错误。

【答案】AB

考点七　知识产权

1. 日本甲公司与中国三叶公司签订专利许可协议（协议约定适用日本法），授权中国三叶公司在中国范围内销售的手机上安装日本甲公司拥有专利的某款APP。中国三叶公司在其销往越南的手机上也安装了该款APP。现日本甲公司在中国法院起诉中国三叶公司违约并侵犯了其在越南获权的专利，下列哪些判断是正确的？（2019网络回忆版）

A. 中国三叶公司主营业地在中国，违约和侵权纠纷都应适用中国法

B. 违约纠纷应适用日本法

C. 侵权纠纷双方在开庭前可约定适用中国法

D. 侵权纠纷应适用日本法

【解析】《涉外民事关系法律适用法》第49条规定："当事人可以协议选择知识产权转让和许可使用适用的法律。当事人没有选择的，适用本法对合同的有关规定。"对于知识产权许可使用所适用的法律，当事人可以选择，本题中，当事人已协议约定适用日本法，故专利许可协议纠纷应适用日本法，A项错误，B项正确。

该法第50条规定："知识产权的侵权责任，适用被请求保护地法律，当事人

也可以在侵权行为发生后协议选择适用法院地法律。"最高院《关于适用〈涉外民事关系法律适用法〉若干问题的解释（一）》第6条第1款规定："当事人在一审法庭辩论终结前协议选择或者变更选择适用的法律的，人民法院应予准许。"本案中，法院地在中国，双方在开庭前可协议选择适用中国法，C项正确。

对于知识产权侵权，如双方协议选择法院地法，应首先依其选择，未选择时应适用被请求保护地法。本题中，专利权在越南获得，被请求保护地为越南。故本题中，如双方选择适用中国法，则依其选择，未选择时应适用越南法，D项错误。

【答案】BC

2. 韩国甲公司为其产品在中韩两国注册了商标。中国乙公司擅自使用该商标生产了大量仿冒产品并销售至中韩两国。现甲公司将乙公司诉至中国某法院，要求其承担商标侵权责任。关于乙公司在中韩两国侵权责任的法律适用，依中国法律规定，下列哪些选项是正确的？（2016/1/79，多选）

A. 双方可协议选择适用中国法

B. 均应适用中国法

C. 双方可协议选择适用韩国法

D. 如双方无法达成一致，则应分别适用中国法与韩国法

【解析】《涉外民事关系法律适用法》第50条规定："知识产权的侵权责任，适用被请求保护地法律，当事人也可以在侵权行为发生后协议选择适用法院地法律。"可见，对于知识产权侵权的适用法律，当事人可以选择，但只能选择适用法院地法，本题中，法院地在中国，故A项正确，C项错误。根据该条，如双方无法达成一致，则应适用被请求保护地法，本题中，商标在中韩两国注册，被请求保护地分别为中国和韩国，D项正确。从上述分析可见，本题在不同情形下适用的法律不同，并非一律适用中国法，B项错误。

【答案】AD

3. 德国甲公司与中国乙公司签订许可使用合同，授权乙公司在英国使用甲公司在英国获批的某项专利。后因相关纠纷诉诸中国法院。关于该案的法律适用，下列哪些选项是正确的？（2014/1/78，多选）

A. 关于本案的定性，应适用中国法

B. 关于专利权归属的争议，应适用德国法

C. 关于专利权内容的争议，应适用英国法

D. 关于专利权侵权的争议，双方可以协议选择法律，不能达成协议，应适用与纠纷有最密切联系的法律

【解析】《涉外民事关系法律适用法》第8条规定："涉外民事关系的定性，适用法院地法律。"本题中，法院地在中国，故适用中国法，A项正确。《涉外民事关系法律适用法》第48条规定："知识产权的归属和内容，适用被请求保护地法律。"本题中，专利在英国获批，被请求保护地为英国，B项错误，C项正确。《涉外民事关系法律适用法》第50条规定："知识产权的侵权责任，适用被请求保护地法律，当事人也可以在侵权行为发生后协议选择适用法院地法律。"D项错误。

【答案】AC

扫码听课

扫码听课

4. 甲国 A 公司向乙国 B 公司出口一批货物，双方约定适用 2010 年《国际贸易术语解释通则》中 CIF 术语。该批货物由丙国 C 公司"乐安"号商船承运，运输途中船舶搁浅，为起浮抛弃了部分货物。船舶起浮后继续航行中又因恶劣天气，部分货物被海浪打入海中。到目的港后发现还有部分货物因固有缺陷而损失。A 公司与 B 公司就该批货物在中国境内的商标权产生争议，双方诉至中国某法院。关于该商标权有关争议的法律适用，下列选项正确的是：（2012/1/98，不定项）

扫码听课

大咖点拨区

A. 归属争议应适用中国法

B. 归属争议应适用甲国法

C. 转让争议应适用甲国法

D. 转让争议当事人可以协议选择法律

【解析】《涉外民事关系法律适用法》第 48 条规定："知识产权的归属和内容，适用被请求保护地法律。"本题中，双方因在中国境内的商标权产生争议，被请求保护地为中国，因而归属争议应适用中国法，A 项正确，B 项错误。《涉外民事关系法律适用法》第 49 条规定："当事人可以协议选择知识产权转让和许可使用适用的法律。当事人没有选择的，适用本法对合同的有关规定。"关于合同的法律适用，该法第 41 条规定："当事人可以协议选择合同适用的法律。当事人没有选择的，适用履行义务最能体现该合同特征的一方当事人经常居所地法律或者其他与该合同有最密切联系的法律。"C 项错误，D 项正确。

【答案】AD

5. 甲国 A 公司是一家国际知名电脑公司，我国 B 公司是 PPAD 商标在我国和丙国的商标权人，B 公司就 PPAD 商标权与 A 公司达成转让协议。后双方就该商标权的转让和归属问题发生争议，B 公司将 A 公司起诉至我国广东省某中级法院，要求判决 A 公司侵犯其商标权。关于该商标权争议的法律适用，下列说法错误的是？

扫码听课

A. PPAD 商标权在我国和丙国的归属和内容，应分别适用我国法律和丙国法律

B. 双方可以协议选择该商标权转让和许可使用适用的法律

C. 关于 A 公司就该商标权在丙国的侵权责任，只能适用丙国法

D. 关于 A 公司就该商标权在丙国的侵权责任，当事人可以在侵权行为发生后任意选择适用的法律

【解析】《涉外民事关系法律适用法》第 48 条规定："知识产权的归属和内容，适用被请求保护地法律。"B 公司在我国和丙国取得 PPAD 商标，其被请求保护地分别为我国和丙国，A 项正确。该法第 49 条规定："当事人可以协议选择知识产权转让和许可使用适用的法律。当事人没有选择的，适用本法对合同的有关规定。"B 项正确。该法第 50 条规定："知识产权的侵权责任，适用被请求保护地法律，当事人也可以在侵权行为发生后协议选择适用法院地法律。"C、D 错误。

【答案】CD

第三章　国际民商事争议解决

考点一　国际商事仲裁

（一）仲裁协议

1. 日本甲公司与中国乙公司将商事合同纠纷提交中国国际经济贸易仲裁委员会仲裁。根据我国法律和司法实践，下列哪些选项是正确的？（2021网络回忆版）

A. 两公司可约定仲裁地在新加坡

B. 如两公司未约定仲裁协议适用的法律，则应适用合同纠纷应适用的法律

C. 两公司可约定合同和仲裁协议分别适用瑞士法和中国法

D. 如仲裁庭在日本仲裁，应适用日本冲突规范确定应适用的实体法

【解析】国际商事仲裁具有"自治性"的特点，仲裁地点、仲裁机构、仲裁程序、仲裁所适用的法律等均可由当事人协议选择，A项正确。

最高院《关于审理仲裁司法审查案件若干问题的规定》第13条规定："当事人协议选择确认涉外仲裁协议效力适用的法律，应当作出明确的意思表示，仅约定合同适用的法律，不能作为确认合同中仲裁条款效力适用的法律。"可见，合同中仲裁条款效力适用的法律不能等同于合同适用的法律，B项错误。

《涉外民事关系法律适用法》第18条规定："当事人可以协议选择仲裁协议适用的法律。当事人没有选择的，适用仲裁机构所在地法律或者仲裁地法律。"同时，根据《涉外民事关系法律适用法》第41条，合同所适用的法律也可由当事人协议选择，C项正确。

实践中，国际商事仲裁适用的实体法通常允许当事人协议选择，未选择时，适用依仲裁地冲突规范所确定的实体法，D项正确。

【答案】ACD

2. 中国甲公司与外国乙公司在合同中约定，合同争议提交中国国际经济贸易仲裁委员会仲裁，仲裁地在北京。双方未约定仲裁规则及仲裁协议适用的法律。对此，下列哪些选项是正确的？（2014/1/79，多选）

A. 如当事人对仲裁协议效力有争议，提请所选仲裁机构解决的，应在首次开庭前书面提出

B. 如当事人将仲裁协议效力的争议诉至中国法院，应适用中国法

C. 如仲裁协议有效，应适用中国国际经济贸易仲裁委员会的仲裁规则仲裁

D. 如仲裁协议有效，仲裁中申请人可申请更改仲裁请求，仲裁庭不能拒绝

【解析】《仲裁法》第20条规定："当事人对仲裁协议的效力有异议的，可以请求仲裁委员会作出决定或者请求人民法院作出裁定。一方请求仲裁委员会作出决定，另一方请求人民法院作出裁定的，由人民法院裁定。当事人对仲裁协议的

效力有异议，应当在仲裁庭首次开庭前提出。"A项正确。《涉外民事关系法律适用法》第18条规定："当事人可以协议选择仲裁协议适用的法律。当事人没有选择的，适用仲裁机构所在地法律或者仲裁地法律。"仲裁机构与仲裁地均在中国，应适用中国法，B项正确。根据《中国国际经济贸易仲裁委员会仲裁规则（2015版）》第4条第2项，当事人约定将争议提交中国国际经济贸易仲裁委员会仲裁的，视为同意按照中国国际经济贸易仲裁委员会的仲裁规则仲裁进行仲裁，C项正确。该仲裁规则第17条规定："申请人可以申请对其仲裁请求进行变更，被申请人也可以申请对其反请求进行变更；但是仲裁庭认为其提出变更的时间过迟而影响仲裁程序正常进行的，可以拒绝其变更请求。"D项错误。

【答案】ABC

3. 中国A公司与甲国B公司签订货物买卖合同，约定合同争议提交中国C仲裁委员会仲裁，仲裁地在中国，但对仲裁条款应适用的法律未作约定。后因货物质量问题双方发生纠纷，中国A公司依仲裁条款向C仲裁委提起仲裁，但B公司主张仲裁条款无效。根据我国相关法律规定，关于本案仲裁条款的效力审查问题，下列哪些判断是正确的？（2012/1/78，多选）

A. 对本案仲裁条款的效力，C仲裁委无权认定，只有中国法院有权审查

B. 对本案仲裁条款的效力，如A公司请求C仲裁委作出决定，B公司请求中国法院作出裁定的，由中国法院裁定

C. 对本案仲裁条款效力的审查，应适用中国法

D. 对本案仲裁条款效力的审查，应适用甲国法

【解析】《仲裁法》第20条第1款规定："当事人对仲裁协议的效力有异议的，可以请求仲裁委员会作出决定或者请求人民法院作出裁定。一方请求仲裁委员会作出决定，另一方请求人民法院作出裁定的，由人民法院裁定。"A项错误，B项正确。《涉外民事关系法律适用法》第18条规定："当事人可以协议选择仲裁协议适用的法律。当事人没有选择的，适用仲裁机构所在地法律或者仲裁地法律。"本题中，双方对仲裁条款应适用的法律未作约定，而仲裁机构所在地和仲裁地均在中国，故应适用中国法，C项正确，D项错误。

【答案】BC

4. 某国甲公司与中国乙公司订立买卖合同，概括性地约定有关争议由"中国贸仲"仲裁，也可以向法院起诉。后双方因违约责任产生争议。关于该争议的解决，依我国相关法律规定，下列哪一选项是正确的？（2009/1/38，单选）

A. 违约责任不属于可仲裁的范围

B. 应认定合同已确定了仲裁机构

C. 仲裁协议因约定不明而在任何情况下无效

D. 如某国甲公司不服仲裁机构对仲裁协议效力作出的决定，向我国法院申请确认协议效力，我国法院可以受理

【解析】最高院《关于适用〈中华人民共和国仲裁法〉若干问题的解释》第2条规定："当事人概括约定仲裁事项为合同争议的，基于合同成立、效力、变更、转让、履行、违约责任、解释、解除等产生的纠纷都可以认定为仲裁事项。"可见，违约责任属于可仲裁的范围，A项错误。该司法解释第3条规定："仲裁协议约定的仲裁机构名称不准确，但能够确定具体的仲裁机构的，应当认定选定了

仲裁机构。""中国贸仲"是"中国国际经济贸易仲裁委员会"的通用简称,因此,应认定合同已确定了仲裁机构,B项正确。《仲裁法》第18条规定:"仲裁协议对仲裁事项或者仲裁委员会没有约定或者约定不明确的,当事人可以补充协议;达不成补充协议的,仲裁协议无效。"因此,仲裁协议约定不明并非必然无效,当事人可通过补充协议的方式使其有效,C项错误。最高院《关于适用〈中华人民共和国仲裁法〉若干问题的解释》第13条第2款规定:"仲裁机构对仲裁协议的效力作出决定后,当事人向人民法院申请确认仲裁协议效力或者申请撤销仲裁机构的决定的,人民法院不予受理。"D项错误。

【答案】B

5. 我国甲公司与瑞士乙公司订立仲裁协议,约定由某地仲裁机构仲裁,但约定的仲裁机构名称不准确。根据最高人民法院关于适用《中华人民共和国仲裁法》的解释,下列哪些选项是正确的?(2007/1/82,多选)

A. 仲裁机构名称不准确,但能确定具体的仲裁机构的,应认定选定了仲裁机构

B. 如仲裁协议约定的仲裁地仅有一个仲裁机构,该仲裁机构应视为约定的仲裁机构

C. 如仲裁协议约定的仲裁地有两个仲裁机构,成立较早的仲裁机构应视为约定的仲裁机构

D. 仲裁协议仅约定纠纷适用的仲裁规则的,不得视为约定了仲裁机构

【解析】最高院《关于适用〈中华人民共和国仲裁法〉若干问题的解释》第3条规定:"仲裁协议约定的仲裁机构名称不准确,但能够确定具体的仲裁机构的,应当认定选定了仲裁机构。"A项正确。该司法解释第6条规定:"仲裁协议约定由某地的仲裁机构仲裁且该地仅有一个仲裁机构的,该仲裁机构视为约定的仲裁机构。该地有两个以上仲裁机构的,当事人可以协议选择其中的一个仲裁机构申请仲裁;当事人不能就仲裁机构选择达成一致的,仲裁协议无效。"B项正确,C项错误。该司法解释第4条规定:"仲裁协议仅约定纠纷适用的仲裁规则的,视为未约定仲裁机构,但当事人达成补充协议或者按照约定的仲裁规则能够确定仲裁机构的除外。"D项错误。

【答案】AB

(二)仲裁裁决的承认与执行

1. 中国甲公司与日本乙公司的商事纠纷在日本境内通过仲裁解决。因甲公司未履行裁决,乙公司向某人民法院申请承认与执行该裁决。中日均为《纽约公约》缔约国,关于该裁决在中国的承认与执行,下列哪一选项是正确的?(2017/1/38,单选)

A. 该人民法院应组成合议庭审查

B. 如该裁决是由临时仲裁庭作出的,该人民法院应拒绝承认与执行

C. 如该人民法院认为该裁决不符合《纽约公约》的规定,即可直接裁定拒绝承认和执行

D. 乙公司申请执行该裁决的期间应适用日本法的规定

【解析】2022年最高院《关于适用〈中华人民共和国民事诉讼法〉的解释》第546条第1款规定:"承认和执行外国法院作出的发生法律效力的判决、裁定或

者外国仲裁裁决的案件，人民法院应当组成合议庭进行审查。"A 项正确。《民事诉讼法》第 288 条规定："外国法院作出的发生法律效力的判决、裁定，需要中华人民共和国人民法院承认和执行的，可以由当事人直接向中华人民共和国有管辖权的中级人民法院申请承认和执行，也可以由外国法院依照该国与中华人民共和国缔结或者参加的国际条约的规定，或者按照互惠原则，请求人民法院承认和执行。"同时，《关于适用〈中华人民共和国民事诉讼法〉的解释》第 543 条规定："对临时仲裁庭在中华人民共和国领域外作出的仲裁裁决，一方当事人向人民法院申请承认和执行的，人民法院应当依照民事诉讼法第二百九十条规定处理。"B 项错误。根据 1995 年最高院《关于人民法院处理与涉外仲裁及外国仲裁事项有关问题的通知》，"凡一方当事人向人民法院申请执行我国涉外仲裁机构裁决，或者向人民法院申请承认和执行外国仲裁机构的裁决，如果人民法院认为我国涉外仲裁机构裁决具有民事诉讼法第 274 条情形之一的，或者申请承认和执行的外国仲裁裁决不符合我国参加的国际公约的规定或者不符合互惠原则的，在裁定不予执行或者拒绝承认和执行之前，必须报请本辖区所属高级人民法院进行审查；如果高级人民法院同意不予执行或者拒绝承认和执行，应将其审查意见报最高人民法院。待最高人民法院答复后，方可裁定不予执行或者拒绝承认和执行。"可见，如该人民法院认为该裁决不符合《纽约公约》，应逐级上报至最高法院，不能直接裁定拒绝承认和执行，C 项错误。乙公司向中国法院申请承认与执行该裁决，应当在中国法律规定的期限内提出申请，根据《民事诉讼法》第 246 条，申请执行的期限为 2 年，D 项错误。

【答案】A

2. 2015 年 3 月，甲国公民杰夫欲向中国法院申请承认并执行一项在甲国境内作出的仲裁裁决。中国与甲国均为《承认与执行外国仲裁裁决公约》成员国。关于该裁决的承认和执行，下列哪一选项是正确的？（2015/1/38，单选）

A. 杰夫应通过甲国法院向被执行人住所地或其财产所在地的中级人民法院申请

B. 如该裁决系临时仲裁庭作出的裁决，人民法院不应承认与执行

C. 如承认和执行申请被裁定驳回，杰夫可向人民法院起诉

D. 如杰夫仅申请承认而未同时申请执行该裁决，人民法院可以对是否执行一并作出裁定

【解析】《民事诉讼法》第 288 条规定："外国法院作出的发生法律效力的判决、裁定，需要中华人民共和国人民法院承认和执行的，可以由当事人直接向中华人民共和国有管辖权的中级人民法院申请承认和执行，也可以由外国法院依照该国与中华人民共和国缔结或者参加的国际条约的规定，或者按照互惠原则，请求人民法院承认和执行。"A 项错误。2015 年最高院《关于适用〈中华人民共和国民事诉讼法〉的解释》第 543 条规定："对临时仲裁庭在中华人民共和国领域外作出的仲裁裁决，一方当事人向人民法院申请承认和执行的，人民法院应当依照民事诉讼法第二百九十条规定处理。"B 项错误。该司法解释第 542 条第 2 款规定："承认和执行申请被裁定驳回的，当事人可以向人民法院起诉。"C 项正确。该司法解释第 544 条第 2 款规定："当事人仅申请承认而未同时申请执行的，人民法院仅对应否承认进行审查并作出裁定。"D 项错误。

大咖点拨区

扫码听课

大咖点拨区

扫码听课

扫码听课

【答案】C

3. 法国某公司依 1958 年联合国《承认与执行外国仲裁裁决公约》，请求中国法院承认与执行一项国际商会国际仲裁院的裁决。依据该公约及中国相关司法解释，下列哪一表述是正确的？（2013/1/38，单选）

A. 法院应依职权主动审查该仲裁过程中是否存在仲裁程序与仲裁协议不符的情况

B. 该公约第 5 条规定的拒绝承认与执行外国仲裁裁决的理由是穷尽性的

C. 如该裁决内含有对仲裁协议范围以外事项的决定，法院应拒绝承认执行该裁决

D. 如该裁决所解决的争议属于侵权性质，法院应拒绝承认执行该裁决

【解析】根据 1958 年《承认与执行外国仲裁裁决公约》第 5 条第 1 款，法院应依被执行人的申请审查仲裁程序与仲裁协议是否存在不符，A 项错误。该公约第 5 条共列举了七种拒绝承认与执行的理由，该规定是穷尽性的，不存在其他可援引作为拒绝承认和执行的情形，B 项正确。根据该公约第 5 条第 1 款，裁决所处理的事项不是当事人交付仲裁的事项，或者不包括在仲裁协议规定之内，或者超出了仲裁协议的范围，法院可拒绝承认和执行；但交付仲裁的事项可与未交付仲裁的事项划分时，裁决中关于交付仲裁事项之决定部分可予承认与执行。C 项错误。根据该公约第 5 条，七种情形下可拒绝承认与执行外国仲裁裁决，并不包括"侵权性质的争议"，D 项错误。

【答案】B

4. 中国和甲国均为《承认与执行外国仲裁裁决公约》缔约国。现甲国某申请人向中国法院申请承认和执行在甲国作出的一项仲裁裁决。对此，下列哪一选项是正确的？（2010/1/39，单选）

A. 我国应对该裁决的承认与执行适用公约，因为该申请人具有公约缔约国国籍

B. 有关中国投资者与甲国政府间投资争端的仲裁裁决不适用公约

C. 中国有义务承认公约缔约国所有仲裁裁决的效力

D. 被执行人为中国法人的，应由该法人营业所所在地法院管辖

【解析】根据最高院《关于执行我国加入的〈承认及执行外国仲裁裁决公约〉的通知》第 1 条，"我国对在另一缔约国领土内作出的仲裁裁决的承认和执行适用该公约。"本题中，我国应对该裁决的承认与执行适用公约，并非因为该申请人具有公约缔约国国籍，而是因为裁决在另一缔约国领土内作出，A 项错误。该司法解释第 2 条规定："根据我国加入该公约时所作的商事保留声明，我国仅对按照我国法律属于契约性和非契约性商事法律关系所引起的争议适用该公约。所谓'契约性和非契约性商事法律关系'，具体的是指由于合同、侵权或者根据有关法律规定而产生的经济上的权利义务关系，例如货物买卖、财产租赁、工程承包、加工承揽、技术转让、合资经营、合作经营、勘探开发自然资源、保险、信贷、劳务、代理、咨询服务和海上、民用航空、铁路、公路的客货运输以及产品责任、环境污染、海上事故和所有权争议等，但不包括外国投资者与东道国政府之间的争端。"B 项正确。根据《承认与执行外国仲裁裁决公约》第 5 条，在某些情形下可拒绝承认与执行外国仲裁裁决，并非缔约国的所有裁决都要承认，C

项错误。该司法解释第3条规定："根据《1958年纽约公约》第4条的规定，申请我国法院承认和执行在另一缔约国领土内作出的仲裁裁决，是由仲裁裁决的一方当事人提出的。对于当事人的申请应由我国下列地点的中级人民法院受理：1.被执行人为自然人的，为其户籍所在地或者居所地；2.被执行人为法人的，为其主要办事机构所在地；3.被执行人在我国无住所、居所或者主要办事机构，但有财产在我国境内的，为其财产所在地。"D项错误。

【答案】 B

5. 中国甲公司与荷兰乙公司因买卖合同发生纠纷，双方根据合同中的争端解决条款提交瑞士M仲裁机构仲裁，中国、荷兰、瑞士均为《纽约公约》成员国。现该裁决需要到中国承认与执行，根据我国相关法律，下列说法正确的是？

A. 申请人应向被执行人住所地高级法院申请承认与执行

B. 对于本案中的裁决，受理申请的法院应按照互惠原则办理

C. 受理申请的法院决定予以承认与执行的，应在受理申请之日起2个月内作出裁决，裁定后6个月内执行完毕

D. 受理申请的法院决定不予承认与执行的，应在6个月内独立作出裁决

【解析】《民事诉讼法》第288条规定："外国法院作出的发生法律效力的判决、裁定，需要中华人民共和国人民法院承认和执行的，可以由当事人直接向中华人民共和国有管辖权的中级人民法院申请承认和执行，也可以由外国法院依照该国与中华人民共和国缔结或者参加的国际条约的规定，或者按照互惠原则，请求人民法院承认和执行。"可见，该情况下，申请人应向被执行人住所地或者其财产所在地的中级法院申请，A项错误；中国、荷兰、瑞士均为《纽约公约》成员国，对于缔约国境内作出的仲裁裁决的承认与执行，应按照《纽约公约》而非互惠原则办理，B错误。根据最高院《关于承认和执行外国仲裁裁决收费及审查期限问题的规定》第4条，"当事人依照纽约公约第4条规定的条件申请承认和执行外国仲裁裁决，受理申请的人民法院决定予以承认和执行的，应在受理申请之日起2个月内作出裁定，如无特殊情况，应在裁定后6个月内执行完毕"，C项正确。根据最高院《最高人民法院关于仲裁司法审查案件报核问题的有关规定》，各中级人民法院或者专门人民法院办理涉外涉港澳台仲裁司法审查案件，经审查拟认定仲裁协议无效，不予执行或者撤销我国内地仲裁机构的仲裁裁决，不予认可和执行香港特别行政区、澳门特别行政区、台湾地区仲裁裁决，不予承认和执行外国仲裁裁决，应当向本辖区所属高级人民法院报核；高级人民法院经审查拟同意的，应当向最高人民法院报核。待最高人民法院审核后，方可依最高人民法院的审核意见作出裁定。D项错误。

【答案】 C

（三）仲裁裁决的申请撤销

下列关于申请撤销仲裁裁决的说法错误的是？

A. 对于涉外仲裁裁决，当事人可在收到裁决书之日起3个月内，向仲裁机构所在地的中级人民法院申请撤销

B. 中国法院既可撤销中国的仲裁裁决，也可撤销外国的仲裁裁决

C. 法院受理当事人撤销仲裁裁决的申请后，对另一方当事人执行同一仲裁裁决的申请不予受理

D. 法院需要在最高人民法院审核之后才能裁定撤销涉外仲裁裁决

【解析】根据《仲裁法》第59条，对于涉外仲裁裁决，当事人可在收到裁决书之日起6个月内，向仲裁机构所在地的中级人民法院申请撤销，A项错误。中国法院只能撤销中国的仲裁裁决，不能撤销外国的仲裁裁决，B项错误。《仲裁法解释》第25条规定："人民法院受理当事人撤销仲裁裁决的申请后，另一方当事人申请执行同一仲裁裁决的，受理执行的人民法院应当在受理后裁定中止执行。"这里并非不予受理，C项错误。根据《最高人民法院关于仲裁司法审查案件报核问题的有关规定》第2条，"各中级人民法院或者专门人民法院办理涉外涉港澳台仲裁司法审查案件，经审查拟认定仲裁协议无效，不予执行或者撤销我国内地仲裁机构的仲裁裁决，不予认可和执行香港特别行政区、澳门特别行政区、台湾地区仲裁裁决，不予承认和执行外国仲裁裁决，应当向本辖区所属高级人民法院报核；高级人民法院经审查拟同意的，应当向最高人民法院报核。待最高人民法院审核后，方可依最高人民法院的审核意见作出裁定。"D项正确。

【答案】ABC

考点二　国际民事诉讼

（一）国际民商事管辖

1. 德国英海公司与韩国致远公司协议将合同纠纷提交中国国际商事法庭管辖。依中国法律规定及司法实践，下列哪一选项是正确的？（2020 网络回忆版）

A. 如该法庭对本案作出判决，为避免影响判决书效力，法官的少数意见不应当在判决书中载明

B. 因该法庭是最高人民法院常设审判机构，英海公司与致远公司无权选择其作为一审法院

C. 如该法庭受理本案，应先委托国际商事专家委员会调解

D. 如当事人协议选择国际商事法庭管辖的合同争议与中国无实际联系，该法庭无管辖权

【解析】《最高人民法院关于设立国际商事法庭若干问题的规定》第5条第2款规定："合议庭评议案件，实行少数服从多数的原则。少数意见可以在裁判文书中载明。"A项错误。

根据该解释第2条第1项，国际商事法庭受理的案件包括"当事人依照民事诉讼法第三十四条的规定协议选择最高人民法院管辖且标的额为人民币3亿元以上的第一审国际商事案件"，B项错误。

该解释第12条规定："国际商事法庭在受理案件后七日内，经当事人同意，可以委托国际商事专家委员会成员或者国际商事调解机构调解。"可见，法庭在当事人同意的条件下可以委托国际商事专家委员会调解，其并非法庭受理案件的必经程序，C项错误。

《民事诉讼法》第35条规定："合同或者其他财产权益纠纷的当事人可以书面协议选择被告住所地、合同履行地、合同签订地、原告住所地、标的物所在地等与争议有实际联系的地点的人民法院管辖，但不得违反本法对级别管辖和专属

管辖的规定。"可见，当事人协议选择国际商事法庭管辖的争议应与中国存在实际联系，D项正确。

【答案】D

大咖点拨区

扫码听课

2. 希腊甲公司与中国乙公司签订许可协议，授权其在亚洲地区独占使用其某项发明专利，许可期限10年，标的额3.68亿元，协议选择中国最高人民法院国际商事法庭管辖。协议履行到第5年，因希腊甲公司又给予荷兰丙公司同样的独占许可，中国乙公司向国际商事法庭起诉希腊甲公司，下列哪项判断是正确的?（2019 网络回忆版）

A. 当事人对国际商事法庭作出的判决，可以在最高人民法院本部申请再审

B. 有丰富经验的希腊法学家西蒙可以被国际商事法庭遴选为法官参与本案的审理

C. 如果双方无异议，希腊甲公司提交的证据材料必须附中文译本

D. 在希腊获得的证据只要经公证和认证就可直接采用

【解析】《最高人民法院关于设立国际商事法庭若干问题的规定》第16条第1款规定："当事人对国际商事法庭作出的已经发生法律效力的判决、裁定和调解书，可以依照民事诉讼法的规定向最高人民法院本部申请再审。"A项正确。

该解释第4条规定："国际商事法庭法官由最高人民法院在具有丰富审判工作经验，熟悉国际条约、国际惯例以及国际贸易投资实务，能够同时熟练运用中文和英文作为工作语言的资深法官中选任。"可见，国际商事法庭法官应在中国法官中遴选，B项错误。

该解释第9条第1款规定："当事人向国际商事法庭提交的证据材料系在中华人民共和国领域外形成的，不论是否已办理公证、认证或者其他证明手续，均应当在法庭上质证。"D项错误。

该解释第9条第2款规定："当事人提交的证据材料系英文且经对方当事人同意的，可以不提交中文翻译件。"C项错误。

【答案】A

3. 越南人胡明在中国青岛购有房屋，回国前将房屋卖给了经常居所地在上海的中国人熊某。因熊某未按合同支付价款，胡明在越南法院起诉熊某。越南审理案件期间，胡明又在上海某法院起诉，要求熊某履行合同，根据我国相关法律，下列哪一判断是正确的?（2019 网络回忆版）

扫码听课

A. 基于一事不再理原则，中国法院应驳回胡明的起诉

B. 我国上海法院有权受理此案

C. 本案应由青岛法院管辖

D. 中国法院受理案件，必须通过外交途径送达司法文书

【解析】根据《民诉法解释》第531条，"中华人民共和国法院和外国法院都有管辖权的案件，一方当事人向外国法院起诉，而另一方当事人向中华人民共和国法院起诉的，人民法院可予受理。"可见，在国际民事诉讼中，我国允许一事再理，A项错误。

《民事诉讼法》第24条规定："因合同纠纷提起的诉讼，由被告住所地或者合同履行地人民法院管辖。"本题中，被告住所地在上海，合同履行地在青岛，上海和青岛法院均有权管辖，B项正确，C项错误。

根据《民事诉讼法》第274条和最高院《关于涉外民事或商事案件司法文书送达问题若干规定》，中国法院向在外国的当事人送达可以采取的送达方式有九种，并非必须通过外交途径送达，D项错误。

【答案】B

4. 德国彩虹公司与中国杭州的晓晨公司在杭州签署了一个中外合作经营企业合同，后在中国履行协议期间发生纠纷。关于该纠纷的相关判断，以下说法正确的有：（2018 网络回忆版）

A. 双方可以选择德国的法律作为该合同的准据法

B. 双方可以在合同中约定该合同纠纷由德国法院进行管辖

C. 双方可以约定该案件在瑞典的斯德哥尔摩仲裁院进行仲裁

D. 双方可以约定该案件在荷兰海牙的国际仲裁院进行仲裁

【解析】《民法典》第467条第2款规定："在中华人民共和国境内履行的中外合资经营企业合同、中外合作经营企业合同、中外合作勘探开发自然资源合同，适用中华人民共和国法律。"上述三类合同必须适用中国法，当事人不能选择，A项错误。

《民事诉讼法》第273条规定："因在中华人民共和国履行中外合资经营企业合同、中外合作经营企业合同、中外合作勘探开发自然资源合同发生纠纷提起的诉讼，由中华人民共和国人民法院管辖。"《民诉法解释》第529条第2款规定："根据民事诉讼法第34条和第273条规定，属于中华人民共和国法院专属管辖的案件，当事人不得协议选择外国法院管辖，但协议选择仲裁的除外。"可见，对于中外合资经营企业合同纠纷，如通过诉讼解决纠纷，则必须由中国法院管辖；如通过仲裁解决纠纷，则可以选择外国的仲裁机构进行仲裁。B项错误，C项正确。

国际仲裁院专门受理国家间仲裁案件，本案纠纷并不属其受理范围，D项错误。

【答案】C

5. 俄罗斯公民萨沙来华与中国公民韩某签订一份设备买卖合同。后因履约纠纷韩某将萨沙诉至中国某法院。经查，萨沙在中国境内没有可供扣押的财产，亦无居所；该套设备位于中国境内。关于本案的管辖权与法律适用，依中国法律规定，下列哪一选项是正确的？（2016/1/38，单选）

A. 中国法院没有管辖权

B. 韩某可在该套设备所在地或合同签订地法院起诉

C. 韩某只能在其住所地法院起诉

D. 萨沙与韩某只能选择适用中国法或俄罗斯法

【解析】《民事诉讼法》第272条规定："因合同纠纷或者其他财产权益纠纷，对在中华人民共和国领域内没有住所的被告提起的诉讼，如果合同在中华人民共和国领域内签订或者履行，或者诉讼标的物在中华人民共和国领域内，或者被告在中华人民共和国领域内有可供扣押的财产，或者被告在中华人民共和国领域内设有代表机构，可以由合同签订地、合同履行地、诉讼标的物所在地、可供扣押财产所在地、侵权行为地或者代表机构住所地人民法院管辖。"本题中，虽然当事人在中国境内没有可供扣押的财产，亦无居所，但合同在中国领域内签订，同时诉讼标的物在中国境内，故中国法院有权管辖，A 项错误。根据该条，此类案件可以由合同签订地或诉讼标的物所在地法院管辖，B 项正确，C 项错误。

对于合同的法律适用，《涉外民事关系法律适用法》第 41 条规定："当事人可以协议选择合同适用的法律。当事人没有选择的，适用履行义务最能体现该合同特征的一方当事人经常居所地法律或者其他与该合同有最密切联系的法律。"对于可选择的法律，最高院《关于适用〈中华人民共和国涉外民事关系法律适用法〉若干问题的解释（一）》第 5 条规定："一方当事人以双方协议选择的法律与系争的涉外民事关系没有实际联系为由主张选择无效的，人民法院不予支持。"可见，当事人选择的法律不一定要与合同有实际联系，本题中可选择的法律并不仅限于中国法或俄罗斯法，D 项错误。

【答案】B

6. 甲国某航空公司在中国设有代表处，其一架飞机从中国境内出发，经停甲国后前往乙国，在乙国发生空难。关于乘客向航空公司索赔的诉讼管辖和法律适用，根据中国相关法律，下列哪些表述是正确的？（2013/1/78，多选）

A. 中国法院对该纠纷具有管辖权

B. 中国法律并不限制乙国法院对该纠纷行使管辖

C. 即使甲国法院受理了该纠纷，中国法院仍有权就同一诉讼行使管辖权

D. 如中国法院受理该纠纷，应适用受害人本国法确定损害赔偿数额

【解析】《民事诉讼法》第 272 条规定："因合同纠纷或者其他财产权益纠纷，对在中华人民共和国领域内没有住所的被告提起的诉讼，如果合同在中华人民共和国领域内签订或者履行，或者诉讼标的物在中华人民共和国领域内，或者被告在中华人民共和国领域内有可供扣押的财产，或者被告在中华人民共和国领域内设有代表机构，可以由合同签订地、合同履行地、诉讼标的物所在地、可供扣押财产所在地、侵权行为地或者代表机构住所地人民法院管辖。"本题中，被告在中国设有代表机构，中国法院可以管辖，A 项正确。国际民事诉讼通常采取平行管辖原则，即一国在主张自己对某些案件有管辖权的同时，并不否认其他国家法院对这些案件行使管辖权，中国立法同样体现了该原则，B 项正确。根据《民诉法解释》第 531 条，"中华人民共和国法院和外国法院都有管辖权的案件，一方当事人向外国法院起诉，而另一方当事人向中华人民共和国法院起诉的，人民法院可予受理。"C 项正确。《涉外民事关系法律适用法》第 44 条规定："侵权责任，适用侵权行为地法律，但当事人有共同经常居所地的，适用共同经常居所地法律。侵权行为发生后，当事人协议选择适用法律的，按照其协议。"D 项错误。

【答案】ABC

7. 朗文与戴某缔结了一个在甲国和中国履行的合同。履约过程中发生争议，朗文向甲国法院起诉戴某并获得胜诉判决。戴某败诉后就同一案件向我国法院提起诉讼。朗文以该案件已经甲国法院判决生效为由对中国法院提出管辖权异议。依据我国法律、司法解释以及我国缔结的相关条约，下列哪一选项是正确的？（2008/1/36，单选）

A. 朗文的主张构成对我国法院就同一案件实体问题行使管辖权的有效异议

B. 我国法院对戴某的起诉没有管辖权

C. 我国法院对涉外民事诉讼案件的管辖权不受任何限制

D. 我国法院可以受理戴某的起诉

【解析】《民事诉讼法》第 272 条规定："因合同纠纷或者其他财产权益纠纷，对在中华人民共和国领域内没有住所的被告提起的诉讼，如果合同在中华人民共和国领域内签订或者履行，或者诉讼标的物在中华人民共和国领域内，或者被告在中华人民共和国领域内有可供扣押的财产，或者被告在中华人民共和国领域内设有代表机构，可以由合同签订地、合同履行地、诉讼标的物所在地、可供扣押财产所在地、侵权行为地或者代表机构住所地人民法院管辖。"本题中，合同履行地之一在中国，故中国法院有权管辖，B 项错误。最高院《关于适用〈中华人民共和国民事诉讼法〉的解释》第 531 条第 1 款规定："中华人民共和国法院和外国法院都有管辖权的案件，一方当事人向外国法院起诉，而另一方当事人向中华人民共和国法院起诉的，人民法院可予受理。判决后，外国法院申请或者当事人请求人民法院承认和执行外国法院对本案作出的判决、裁定的，不予准许；但双方共同缔结或者参加的国际条约另有规定的除外。"因此，我国法院可以受理戴某的起诉，A 项错误，D 项正确。一国法院对民事诉讼案件的管辖并非不受任何限制，例如，一国法院一般不能对外交人员所涉民事案件进行管辖，同时，当事人选择仲裁方式通常可以排除法院对涉外民事案件的管辖权，C 项错误。

【答案】D

8. 国际海上运输合同的当事人在合同中选定我国某法院作为解决可能发生的纠纷的法院。关于此，下列哪一选项是错误的？（2007/1/38，单选）

A. 该协议不得违反我国有关级别管辖和专属管辖的规定

B. 当事人可以在纠纷发生前协议选择我国法院管辖

C. 如与该合同纠纷有实际联系的地点不在我国领域内，我国法院无权依该协议对纠纷进行管辖

D. 涉外合同或涉外财产权益纠纷的当事人可以选择管辖法院

【解析】《民事诉讼法》第 35 条规定："合同或者其他财产权益纠纷的当事人可以书面协议选择被告住所地、合同履行地、合同签订地、原告住所地、标的物所在地等与争议有实际联系的地点的人民法院管辖，但不得违反本法对级别管辖和专属管辖的规定。"最高院《关于适用〈中华人民共和国民事诉讼法〉的解释》第 529 条第 1 款进一步规定："涉外合同或者其他财产权益纠纷的当事人，可以书面协议选择被告住所地、合同履行地、合同签订地、原告住所地、标的物所在地、侵权行为地等与争议有实际联系地点的外国法院管辖。"A、B、D 正确。本题涉及海上运输合同，《海事诉讼特别程序法》第 8 条规定："海事纠纷的当事人都是外国人、无国籍人、外国企业或者组织，当事人书面协议选择中华人民共和国海事法院管辖的，即使与纠纷有实际联系的地点不在中华人民共和国领域内，中华人民共和国海事法院对该纠纷也具有管辖权。"与《民事诉讼法》相比，该法具有特别法的性质，据此，与海上运输合同纠纷有实际联系的地点不在中国领域内，中国法院对该纠纷也有权管辖，C 项错误。

【答案】C

9.《最高人民法院关于涉外民商事案件诉讼管辖若干问题的规定》中，明确了涉外民商事案件的诉讼管辖权限和范围，也规定了例外的情况。不适用上述《规定》进行集中管辖的涉外案件是：（2007/1/94，不定项）

扫码听课

扫码听课

A. 涉外房地产案件   B. 边境贸易纠纷案件

C. 强制执行国际仲裁裁决案件   D. 信用证纠纷案件

【解析】最高院《关于涉外民商事案件诉讼管辖若干问题的规定》第 3 条规定："本规定适用于下列案件：（一）涉外合同和侵权纠纷案件；（二）信用证纠纷案件；（三）申请撤销、承认与强制执行国际仲裁裁决的案件；（四）审查有关涉外民商事仲裁条款效力的案件；（五）申请承认和强制执行外国法院民商事判决、裁定的案件。"第 4 条规定："发生在与外国接壤的边境省份的边境贸易纠纷案件，涉外房地产案件和涉外知识产权案件，不适用本规定。"A、B 正确。

【答案】AB

（二）诉讼代理

1. 英国人施密特因合同纠纷在中国法院涉诉。关于该民事诉讼，下列哪一选项是正确的？（2015/1/39，单选）

A. 施密特可以向人民法院提交英文书面材料，无需提供中文翻译件

B. 施密特可以委托任意一位英国出庭律师以公民代理的形式代理诉讼

C. 如施密特不在中国境内，英国驻华大使馆可以授权本馆官员为施密特聘请中国律师代理诉讼

D. 如经调解双方当事人达成协议，人民法院已制发调解书，但施密特要求发给判决书，应予拒绝

【解析】2022 年最高院《关于适用〈中华人民共和国民事诉讼法〉的解释》第 525 条第 1 款规定："当事人向人民法院提交的书面材料是外文的，应当同时向人民法院提交中文翻译件。"A 项错误。根据该司法解释第 526 条，涉外民事诉讼中的"外籍当事人可以委托本国律师以非律师身份担任诉讼代理人"，同时，根据《民事诉讼法》第 62 条、271 条的规定，委托他人代为诉讼，必须向人民法院提交由委托人签名或者盖章的授权委托书；在中国领域内没有住所的外国人、无国籍人、外国企业和组织委托他人代理诉讼，从中国领域外寄交或者托交的授权委托书，需要办理公证、认证手续，或者履行中国与该所在国订立的有关条约中规定的证明手续后，才具有效力。B 项错误。该司法解释第 527 条规定："涉外民事诉讼中，外国驻华使领馆授权其本馆官员，在作为当事人的本国国民不在中华人民共和国领域内的情况下，可以以外交代表身份为其本国国民在中华人民共和国聘请中华人民共和国律师或者中华人民共和国公民代理民事诉讼。"C 项正确。该司法解释第 528 条规定："涉外民事诉讼中，经调解双方达成协议，应当制发调解书。当事人要求发给判决书的，可以依协议的内容制作判决书送达当事人。"D 项错误。

【答案】C

2. 某外国公民阮某因合同纠纷在中国法院起诉中国公民张某。关于该民事诉讼，下列哪一选项是正确的？（2012/1/38，单选）

A. 阮某可以委托本国律师以非律师身份担任诉讼代理人

B. 受阮某委托，某该国驻华使馆官员可以以个人名义担任诉讼代理人，并在诉讼中享有外交特权和豁免权

C. 阮某和张某可用明示方式选择与争议有实际联系的地点的法院管辖

D. 中国法院和外国法院对该案都有管辖权的，如张某向外国法院起诉，阮某

向中国法院起诉，中国法院不能受理

【解析】最高院《关于适用〈中华人民共和国民事诉讼法〉的解释》第526条规定："涉外民事诉讼中的外籍当事人，可以委托本国人为诉讼代理人，也可以委托本国律师以非律师身份担任诉讼代理人；外国驻华使领馆官员，受本国公民的委托，可以个人名义担任诉讼代理人，但在诉讼中不享有外交或者领事特权和豁免。"A项正确，B项错误。《民事诉讼法》第35条规定："合同或者其他财产权益纠纷的当事人可以书面协议选择被告住所地、合同履行地、合同签订地、原告住所地、标的物所在地等与争议有实际联系的地点的人民法院管辖，但不得违反本法对级别管辖和专属管辖的规定。"C项表述中并未强调级别管辖和专属管辖的限制，如其选择违反了相关规定，则其选择也不被允许；同时，该条规定为"书面协议选择"，而"明示方式选择"既包括书面形式，也可以是口头形式，其用语不准确。C项错误。根据《民诉法解释》第531条，"中华人民共和国法院和外国法院都有管辖权的案件，一方当事人向外国法院起诉，而另一方当事人向中华人民共和国法院起诉的，人民法院可予受理。"D项错误。

【答案】A

(三) 司法豁免

依据现行的司法解释，我国法院受理对在我国享有特权与豁免的主体起诉的民事案件，须按法院内部报告制度，报请最高人民法院批准。为此，下列表述正确的是：（2008/1/99，不定项）

A. 在我国享有特权与豁免的主体若为民事案件中的第三人，该报告制度不适用

B. 若在我国享有特权与豁免的主体在我国从事商业活动，则对其作为被告的民事案件的受理无需适用上述报告制度

C. 对外国驻华使馆的外交官作为原告的民事案件，其受理不适用上述报告制度

D. 若被告是临时来华的联合国官员，则对其作为被告的有关的民事案件的受理不适用上述报告制度

【解析】最高院《关于人民法院受理涉及特权与豁免的民事案件有关问题的通知》规定："凡以下列在中国享有特权与豁免的主体为被告、第三人向人民法院起诉的民事案件，人民法院应在决定受理之前，报请本辖区高级人民法院审查；高级人民法院同意受理的，应当将其审查意见报最高人民法院。在最高人民法院答复前，一律暂不受理。一、外国国家；二、外国驻中国使馆和使馆人员；三、外国驻中国领馆和领馆成员；四、途经中国的外国驻第三国的外交代表和与其共同生活的配偶及未成年子女；五、途经中国的外国驻第三国的领事官员和与其共同生活的配偶及未成年子女；六、持有中国外交签证或者持有外交护照（仅限互免签证的国家）来中国的外国官员；七、持有中国外交签证或者持有与中国互免签证国家外交护照的领事官员；八、来中国访问的外国国家元首、政府首脑、外交部长及其他具有同等身份的官员；九、来中国参加联合国及其专门机构召开的国际会议的外国代表；十、临时来中国的联合国及其专门机构的官员和专家；十一、联合国系统组织驻中国的代表机构和人员；十二、其他在中国享有特权与豁免的主体。"可见，A、B、D项均属于适用报告制度的情形，表述错误；C

项是以原告身份参加民事诉讼，不适用报告制度，C项表述正确。

【答案】 C

（四）诉讼语言文字

普拉克是外国公民，在一起由中国法院审理的涉外侵权案件中为原告。普拉克请求使用其本国语言进行诉讼。关于中国法院对该请求的处理，下列哪一选项是正确的？（2008/1/39，单选）

A. 尊重普拉克的这一请求，使用其本国的语言进行案件的审理

B. 驳回普拉克的这一请求，使用中文进行案件的审理，告知由其自行解决翻译问题

C. 驳回普拉克的这一请求，以中文进行案件的审理，但在其要求并承担费用的情况下，应为其提供翻译

D. 驳回普拉克的这一请求，使用中文进行案件的审理，但可为其提供免费翻译

【解析】《民事诉讼法》第269条规定："人民法院审理涉外民事案件，应当使用中华人民共和国通用的语言、文字。当事人要求提供翻译的，可以提供，费用由当事人承担。" C项正确。

【答案】 C

（五）域外送达

1. 中国某法院审理一起涉外民事纠纷，需要向作为被告的外国某公司进行送达。根据《关于向国外送达民事或商事司法文书和司法外文书公约》（海牙《送达公约》）、中国法律和司法解释，关于该案件的涉外送达，法院的下列哪一做法是正确的？（2013/1/39，单选）

A. 应首先按照海牙《送达公约》规定的方式进行送达

B. 不得对被告采用邮寄送达方式

C. 可通过中国驻被告所在国使领馆向被告进行送达

D. 可通过电子邮件方式向被告送达

【解析】《民事诉讼法》第274条规定："人民法院对在中华人民共和国领域内没有住所的当事人送达诉讼文书，可以采用下列方式：（1）依照受送达人所在国与中华人民共和国缔结或者共同参加的国际条约中规定的方式送达；（2）通过外交途径送达；（3）对具有中华人民共和国国籍的受送达人，可以委托中华人民共和国驻受送达人所在国的使领馆代为送达；（4）向受送达人委托的有权代其接受送达的诉讼代理人送达；（5）向受送达人在中华人民共和国领域内设立的代表机构或者有权接受送达的分支机构、业务代办人送达；（6）受送达人所在国的法律允许邮寄送达的，可以邮寄送达，自邮寄之日起满三个月，送达回证没有退回，但根据各种情况足以认定已经送达的，期间届满之日视为送达；（7）采用传真、电子邮件等能够确认受送达人收悉的方式送达；（8）不能用上述方式送达的，公告送达，自公告之日起满三个月，即视为送达。"只有受送达人所在国也为海牙《送达公约》的缔约国，才考虑按照海牙《送达公约》规定的方式进行送达，A项错误。根据上述规定第6项，受送达人所在国的法律允许邮寄送达的，可以邮寄送达，B项错误。根据上述规定第3项，采取使领馆途径送达，只针对具有中国国籍的受送达人，C项错误。根据上述规定第7项，可以采用传真、电

子邮件等能够确认受送达人收悉的方式送达，D项正确。

【答案】D

2. 某中国企业因与在境外设立的斯坦利公司的争议向我国法院提起诉讼。根据我国现行司法解释，关于向斯坦利公司有效送达司法文书的问题，下列哪些选项是正确的？（2007/1/80，多选）

A. 法院可向该公司设在中国的任何分支机构送达

B. 法院可向该公司设在中国的任何代表机构送达

C. 如该公司的主要负责人位于中国境内时，法院可向其送达

D. 法院可向该公司在中国的诉讼代理人送达

【解析】《民事诉讼法》第274条规定："人民法院对在中华人民共和国领域内没有住所的当事人送达诉讼文书，可以采用下列方式：（一）依照受送达人所在国与中华人民共和国缔结或者共同参加的国际条约中规定的方式送达；（二）通过外交途径送达；（三）对具有中华人民共和国国籍的受送达人，可以委托中华人民共和国驻受送达人所在国的使领馆代为送达；（四）向受送达人委托的有权代其接受送达的诉讼代理人送达；（五）向受送达人在中华人民共和国领域内设立的代表机构或者有权接受送达的分支机构、业务代办人送达；（六）受送达人所在国的法律允许邮寄送达的，可以邮寄送达，自邮寄之日起满3个月，送达回证没有退回，但根据各种情况足以认定已经送达的，期间届满之日视为送达；（七）采用传真、电子邮件等能够确认受送达人收悉的方式送达；（八）不能用上述方式送达的，公告送达，自公告之日起满3个月，即视为送达。"最高院《关于涉外民事或商事案件司法文书送达问题若干规定》第5条规定："人民法院向受送达人送达司法文书，可以送达给其在中华人民共和国领域内设立的代表机构。受送达人在中华人民共和国领域内有分支机构或者业务代办人的，经该受送达人授权，人民法院可以向其分支机构或者业务代办人送达。"可见，向代表机构送达没有限定条件，可直接向其送达，B项正确；向分支机构送达，须经该受送达人授权，A项错误。该司法解释第3条规定："作为受送达人的自然人或者企业、其他组织的法定代表人、主要负责人在中华人民共和国领域内的，人民法院可以向该自然人或者法定代表人、主要负责人送达。"C项正确。该司法解释第4条规定："除受送达人在授权委托书中明确表明其诉讼代理人无权代为接收有关司法文书外，其委托的诉讼代理人为民事诉讼法第274条第（四）项规定的有权代其接受送达的诉讼代理人，人民法院可以向该诉讼代理人送达。"可见，通常情况下诉讼代理人都有权接受送达，D项正确。

【答案】BCD

3. 甲国与中国均为1965年《关于向国外送达民事或商事司法文书和司法外文书公约》的缔约国。现甲国法院依该公约向总部在北京的A公司送达若干司法文书。根据公约及我国相关法律，下列判断错误的是？

A. 这些司法文书应由甲国驻华使领馆直接送交我国司法部

B. 执行送达的人民法院如发现该司法文书所涉及的诉讼标的属于我国法院专属管辖，则应拒绝执行甲国的送达请求

C. 执行送达的人民法院如果发现其中确定的出庭日期已过，仍然应将这些司法文书向A公司送达

D. A 公司收到人民法院送达的司法文书后，发现其只有英文文本的，可以拒收

【解析】根据最高院《关于执行〈关于向国外送达民事或商事司法文书和司法外文书公约〉有关程序的通知》，公约成员国驻华使领馆转送该国法院司法文书，应直接送交司法部，由司法部转递给最高人民法院，再由最高人民法院交有关人民法院送达给当事人，A 项正确。根据《关于向国外送达民事或商事司法文书和司法外文书公约》第 13 条，一国不得依其国内法主张对该项诉讼标的专属管辖而拒绝执行，B 项错误。根据最高院《关于执行〈关于向国外送达民事或商事司法文书和司法外文书公约〉有关程序的通知》第 3 条，"执行送达的法院不管文书中确定出庭日期或期限是否已过，均应送达"，C 项正确；根据最高院《关于执行〈关于向国外送达民事或商事司法文书和司法外文书公约〉有关程序的通知》第 4 条，"未附中文译本而附英、法文译本的文书，法院仍应予以送达。除双边条约中规定英、法文译本为可接受文字者外，受送达人有权以未附中文译本为由拒收"，D 项正确。

【答案】B

4. 根据我国法律和相关司法解释，人民法院要向某外国的大康公司送达文书，下列选项中哪个是错误的？

A. 该公司的法定代表人詹某正好来到中国，这时可以向詹某直接送达该文书

B. 中国律师王某是该公司的诉讼代理人，其授权委托书中没有提及代为接收有关司法文书，故不能向王某送达

C. 该公司在我国有代表机构，把文书送达给该代表机构不须该公司的特别授权

D. 人民法院可以通过传真、电子邮件等能够确认的其他适当方式向受送达人送达

【解析】最高院《关于涉外民事或商事案件司法文书送达问题若干规定》第 3 条规定："作为受送达人的自然人或者企业、其他组织的法定代表人、主要负责人在中华人民共和国领域内的，人民法院可以向该自然人或者法定代表人、主要负责人送达。"A 项正确。该司法解释第 4 条规定："除受送达人在授权委托书中明确表明其诉讼代理人无权代为接收有关司法文书外，其委托的诉讼代理人为民事诉讼法第 267 条第（四）项规定的有权代其接受送达的诉讼代理人，人民法院可以向该诉讼代理人送达。"B 项错误。该司法解释第 5 条第 1 款规定："人民法院向受送达人送达司法文书，可以送达给其在中华人民共和国领域内设立的代表机构。"C 项正确。该司法解释第 10 条规定："除本规定上述送达方式外，人民法院可以通过传真、电子邮件等能够确认收悉的其他适当方式向受送达人送达。"D 项正确。

扫码听课

【答案】B

（六）域外取证

1. 蒙古公民高娃因民事纠纷在蒙古某法院涉诉。因高娃在北京居住，该蒙古法院欲通过蒙古驻华使馆将传票送达高娃，并向其调查取证。依中国法律规定，下列哪一选项是正确的？（2016/1/39，单选）

A. 蒙古驻华使馆可向高娃送达传票

扫码听课

B. 蒙古驻华使馆不得向高娃调查取证

C. 只有经中国外交部同意后，蒙古驻华使馆才能向高娃送达传票

D. 蒙古驻华使馆可向高娃调查取证并在必要时采取强制措施

【解析】对于外国法院向在我国的受送达人送达，外国驻我国使领馆可以向其本国公民送达文书，但不得违反我国法律，不得对当事人采取强制措施，A项正确。使领馆途径送达无须外交部同意，C项错误。对于向在我国的当事人取证，我国允许领事取证的方式，即外国驻华使领馆可直接向其在华的本国公民调查取证，但同样不得违反我国法律，不得对当事人采取强制措施，B、D错误。

【答案】A

2. 中国与甲国均为《关于从国外调取民事或商事证据的公约》的缔约国，现甲国法院因审理一民商事案件，需向中国请求调取证据。根据该公约及我国相关规定，下列哪一说法是正确的？（2014/1/39，单选）

A. 甲国法院可将请求书交中国司法部，请求代为取证

B. 中国不能以该请求书不属于司法机关职权范围为由拒绝执行

C. 甲国驻中国领事代表可在其执行职务范围内，向中国公民取证，必要时可采取强制措施

D. 甲国当事人可直接在中国向有关证人获取证人证言

【解析】根据《关于从国外调取民事或商事证据的公约》第1、2条，"每一缔约国的司法机关可以根据该国的法律规定，通过请求书的方式，请求另一缔约国主管机关调取证据"；"每一缔约国应指定一个中央机关负责接收来自另一缔约国司法机关的请求书，并将其转交给执行请求的主管机关"。我国指定的中央机关为我国司法部，A项正确。根据该公约第12条，在下列情况下，可以拒绝执行请求书：（1）在执行国，该请求书的执行不属于司法机关的职权范围；（2）被请求国认为，请求书的执行将会损害其主权和安全。B项错误。根据我国相关规定，中国允许外国在华进行领事取证，但仅限于向其本国国民取证，且不得违反中国法律，不得采取强制措施，C项错误。根据我国相关规定，未经我国主管机关准许，任何外国当事人或其诉讼代理人都不得在我国境内自行取证，D项错误。

【答案】A

3. 中国和甲国均为《关于从国外调取民事或商事证据的公约》的缔约国。关于两国之间的域外证据调取，下列哪一选项是正确的？（2010/1/36，单选）

A. 委托方向另一缔约方请求调取的证据不限于用于司法程序的证据

B. 中国可以相关诉讼属于中国法院专属管辖为由拒绝甲国调取证据的请求

C. 甲国可以相关事项在甲国不能提起诉讼为由拒绝中国调取证据的请求

D. 甲国外交代表在其驻华执行职务的区域内，在不采取强制措施的情况下，可向甲国公民调取证据

【解析】《关于从国外调取民事或商事证据的公约》第1条第2款规定："请求书不得用来调取不打算用于已经开始或即将开始的司法程序的证据。"A项错误。该公约第12条规定："只有在下列情况下，才能拒绝执行请求书：（一）在执行国，该请求书的执行不属于司法机关的职权范围；或（二）被请求国认为，请求书的执行将会损害其主权和安全。执行国不能仅因其国内法已对该项诉讼标的规定专属管辖权或不承认对该事项提起诉讼的权利为理由，拒绝执行请求。"

扫码听课

扫码听课

大咖点拨区

B、C 错误。公约和我国法律均允许领事取证，即通过本国驻他国领事或外交人员在驻在国直接调查取证。领事取证对象只能是其本国国民，取证方式不得违反当地法律，不得对当事人采取强制措施，D 项正确。

【答案】D

4. 在我国法院审理的一个涉外诉讼案件中，需要从甲国调取某些证据。甲国是《关于从国外调取民事或商事证据公约》的缔约国。根据该公约，下列哪些选项是正确的？（2008/1/82，多选）

A. 赵律师作为中方当事人的诉讼代理人，可以依照上述公约请求甲国法院调取所需的证据

B. 调取证据的请求，应以请求书的方式提出

C. 请求书应通过我国外交部转交甲国的中央机关

D. 中国驻甲国的领事代表在其执行职务的区域内，可以在不采取强制措施的情况下向华侨取证

【解析】《关于从国外调取民事或商事证据的公约》第 1 条第 1 款规定："在民事或商事案件中，每一缔约国的司法机关可以根据该国的法律规定，通过请求书的方式，请求另一缔约国主管机关调取证据或履行某些其他司法行为。"因此，采取此种请求书方式，应由一方的司法机关提出请求，诉讼代理人无权提出，A 项错误。采用该方式应以请求书的方式提出，B 项正确。该公约第 2 条第 1 款规定："每一缔约国应指定一个中央机关负责接收来自另一缔约国司法机关的请求书，并将其转交给执行请求的主管机关。各缔约国应依其本国法律组建该中央机关。"根据全国人大常委会《关于我国加入〈关于从国外调取民事或商事证据的公约〉的决定》，"根据公约第 2 条，指定中华人民共和国司法部为负责接收来自另一缔约国司法机关的请求书，并将其转交给执行请求的主管机关的中央机关。"因此，我国指定的中央机关为我国司法部，请求书应通过我国司法部转交甲国的中央机关，C 项错误。该公约第 15 条第 1 款规定："在民事或商事案件中，每一缔约国的外交官员或领事代表在另一缔约国境内其执行职务的区域内，可以向他所代表的国家的国民在不采取强制措施的情况下调取证据，以协助在其代表的国家的法院中进行的诉讼。"D 项正确。

【答案】BD

5. 根据我国有关规定，外国法院在处理涉外民商事案件时，如需到我国调取有关证据，可以通过下列选项中的何种途径？

A. 由请求国的受理案件的司法机关通过我国司法部请求我国法院代为取证

B. 由请求国通过本国驻中国的领事或外交人员对在中国的中国公民录取口供

C. 由受理案件的司法机关委派特定官员在我国直接调查取证

D. 外国当事人或其诉讼代理人在我国境内自行取证

【解析】现实中，域外取证主要包括四种方式。（1）代为取证，指一国司法机关向证据所在地的司法机关提出请求，由后者代为进行取证。该方式下，一国的司法机关通过请求书的方式，请求另一国主管机关调取证据，请求书应直接送交执行国中央机关（我国为司法部），A 项正确。（2）领事取证，指通过本国驻他国领事或外交人员在驻在国直接调查取证，通常是向本国国民调查取证。我国允许在中国进行领事取证，但 B 项并非是向请求国国民取证，B 项错误。（3）特派员

取证，指受诉法院委派专门官员到外国调查取证。中国原则上不允许外国特派员在我国取证，C项错误。（4）当事人或诉讼代理人自行取证。我国规定，未经主管机关准许，外国当事人或诉讼代理人不得在我国自行取证，D项错误。

【答案】A

6. 根据最高院颁布的《关于依据国际公约和双边司法协助条约办理民商事案件司法文书送达和调查取证司法协助请求的规定》，下列说法正确的是？

A. 人民法院协助外国办理民商事案司法文书送达和调查取证请求，应当按照中国法律规定的方式办理，请求方要求按照特殊方式办理，应当拒绝

B. 人民法院委托外国送达民商事案件司法文书和进行民商事案件调查取证，需要提供译文的，可以委托中国领域外的翻译机构进行翻译

C. 如中国与对方国家同为《海牙送达公约》的成员国，且签订有双边民事司法协助条约，则人民法院应依据双边民事司法协助条约规定的方式送达

D. 经最高院授权的高级法院可以依据海牙送达公约、海牙取证公约，直接对外发出本辖区各级法院提出的民商事案件司法文书送达和调查取证请求

【解析】《关于依据国际公约和双边司法协助条约办理民商事案件司法文书送达和调查取证司法协助请求的规定》第4条规定："人民法院协助外国办理民商事案件司法文书送达和调查取证请求，应当按照民事诉讼法和相关司法解释规定的方式办理。请求方要求按照请求书中列明的特殊方式办理的，如果该方式与我国法律不相抵触，且在实践中不存在无法办理或者办理困难的情形，应当按照该特殊方式办理。"A项错误。该规定第5条第1款规定："人民法院委托外国送达民商事案件司法文书和进行民商事案件调查取证，需要提供译文的，应当委托中华人民共和国领域内的翻译机构进行翻译。"B项错误。该规定第1条规定："人民法院应当根据便捷、高效的原则确定依据海牙送达公约、海牙取证公约，或者双边民事司法协助条约，对外提出民商事案件司法文书送达和调查取证请求。"根据该原则，如中国与对方国家同为《海牙送达公约》的成员国，且签订有双边民事司法协助条约，则应根据便捷、高效的原则确定依据何种规定送达，不必坚持双边条约优先，C项错误。第9条规定："经最高人民法院授权的高级人民法院，可以依据海牙送达公约、海牙取证公约直接对外发出本辖区各级人民法院提出的民商事案件司法文书送达和调查取证请求。"D项正确。

【答案】D

（七）外国法院判决的承认与执行

1. 当事人欲将某外国法院作出的民事判决申请中国法院承认和执行。根据中国法律，下列哪一选项是错误的？（2012/1/39，单选）

A. 该判决应向中国有管辖权的法院申请承认和执行

B. 该判决应是外国法院作出的发生法律效力的判决

C. 承认和执行该判决的请求须由该外国法院向中国法院提出，不能由当事人向中国法院提出

D. 如该判决违反中国的公共利益，中国法院不予承认和执行

扫码听课

【解析】《民事诉讼法》第288条规定："外国法院作出的发生法律效力的判决、裁定，需要中华人民共和国人民法院承认和执行的，可以由当事人直接向中华人民共和国有管辖权的中级人民法院申请承认和执行，也可以由外国法院依照

该国与中华人民共和国缔结或者参加的国际条约的规定，或者按照互惠原则，请求人民法院承认和执行。"A、B正确，C项错误。《民事诉讼法》第289条规定："人民法院对申请或者请求承认和执行的外国法院作出的发生法律效力的判决、裁定，依照中华人民共和国缔结或者参加的国际条约，或者按照互惠原则进行审查后，认为不违反中华人民共和国法律的基本原则或者国家主权、安全、社会公共利益的，裁定承认其效力，需要执行的，发出执行令，依照本法的有关规定执行。违反中华人民共和国法律的基本原则或者国家主权、安全、社会公共利益的，不予承认和执行。"D项正确。

【答案】C

2. 外国公民张女士与旅居该国的华侨王先生结婚，后因感情疏离，张女士向该国法院起诉离婚并获得对其有利的判决，包括解除夫妻关系，以及夫妻财产分割和子女抚养等内容。该外国与中国之间没有司法协助协定。张女士向中国法院申请承认该离婚判决，王先生随后在同一中国法院起诉与张女士离婚。根据我国法律和司法解释，下列哪一选项是错误的？（2008/1/40，单选）

A. 中国法院应依《最高人民法院关于中国公民申请承认外国法院离婚判决程序问题的规定》决定是否承认该判决中解除人妻身份关系的内容

B. 中国法院应依前项司法解释决定是否执行该判决中解除夫妻身份关系之外的内容

C. 若张女士的申请被驳回，她就无权再提出承认该判决的申请，但可另行向中国法院起诉离婚

D. 中国法院不应受理王先生的离婚起诉

【解析】最高院《关于中国公民申请承认外国法院离婚判决程序问题的规定》第1条规定："对与我国没有订立司法协助协议的外国法院作出的离婚判决，中国籍当事人可以根据本规定向人民法院申请承认该外国法院的离婚判决。"A项正确。该规定第2条规定："外国法院离婚判决中的夫妻财产分割、生活费负担、子女抚养方面判决的承认执行，不适用本规定。"B项错误。该规定第22条规定："申请人的申请被驳回后，不得再提出申请，但可以另行向人民法院起诉离婚。"C项正确。该规定第19条规定："人民法院受理承认外国法院离婚判决的申请后，对方当事人向人民法院起诉离婚的，人民法院不予受理。"D项正确。

【答案】B

3. 甲国秋叶公司在该国法院获得一项胜诉的判决，并准备向中国法院申请执行。根据我国现行法律，下列哪些选项是正确的？（2008/1/80，多选）

A. 该判决可以由当事人直接向我国有管辖权的法院申请执行

B. 该判决可以由甲国法院依照该国与我国缔结或共同参加的国际条约的规定向我国有管辖权的法院申请执行

C. 对外国法院判决效力的承认，我国采取裁定方式

D. 对与我国缔结司法协助条约的国家的法院判决，我国法院均应予以执行

【解析】《民事诉讼法》第288条规定："外国法院作出的发生法律效力的判决、裁定，需要中华人民共和国人民法院承认和执行的，可以由当事人直接向中华人民共和国有管辖权的中级人民法院申请承认和执行，也可以由外国法院依照该国与中华人民共和国缔结或者参加的国际条约的规定，或者按照互惠原则，请

扫码听课

扫码听课

求人民法院承认和执行。"A、B正确。第289条规定："人民法院对申请或者请求承认和执行的外国法院作出的发生法律效力的判决、裁定，依照中华人民共和国缔结或者参加的国际条约，或者按照互惠原则进行审查后，认为不违反中华人民共和国法律的基本原则或者国家主权、安全、社会公共利益的，裁定承认其效力，需要执行的，发出执行令，依照本法的有关规定执行。违反中华人民共和国法律的基本原则或者国家主权、安全、社会公共利益的，不予承认和执行。"可见，对外国法院判决效力的承认，我国采取裁定方式，C项正确。对于外国法院的判决，我国法院并非均应予以执行，外国判决还须不违反我国法律的基本原则或者国家主权、安全、社会公共利益，D项错误。

【答案】ABC

4. 我国某法院接到一位中国公民提出的要求承认一项外国法院判决的申请。依我国法律规定，关于承认该外国判决，下列哪一选项是错误的？（2007/1/41，单选）

A. 如我国与该外国间存在司法协助协定，应依该协定办理

B. 如我国与该外国间既不存在司法协助协定，也不存在任何互惠关系，法院应驳回当事人申请

C. 只有作出判决的外国法院对案件具有管辖权时，该外国判决才有可能被我国法院承认

D. 只有已发生法律效力的外国法院判决才有可能被我国法院承认

【解析】《民事诉讼法》第288条规定："外国法院作出的发生法律效力的判决、裁定，需要中华人民共和国人民法院承认和执行的，可以由当事人直接向中华人民共和国有管辖权的中级人民法院申请承认和执行，也可以由外国法院依照该国与中华人民共和国缔结或者参加的国际条约的规定，或者按照互惠原则，请求人民法院承认和执行。"可见，如我国与该外国间存在司法协助协定，应依该协定办理，A项正确。最高院《关于适用〈中华人民共和国民事诉讼法〉的解释》第542条规定："当事人向中华人民共和国有管辖权的中级人民法院申请承认和执行外国法院作出的发生法律效力的判决、裁定的，如果该法院所在国与中华人民共和国没有缔结或者共同参加国际条约，也没有互惠关系的，裁定驳回申请，但当事人向人民法院申请承认外国法院作出的发生法律效力的离婚判决的除外。"可见，如果当事人申请承认的是一项外国的离婚判决，即使我国与该外国间不存在司法协助协定或互惠关系，法院也可受理，B项错误。根据我国相关法律和我国与许多国家签订的双边司法协助条约的规定，一项外国判决要得到我国承认，通常要满足以下条件：（1）判决已生效；（2）原判决国法院必须有管辖权；（3）审判程序公正；（4）不与我国正在进行的或已经终结的诉讼相冲突；（5）不违反中国公共秩序；（6）该国与中国存在条约或互惠关系（离婚判决的承认无需此项条件）。C、D正确。

【答案】B

5. 根据我国相关司法解释，关于外国法院判决的承认与执行，下列说法正确的是？

A. 申请人向人民法院申请承认和执行外国法院的判决，应当提交申请书，并附外国法院判决正本或者经证明无误的副本以及中文译本

B. 外国法院判决为缺席判决的，申请人应当同时提交该外国法院已经合法传唤的证明文件，但判决已经对此予以说明的除外

C. 外国法院的判决需要中国法院执行的，当事人可以直接向人民法院申请执行

D. 当事人仅申请承认而未同时申请执行的，申请执行的期间自人民法院作出承认的裁定生效之日起重新计算

【解析】《民诉法解释》第 541 条第 1 款规定："申请人向人民法院申请承认和执行外国法院作出的发生法律效力的判决、裁定，应当提交申请书，并附外国法院作出的发生法律效力的判决、裁定正本或者经证明无误的副本以及中文译本。外国法院判决、裁定为缺席判决、裁定的，申请人应当同时提交该外国法院已经合法传唤的证明文件，但判决、裁定已经对此予以明确说明的除外。"A、B 正确。《民诉法解释》第 544 条第 1 款规定："对外国法院作出的发生法律效力的判决、裁定或者外国仲裁裁决，需要中华人民共和国法院执行的，当事人应当先向人民法院申请承认。人民法院经审查，裁定承认后，再根据民事诉讼法第三编的规定予以执行。"C 项错误。《民诉法解释》第 545 条第 2 款规定："当事人仅申请承认而未同时申请执行的，申请执行的期间自人民法院对承认申请作出的裁定生效之日起重新计算。"D 项正确。

【答案】ABD

第四章　区际法律问题

考点一　区际法律冲突的解决

1. 中国甲公司与英国乙公司签订了商事合同，约定合同适用英国法。现甲乙两公司因合同履行发生纠纷诉至中国某人民法院，根据我国法律和相关司法解释，下列说法正确的是哪项？（2021 网络回忆版）

A. 若双方在一审法庭辩论时将合同适用的法律变更为苏格兰法，应予准许

B. 若英国存在多个法域，该合同纠纷应适用伦敦所在的英格兰法

C. 若双方在一审法庭辩论时约定该纠纷的诉讼时效适用中国法，应从其约定

D. 该纠纷的诉讼时效应适用中国《民法典》

【解析】最高院《关于适用〈涉外民事关系法律适用法〉若干问题的解释（一）》第 6 条第 1 款规定："当事人在一审法庭辩论终结前协议选择或者变更选择适用的法律的，人民法院应予准许。"A 项正确。

《涉外民事关系法律适用法》第 6 条规定："涉外民事关系适用外国法律，该国不同区域实施不同法律的，适用与该涉外民事关系有最密切联系区域的法律。"本题中，应适用最密切联系地法，而非该国首都所在地法，B 项错误。

《涉外民事关系法律适用法》第 7 条规定："诉讼时效，适用相关涉外民事关系应当适用的法律。"本题中，案件涉及合同关系，诉讼时效应适用合同应适用的法律，当事人已约定合同适用英国法，则合同关系的准据法为英国法，本案的诉讼时效也应适用英国法，C、D 错误。

【答案】A

2. 中国某法院受理一涉外民事案件后，依案情确定应当适用甲国法。但在查找甲国法时发现甲国不同州实施不同的法律。关于本案，法院应当采取下列哪一做法？（2011/1/39，单选）

A. 根据意思自治原则，由当事人协议决定适用甲国哪个州的法律

B. 直接适用甲国与该涉外民事关系有最密切联系的州法律

C. 首先适用甲国区际冲突法确定准据法，如甲国没有区际冲突法，适用中国法律

D. 首先适用甲国区际冲突法确定准据法，如甲国没有区际冲突法，适用与案件有最密切联系的州法律

【解析】《涉外民事关系法律适用法》第 6 条规定："涉外民事关系适用外国法律，该国不同区域实施不同法律的，适用与该涉外民事关系有最密切联系区域的法律。"B 项正确。

【答案】B

考点二 区际司法协助

（一）内地与港澳台之间的送达

1. 居住于我国台湾地区的当事人张某在大陆某法院参与民事诉讼。关于该案，下列哪一选项是不正确的？（2012/1/37，单选）

A. 张某与大陆当事人有同等诉讼权利和义务

B. 确定应适用台湾地区民事法律的，受案的法院予以适用

C. 如张某在大陆，民事诉讼文书可以直接送达

D. 如张某在台湾地区地址明确，可以邮寄送达，但必须在送达回证上签收

【解析】最高院《关于审理涉台民商事案件法律适用问题的规定》第2条规定："台湾地区当事人在人民法院参与民事诉讼，与大陆当事人有同等的诉讼权利和义务，其合法权益受法律平等保护。"A项正确。《关于审理涉台民商事案件法律适用问题的规定》第1条第2款规定："根据法律和司法解释中选择适用法律的规则，确定适用台湾地区民事法律的，人民法院予以适用。"B项正确。根据最高院《关于涉台民事诉讼文书送达的若干规定》第3条第1项，"受送达人居住在大陆的，直接送达。"C项正确。根据最高院《关于涉台民事诉讼文书送达的若干规定》第3条第5项，"受送达人在台湾地区的地址明确的，可以邮寄送达。"同时，该司法解释第5条规定："采用本规定第三条第一款第（五）项方式送达的，应当附有送达回证。受送达人未在送达回证上签收但在邮件回执上签收的，视为送达，签收日期为送达日期。"D项错误。

【答案】D

2. 大陆甲公司与台湾地区乙公司签订了出口家具合同，双方在合同履行中产生纠纷，乙公司拒绝向甲公司付款。甲公司在大陆将争议诉诸法院。关于向台湾当事人送达文书，下列哪些选项是正确的？（2009/1/82，多选）

A. 可向乙公司在大陆的任何业务代办人送达

B. 如乙公司的相关当事人在台湾下落不明的，可采用公告送达

C. 邮寄送达的，如乙公司未在送达回证上签收而只是在邮件回执上签收，可视为送达

D. 邮寄送达未能收到送达与否证明文件的，满三个月即可视为已送达

【解析】最高院《关于涉台民事诉讼文书送达的若干规定》第3条规定："人民法院向住所地在台湾地区的当事人送达民事诉讼文书，可以采用下列方式：（一）受送达人居住在大陆的，直接送达。受送达人是自然人，本人不在的，可以交其同住成年家属签收；受送达人是法人或者其他组织的，应当由法人的法定代表人、其他组织的主要负责人或者该法人、组织负责收件的人签收；受送达人不在大陆居住，但送达时在大陆的，可以直接送达；（二）受送达人在大陆有诉讼代理人的，向诉讼代理人送达。受送达人在授权委托书中明确表明其诉讼代理人无权代为接收的除外；（三）受送达人有指定代收人的，向代收人送达；（四）受送达人在大陆有代表机构、分支机构、业务代办人的，向其代表机构或者经受送达人明确授权接受送达的分支机构、业务代办人送达；（五）受送达人在台湾地区

大咖点拨区

的地址明确的，可以邮寄送达；（六）有明确的传真号码、电子信箱地址的，可以通过传真、电子邮件方式向受送达人送达；（七）按照两岸认可的其他途径送达。采用上述方式不能送达或者台湾地区的当事人下落不明的，公告送达。"根据第（四）项，向业务代办人送达须经受送达人明确授权接受送达，A项错误；台湾地区的当事人下落不明的，公告送达，B项正确。该规定第5条第1款规定："采用本规定第3条第1款第（五）项方式送达的，应当附有送达回证。受送达人未在送达回证上签收但在邮件回执上签收的，视为送达，签收日期为送达日期。"C项正确。第5条第2款规定："自邮寄之日起满3个月，如果未能收到送达与否的证明文件，且根据各种情况不足以认定已经送达的，视为未送达。"因此，邮寄送达自邮寄之日起满3个月，未能收到送达与否证明文件，但根据各种情况足以认定已经送达的，可视为已送达，D项错误。

【答案】BC

3. 香港地区甲公司与内地乙公司发生投资纠纷，乙公司诉诸某中级人民法院。陈某是甲公司法定代表人，张某是甲公司的诉讼代理人。关于该案的文书送达及法律适用，下列哪些选项是正确的？（2011/1/79，多选）

A. 如陈某在内地，受案法院必须通过上一级人民法院向其送达

B. 如甲公司在授权委托书中明确表明张某无权代为接收有关司法文书，则不能向其送达

C. 如甲公司在内地设有代表机构的，受案人民法院可直接向该代表机构送达

D. 同时采用公告送达和其他多种方式送达的，应当根据最先实现送达的方式确定送达日期

【解析】2009年最高院《关于涉港澳民商事案件司法文书送达问题若干规定》第3条规定："作为受送达人的自然人或者企业、其他组织的法定代表人、主要负责人在内地的，人民法院可以直接向该自然人或者法定代表人、主要负责人送达。"据此，陈某作为甲公司法定代表人如位于内地，人民法院可向其直接送达，无须通过上一级法院，A项错误。该司法解释第4条规定："除受送达人在授权委托书中明确表明其诉讼代理人无权代为接收有关司法文书外，其委托的诉讼代理人为有权代其接受送达的诉讼代理人，人民法院可以向该诉讼代理人送达。"B项正确。该司法解释第5条第1款规定："受送达人在内地设立有代表机构的，人民法院可以直接向该代表机构送达。"C项正确。该司法解释第10条规定："除公告送达方式外，人民法院可以同时采取多种法定方式向受送达人送达。采取多种方式送达的，应当根据最先实现送达的方式确定送达日期。"可见，公告送达与其他送达方式不能同时采用，D项错误。

【答案】BC

4. 根据最高人民法院《关于涉台民事诉讼文书送达的若干规定》，以下说法错误的是？

A. 如台湾的受送达人不在大陆居住，但送达时在大陆的，人民法院可向其直接送达

B. 台湾地区的当事人下落不明的，人民法院可以公告送达，自公告之日起满6个月即视为送达

C. 人民法院按照两岸认可的有关途径代为送达台湾地区法院的民事诉讼文书

的，应当有台湾地区有关法院的委托函

D. 人民法院收到台湾地区有关法院的委托函后，经审查符合条件的，应当在收到委托函之日起两个月内完成送达。

【解析】根据最高院《关于涉台民事诉讼文书送达的若干规定》第3条，"受送达人不在大陆居住，但送达时在大陆的，可以直接送达"，A项正确。根据第8条，"公告送达的，自公告之日起满3个月，即视为送达"，B项错误。根据第9条，"人民法院按照两岸认可的有关途径代为送达台湾地区法院的民事诉讼文书的，应当有台湾地区有关法院的委托函"，"人民法院收到台湾地区有关法院的委托函后，经审查符合条件的，应当在收到委托函之日起两个月内完成送达"，C、D正确。

【答案】B

5. 人民法院受理了一涉及澳门公司的争议，需要向该澳门公司送达文书，依《最高人民法院关于涉港澳民商案件司法文书送达问题若干规定》，下列哪些选项是正确的？

A. 该澳门公司在内地有代表机构的，人民法院可以直接向代表机构送达

B. 该澳门公司在内地有业务代办人的，人民法院可以直接向业务代办人送达

C. 法院可通过邮寄方式向澳门公司送达，如收到澳门公司签收的邮件回执可以视为已经送达

D. 法院可同时采取公告送达和传真送达

【解析】最高院《关于涉港澳民商事案件司法文书送达问题若干规定》第5条第1款规定："受送达人在内地设立有代表机构的，人民法院可以直接向该代表机构送达。"A项正确。该规定第5条第2款规定："受送达人在内地设立有分支机构或者业务代办人并授权其接受送达的，人民法院可以直接向该分支机构或者业务代办人送达。"B项错误。该规定第7条第2款规定："邮寄送达时应附有送达回证。受送达人未在送达回证上签收但在邮件回执上签收的，视为送达，签收日期为送达日期。"C项正确。该规定第10条第1款规定："除公告送达方式外，人民法院可以同时采取多种法定方式向受送达人送达。"可见，公告送达不能与其他方式同时采取，D项错误。

【答案】AC

6. 在北京的某企业因与设在香港的凤凰公司的争议向北京中院起诉。下列关于诉讼中司法文书送达的说法错误的是：

A. 凤凰公司未对法院送达的司法文书履行签收手续，但已经按照所送达司法文书的内容履行的，视为送达

B. 如果凤凰公司的法定代表人在武汉，法院向法定代表人送达司法文书时，可以适用留置送达的方式

C. 北京中院可以直接委托香港特别行政区高等法院送达

D. 如果北京中院的司法文书中确定的出庭日期已过，香港的法院不用再送达

【解析】最高院《关于涉港澳民商事案件司法文书送达问题若干规定》第12条规定："受送达人未对人民法院送达的司法文书履行签收手续，但存在以下情形之一的，视为送达：（一）受送达人向人民法院提及了所送达司法文书的内容；（二）受送达人已经按照所送达司法文书的内容履行；（三）其他可以确认已经送

大咖点拨区

扫码听课

扫码听课

达的情形。"由此可见,凤凰公司未对法院送达的司法文书履行签收手续,但如果它已经按照所送达司法文书的内容履行的,就视为文书已经送达,A项正确。该规定第11条规定:"人民法院向在内地的受送达人或者受送达人的法定代表人、主要负责人、诉讼代理人、代表机构以及有权接受送达的分支机构、业务代办人送达司法文书,可以适用留置送达的方式。"在本案中,如果凤凰公司的法定代表人在武汉,法院可以适用留置送达的方式向其送达司法文书,B项正确。最高院《关于内地与香港特别行政区法院相互委托送达民商事司法文书的安排》第2条规定:"双方委托送达司法文书,均须通过各高级人民法院和香港特别行政区高等法院进行。最高人民法院司法文书可以直接委托香港特别行政区高等法院送达。"据此,北京中院是无权直接委托香港特别行政区高等法院送达司法文书的,C项错误。该安排第4条第1款的规定,"不论司法文书中确定的出庭日期或者期限是否已过,受委托方均应送达。委托方应当尽量在合理期限内提出委托请求。"因此,即使北京中院的司法文书中确定的出庭日期已过,香港的法院也应该送达该文书,D项错误。

【答案】 CD

(二)内地与港澳台之间的调查取证

1. 根据《最高人民法院关于内地与香港特别行政区法院就民商事案件相互委托提取证据的安排》,下列说法正确的是?

A. 双方相互委托提取证据,须通过各自指定的联络机关进行,内地指定各高级人民法院为联络机关,香港指定香港高等法院为联络机关

B. 委托方请求按照特殊方式提取证据的,如果受委托方认为不违反本辖区的法律规定,可以按照委托方请求的方式执行

C. 受委托方因执行受托事项产生的所有开支,均由受委托方承担

D. 受委托方应当自收到委托书之日起3个月内完成受托事项

【解析】《最高人民法院关于内地与香港特别行政区法院就民商事案件相互委托提取证据的安排》第2条第1款规定:"双方相互委托提取证据,须通过各自指定的联络机关进行。其中,内地指定各高级人民法院为联络机关;香港特别行政区指定香港特别行政区政府政务司司长办公室辖下行政署为联络机关。"A项错误。该安排第7条第2款规定:"委托方请求按照特殊方式提取证据的,如果受委托方认为不违反本辖区的法律规定,可以按照委托方请求的方式执行。"B项正确。该安排第9条规定:"受委托方因执行受托事项产生的一般性开支,由受委托方承担。受委托方因执行受托事项产生的翻译费用、专家费用、鉴定费用、应委托方要求的特殊方式取证所产生的额外费用等非一般性开支,由委托方承担。如果受委托方认为执行受托事项或会引起非一般性开支,应先与委托方协商,以决定是否继续执行受托事项。"可见,并非因执行受托事项产生的所有开支均由受委托方承担,C项错误。该安排第10条第1款规定:"受委托方应当尽量自收到委托书之日起6个月内完成受托事项。"D项错误。

【答案】 B

2. 根据2001年最高院《内地与澳门特别行政区法院就民商事案件相互委托送达司法文书和调取证据的安排》和2020年最高院《关于修改〈内地与澳门特别行政区法院就民商事案件相互委托送达司法文书和调取证据的安排〉的决定》,

下列说法正确的是？

A. 内地中级法院、基层法院如得到最高人民法院授权，可与澳门终审法院相互委托送达和调取证据

B. 委托方法院请求送达司法文书，委托书必须盖有法院印章

C. 受委托方法院无法送达的，应当在送达回证或者送达证明书上注明妨碍送达的原因、拒收事由和日期，并退回委托书及所附全部文件

D. 受委托方法院可以根据委托方法院的请求，并经证人、鉴定人同意，协助安排其辖区的证人、鉴定人通过视频、音频作证

【解析】修改后的《关于内地与澳门特别行政区法院就民商事案件相互委托送达司法文书和调取证据的安排》第 2 条第 2 款规定："经与澳门特别行政区终审法院协商，最高人民法院可以授权部分中级人民法院、基层人民法院与澳门特别行政区终审法院相互委托送达和调取证据。"A 项正确。该安排第 10 条规定："委托方法院请求送达司法文书，须出具盖有其印章或者法官签名的委托书，并在委托书中说明委托机关的名称、受送达人的姓名或者名称、详细地址以及案件性质。委托方法院请求按特殊方式送达或者有特别注意的事项的，应当在委托书中注明。"该条表明，委托书由法官签名也具有效力，B 项错误。该安排第 12 条第 2 款规定："受委托方法院无法送达的，应当在送达回证或者送达证明书上注明妨碍送达的原因、拒收事由和日期，并及时书面回复委托方法院。"与 2001 年安排不同，根据修改后的安排，该情形下无需再退回委托书及所附文件，C 项错误。该安排第 23 条规定："受委托方法院可以根据委托方法院的请求，并经证人、鉴定人同意，协助安排其辖区的证人、鉴定人通过视频、音频作证。"D 项正确。

【答案】AD

（三）内地与港澳台之间法院判决的认可与执行

1. 台湾地区甲公司因合同纠纷起诉大陆乙公司，台湾地区法院判决乙公司败诉。乙公司在上海和北京均有财产，但未执行该判决。关于该判决的执行，下列哪一选项是正确的？（2011/1/37，单选）

A. 甲公司向上海和北京的中级人民法院申请认可该判决的，由最先立案的中级人民法院管辖

B. 该判决效力低于人民法院作出的生效判决

C. 甲公司申请财产保全的，人民法院可以要求其提供有效的担保；不提供担保的，视情况决定是否准予财产保全

D. 甲公司申请认可该判决的，应当在判决效力确定后 1 年内提出

【解析】最高院《关于认可和执行台湾地区法院民事判决的规定》第 4 条规定："申请认可台湾地区法院民事判决的案件，由申请人住所地、经常居住地或者被申请人住所地、经常居住地、财产所在地中级人民法院或者专门人民法院受理。申请人向两个以上有管辖权的人民法院申请认可的，由最先立案的人民法院管辖。"A 项正确。该《规定》第 17 条规定："经人民法院裁定认可的台湾地区法院民事判决，与人民法院作出的生效判决具有同等效力。"B 项错误。该《规定》第 10 条规定："人民法院受理认可台湾地区法院民事判决的申请之前或者之后，可以按照民事诉讼法及相关司法解释的规定，根据申请人的申请，裁定采取

扫码听课

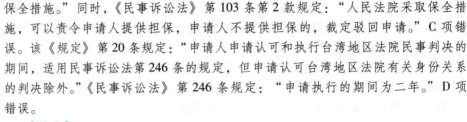

保全措施。"同时，《民事诉讼法》第103条第2款规定："人民法院采取保全措施，可以责令申请人提供担保，申请人不提供担保的，裁定驳回申请。"C项错误。该《规定》第20条规定："申请人申请认可和执行台湾地区法院民事判决的期间，适用民事诉讼法第246条的规定，但申请认可台湾地区法院有关身份关系的判决除外。"《民事诉讼法》第246条规定："申请执行的期间为二年。"D项错误。

【答案】A

2. 李某与王某在台湾地区因民事纠纷涉诉，被告王某败诉，李某向王某在福建的财产所在地的中级法院申请认可台湾地区的民事判决。下列哪些选项可以成为中级法院拒绝认可的理由？（2009/1/81，多选）

A. 案件为人民法院专属管辖

B. 人民法院已承认了某外国法院就相同案件作出的判决

C. 双方没有关于司法管辖的协议

D. 王某在本案中缺席且未给予合法传唤

【解析】最高院《关于认可和执行台湾地区法院民事判决的规定》第15条规定："台湾地区法院民事判决具有下列情形之一的，裁定不予认可：（一）申请认可的民事判决，是在被申请人缺席又未经合法传唤或者在被申请人无诉讼行为能力又未得到适当代理的情况下作出的；（二）案件系人民法院专属管辖的；（三）案件双方当事人订有有效仲裁协议，且无放弃仲裁管辖情形的；（四）案件系人民法院已作出判决或者中国大陆的仲裁庭已作出仲裁裁决的；（五）香港特别行政区、澳门特别行政区或者外国的法院已就同一争议作出判决且已为人民法院所认可或者承认的；（六）台湾地区、香港特别行政区、澳门特别行政区或者外国的仲裁庭已就同一争议作出仲裁裁决且已为人民法院所认可或者承认的。认可该民事判决将违反一个中国原则等国家法律的基本原则或者损害社会公共利益的，人民法院应当裁定不予认可。"A、B、D正确，C项错误。

【答案】ABD

3. 李某在内地某法院取得一项涉及王某的具有给付内容的生效民事判决。王某的主要财产在澳门，在内地也有少量可供执行的财产。根据《最高人民法院关于内地与澳门特别行政区相互认可和执行民商事判决的安排》，下列哪一选项是正确的？（2007/1/36，单选）

A. 李某有权同时向内地与澳门有管辖权的法院申请执行

B. 李某向澳门法院提出执行申请的同时，可以向内地法院申请查封、扣押或者冻结王某的财产

C. 如澳门法院受理执行申请，它不能仅执行该判决中的部分请求

D. 该判决的执行应适用内地法律

【解析】最高院《关于内地与澳门特别行政区相互认可和执行民商事判决的安排》第5条规定："被申请人在内地和澳门特别行政区均有可供执行财产的，申请人可以向一地法院提出执行申请。申请人向一地法院提出执行申请的同时，可以向另一地法院申请查封、扣押或者冻结被执行人的财产。待一地法院执行完毕后，可以根据该地法院出具的执行情况证明，就不足部分向另一地法院申请采取处分财产的执行措施。两地法院执行财产的总额，不得超过依据判决和法律规

定所确定的数额。"可见，李某可以向其中一地法院申请执行，而不能同时向两地法院申请执行，A 项错误。根据该条，申请人向一地法院提出执行申请的同时，可以向另一地申请查封、扣押或者冻结被执行人的财产，B 项正确。该安排第 14 条规定："被请求方法院不能对判决所确认的所有请求予以认可和执行时，可以认可和执行其中的部分请求。"C 项错误。该安排第 20 条规定："对民商事判决的认可和执行，除本安排有规定的以外，适用被请求方的法律规定。"本题并未说明被请求方是内地法院，不能认定是否应适用内地法律，D 项错误。

【答案】B

4. 根据《最高人民法院关于内地与香港特别行政区法院相互认可和执行民商事案件判决的安排》，下列说法正确的是？

A. 内地继承案件生效判决可依据本安排在香港进行认可和执行

B. 有关商业秘密侵权纠纷案件判决的相互认可和执行，包括金钱判项（含惩罚性赔偿）、非金钱判项

C. 依据原审法院地法律，被申请人未经合法传唤，或者虽经合法传唤但未获得合理的陈述、辩论机会的，应当不予认可和执行

D. 被申请人提供证据证明在原审法院进行的诉讼违反了当事人订立的有效仲裁协议或者管辖协议的，被请求方法院审查核实后，可以不予认可和执行

【解析】根据《最高人民法院关于内地与香港特别行政区法院相互认可和执行民商事案件判决的安排》第 3 条，本安排暂不适用于就继承案件、遗产管理或者分配的案件作出的判决，A 项错误。第 17 条第 2 款规定："有关商业秘密侵权纠纷案件判决的相互认可和执行，包括金钱判项（含惩罚性赔偿）、非金钱判项。"B 项正确。该安排第 12 条第 1 款规定："依据原审法院地法律，被申请人未经合法传唤，或者虽经合法传唤但未获得合理的陈述、辩论机会的"，应当不予认可和执行，C 项正确。该安排第 13 条规定："申请认可和执行的判决，被申请人提供证据证明在原审法院进行的诉讼违反了当事人就同一争议订立的有效仲裁协议或者管辖协议的，被请求方法院审查核实后，可以不予认可和执行。"D 项正确。

【答案】BCD

5. 台湾华美公司因合同问题与大陆润和公司发生纠纷，华美公司起诉至台湾某法院并获得胜诉判决，现华美公司欲将该判决向大陆某法院申请认可和执行。根据《最高人民法院关于认可和执行台湾地区法院民事判决的规定》，下列说法正确的是？

A. 华美公司未申请认可而直接申请执行的，人民法院可仅受理其执行申请

B. 华美公司可向润和公司财产所在地中级法院申请认可

C. 案件系人民法院专属管辖的，法院裁定不予认可

D. 如润和公司已就该纠纷向人民法院起诉，华美公司向人民法院申请认可的，对于华美公司认可的申请可以受理

【解析】《最高人民法院关于认可和执行台湾地区法院民事判决的规定》第 3 条规定："申请人同时提出认可和执行台湾地区法院民事判决申请的，人民法院先按照认可程序进行审查，裁定认可后，由人民法院执行机构执行。申请人直接申请执行的，人民法院应当告知其一并提交认可申请；坚持不申请认可的，裁定

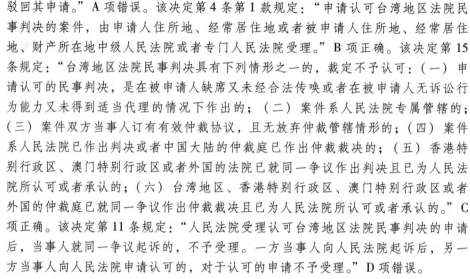

驳回其申请。"A项错误。该决定第4条第1款规定："申请认可台湾地区法院民事判决的案件，由申请人住所地、经常居住地或者被申请人住所地、经常居住地、财产所在地中级人民法院或者专门人民法院受理。"B项正确。该决定第15条规定："台湾地区法院民事判决具有下列情形之一的，裁定不予认可：（一）申请认可的民事判决，是在被申请人缺席又未经合法传唤或者在被申请人无诉讼行为能力又未得到适当代理的情况下作出的；（二）案件系人民法院专属管辖的；（三）案件双方当事人订有有效仲裁协议，且无放弃仲裁管辖情形的；（四）案件系人民法院已作出判决或者中国大陆的仲裁庭已作出仲裁裁决的；（五）香港特别行政区、澳门特别行政区或者外国的法院已就同一争议作出判决且已为人民法院所认可或者承认的；（六）台湾地区、香港特别行政区、澳门特别行政区或者外国的仲裁庭已就同一争议作出仲裁裁决且已为人民法院所认可或者承认的。"C项正确。该决定第11条规定："人民法院受理认可台湾地区法院民事判决的申请后，当事人就同一争议起诉的，不予受理。一方当事人向人民法院起诉后，另一方当事人向人民法院申请认可的，对于认可的申请不予受理。"D项错误。

【答案】BC

（四）内地与港澳台之间仲裁裁决的认可与执行

1. 澳门甲公司与内地乙公司的合同争议由内地一仲裁机构审理，甲公司最终胜诉。乙公司在广东、上海和澳门均有财产。基于这些事实，下列哪些选项是正确的？（2010/1/82，多选）

A. 甲公司可分别向广东和上海有管辖权的法院申请执行

B. 只有国务院港澳办提供的名单内的仲裁机构作出的裁决才能被澳门法院认可与执行

C. 甲公司分别向内地和澳门法院申请执行的，内地法院应先行执行清偿

D. 两地法院执行财产总额不得超过依裁决和法律规定所确定的数额

【解析】最高院《关于内地与澳门特别行政区相互认可和执行仲裁裁决的安排》第2条第1、2款规定："在内地或者澳门特别行政区作出的仲裁裁决，一方当事人不履行的，另一方当事人可以向被申请人住所地、经常居住地或者财产所在地的有关法院申请认可和执行。内地有权受理认可和执行仲裁裁决申请的法院为中级人民法院。两个或者两个以上中级人民法院均有管辖权的，当事人应当选择向其中一个中级人民法院提出申请。"本题中，当甲公司向内地申请认可和执行仲裁裁决时，乙公司财产所在地的广东和上海的中级人民法院均有管辖权，甲公司应当选择向其中一个中级人民法院提出申请，而不能分别向它们提出，A项错误。

该安排第1条第1款规定："内地人民法院认可和执行澳门特别行政区仲裁机构及仲裁员按照澳门特别行政区仲裁法规在澳门作出的民商事仲裁裁决，澳门特别行政区法院认可和执行内地仲裁机构依据《中华人民共和国仲裁法》在内地作出的民商事仲裁裁决，适用本安排。"可见，只要是内地仲裁机构根据《中华人民共和国仲裁法》在内地作出的民商事仲裁裁决，即可依该安排被澳门法院认可与执行，并没有"国务院港澳办提供的名单"的限制，B项错误。

该安排第3条规定："被申请人的住所地、经常居住地或者财产所在地分别在内地和澳门特别行政区的，申请人可以向一地法院提出认可和执行申请，也可

以分别向两地法院提出申请。当事人分别向两地法院提出申请的，两地法院都应当依法进行审查。予以认可的，采取查封、扣押或者冻结被执行人财产等执行措施。仲裁地法院应当先进行执行清偿；另一地法院在收到仲裁地法院关于经执行债权未获清偿情况的证明后，可以对申请人未获清偿的部分进行执行清偿。两地法院执行财产的总额，不得超过依据裁决和法律规定所确定的数额。"本题中，仲裁地在内地，当甲公司分别向内地和澳门法院申请执行时，内地法院应先进行执行清偿，同时，两地法院执行财产总额不得超过依裁决和法律规定所确定的数额，C、D正确。

【答案】CD

2. 上海甲公司作为卖方和澳门乙公司订立了一项钢材购销合同，约定有关合同的争议在中国内地仲裁。乙公司在内地和澳门均有营业机构。双方发生争议后，仲裁庭裁决乙公司对甲公司进行赔偿。乙公司未在规定的期限内履行仲裁裁决。关于甲公司对此采取的做法，下列哪些选项是正确的？（2008/1/81，多选）

A. 向内地有管辖权的中级人民法院申请执行该仲裁裁决

B. 向澳门特别行政区中级法院申请执行该仲裁裁决

C. 分别向内地有管辖权的中级人民法院和澳门特别行政区中级法院申请执行仲裁裁决

D. 向澳门特别行政区初级法院申请执行该仲裁裁决

【解析】最高院《关于内地与澳门特别行政区相互认可和执行仲裁裁决的安排》第2条规定："在内地或者澳门特别行政区作出的仲裁裁决，一方当事人不履行的，另一方当事人可以向被申请人住所地、经常居住地或者财产所在地的有关法院申请认可和执行。内地有权受理认可和执行仲裁裁决申请的法院为中级人民法院。两个或者两个以上中级人民法院均有管辖权的，当事人应当选择向其中一个中级人民法院提出申请。澳门特别行政区有权受理认可仲裁裁决申请的法院为中级法院，有权执行的法院为初级法院。"A、B正确，D项错误。该安排第3条第1款规定："被申请人的住所地、经常居住地或者财产所在地分别在内地和澳门特别行政区的，申请人可以向一地法院提出认可和执行申请，也可以分别向两地法院提出申请。"C项正确。

【答案】ABC

3. 根据最高院《关于认可和执行台湾地区仲裁裁决的规定》，下列说法正确的是？

A. 申请人申请认可台湾地区仲裁裁决，应当提供相关证明文件，以证明该仲裁裁决的真实性

B. 一方当事人向人民法院申请认可或者执行台湾地区仲裁裁决，另一方当事人向台湾地区法院起诉撤销该仲裁裁决，被申请人申请中止执行，人民法院应当中止执行程序

C. 台湾地区法院撤销该仲裁裁决的，人民法院应当裁定不予认可或者裁定终结执行

D. 人民法院决定不予认可或者驳回申请的，应当在作出决定前按有关规定自立案之日起2个月内上报最高人民法院

【解析】2015年最高院《关于认可和执行台湾地区仲裁裁决的规定》第9条

大咖点拨区

扫码听课

扫码听课

第1款规定:"申请人申请认可台湾地区仲裁裁决,应当提供相关证明文件,以证明该仲裁裁决的真实性。"A项正确。该规定第17条第1款规定:"一方当事人向人民法院申请认可或者执行台湾地区仲裁裁决,另一方当事人向台湾地区法院起诉撤销该仲裁裁决,被申请人申请中止认可或者执行并且提供充分担保的,人民法院应当中止认可或者执行程序。"可见,被申请人申请中止执行,且提供充分担保的,法院才中止执行程序,B项错误。该规定第17条第3款规定:"台湾地区法院撤销该仲裁裁决的,人民法院应当裁定不予认可或者裁定终结执行;台湾地区法院驳回撤销仲裁裁决请求的,人民法院应当恢复认可或者执行程序。"C项正确。该规定第13条第1款规定:"人民法院应当尽快审查认可台湾地区仲裁裁决的申请,决定予以认可的,应当在立案之日起两个月内作出裁定;决定不予认可或者驳回申请的,应当在作出决定前按有关规定自立案之日起2个月内上报最高人民法院。"D项正确。

【答案】ACD

4. 根据2019年《关于内地与香港特别行政区法院就仲裁程序相互协助保全的安排》,下列说法正确的是?

A. 香港仲裁程序的当事人,在仲裁裁决作出前,可向被申请人住所地、财产所在地或者证据所在地的内地中级人民法院申请保全

B. 本安排所称"保全",在内地仅指财产保全和证据保全

C. 香港仲裁机构受理仲裁申请后,当事人可直接向内地法院提交保全申请

D. 有关诉讼收费问题,以及当事人对被请求方法院的裁定或者命令不服的,按被请求方法律规定处理

【解析】《关于内地与香港特别行政区法院就仲裁程序相互协助保全的安排》第3条第1款规定:"香港仲裁程序的当事人,在仲裁裁决作出前,可以参照《中华人民共和国民事诉讼法》《中华人民共和国仲裁法》以及相关司法解释的规定,向被申请人住所地、财产所在地或者证据所在地的内地中级人民法院申请保全。被申请人住所地、财产所在地或者证据所在地在不同人民法院辖区的,应当选择向其中一个人民法院提出申请,不得分别向两个或者两个以上人民法院提出申请。"A项正确。根据该安排第1条,"本安排所称'保全',在内地包括财产保全、证据保全、行为保全",B项错误。该安排第3条第2款规定:"当事人在有关机构或者常设办事处受理仲裁申请后提出保全申请的,应当由该机构或者常设办事处转递其申请。"据此,香港仲裁机构受理仲裁申请后,应由该仲裁机构转递当事人的保全申请,当事人不能直接向内地法院提交保全申请,C项错误。该安排第9条规定:"当事人对被请求方法院的裁定或者命令等不服的,按被请求方相关法律规定处理。"该安排第10条规定:"当事人申请保全的,应当依据被请求方有关诉讼收费的法律和规定交纳费用。"D项正确。

【答案】AD

国际经济法

第一章　国际货物买卖

考点一　国际贸易术语

1. 中国甲公司（买方）从 A 国乙公司（卖方）签订 FCA 合同进口货物，货物采用陆海联运，双方在合同中约定中国甲公司应通知海运承运人向 A 国乙公司签发已装船提单，货款以信用证方式支付。货物在海运途中因强热带风暴湿损，依据《2020 年国际贸易术语解释通则》和《1980 年联合国国际货物销售合同公约》，下列选项正确的是？（2020 网络回忆版）

A. 货物风险自货交第一承运人时转移

B. 因海运承运人在货物装船后向 A 国乙公司签发了已装船提单，故 A 国乙公司应承担海运中的损失

C. 应由 A 国乙公司负责投保货物运输险

D. 中国甲公司可以 A 国乙公司交付的货物质量不符合同约定，要求银行拒付货款

【解析】FCA 术语下，卖方在指定地点将货物交给买方指定的承运人，即完成交货和风险转移。该术语下，货物的风险在交货时转移，A 项正确。

FCA 术语下，货物装船后，风险已由卖方转移给买方，此后的风险应由买方中国甲公司承担，B 项错误。

《国际贸易术语解释通则》并未规定 FCA 术语下哪一方承担保险义务，但因运输途中的风险由买方承担，故实践中，买方为自己的利益应办理保险，C 项错误。

在信用证下，银行仅审查单据，对买卖双方履行合同的状况概不负责，买方不能以卖方交付的货物与合同不符为由要求银行拒付，D 项错误。

【答案】A

2. 中国 A 公司从甲国埃拉公司以 DPU 术语进口一批货物，信用证方式付款，依据《2020 年国际贸易术语解释通则》和《1980 年联合国国际货物销售合同公约》，下列哪些判断是正确的？（2020 网络回忆版）

A. 埃拉公司有义务为中国 A 公司投保货物运输险

B. 埃拉公司应在"运输终端"完成交货

C. 埃拉公司应承担运输中的风险

D. 中国 A 公司应在发现或理应发现货物存在质量问题后的一段合理时间通

知埃拉公司

【解析】《国际贸易术语解释通则》只规定了 CIF、CIP 术语下卖方承担保险义务，其余术语下并未规定哪一方负责保险，A 项错误。

2010 年通则中，DAT（Delivered at Terminal，运输终端交货）术语下要在"运输终端"交货；2020 年通则将 DAT 更名为 DPU（Delivered at Place Unloaded，卸货地交货），强调交货地点可以是任何地点，而不仅是"运输终端"。B 项错误。

在 DPU 术语下，交货时风险转移，卖方承担交货完成前货物毁损灭失的风险，货物在运输中，此时风险还未转移，C 项正确。

《国际货物销售合同公约》第 39 条第 1 款规定："买方对货物不符合同，必须在发现或理应发现不符情形后一段合理时间内通知卖方，说明不符合同情形的性质，否则就丧失声称货物不符合同的权利。"D 项正确。

【答案】CD

3. 法国甲公司与中国乙公司签订 FOB 合同出口红葡萄酒，因法国甲公司的酒庄到装运港有一段陆地需要陆路运输，现买卖双方发生纠纷诉至我国法院。根据《2010 国际贸易术语解释通则》，下列哪一判断是正确的？（2019 网络回忆版）

A. 中国乙公司应承担包括陆路运输在内的所有运输工作

B. 法国甲公司将货物交给陆路运输的第一承运人即完成了交货

C. 法国甲公司在装运港将货物装上指定船舶即完成了交货

D. 法国甲公司应负责安排从酒庄到目的港的运输

【解析】在 FOB 术语下，买方负责运输，但其负责的是货物在装运港装上船之后的运输，此前的运输应由卖方负责。本题中，酒庄到装运港的陆路运输应由卖方甲公司负责，装运港装上船之后的运输由买方乙公司负责，A、D 错误。

在 FOB 术语下，卖方在装运港将货物装上买方指定的船时完成交货，C 项正确，B 项错误。

【答案】C

4. 营业地位于不同国家的甲乙两公司签订了货物买卖合同，约定使用 FCA 术语为交货条件。关于该术语以下说法错误的有：（2018 网络回忆版）

A. 该术语可以适用于任何的运输方式包括多式联运

B. 该术语只能适用于海运运输合同

C. 该术语要求卖方将货物交给第一承运人时完成交货义务

D. 承运人收到货物时，货物的风险由卖方转移给买方

【解析】FCA（货交承运人），指卖方在指定地点将货物交给买方指定的承运人，即完成交货和风险转移。FCA 术语适用于所有运输方式，A 项正确，B 项错误。

该术语下，卖方应在指定地点将货物交给买方指定的承运人，C 项正确。

该术语下，货物的风险在交货时转移，买方承担交货以后的风险，D 项正确。

【答案】B

5. A 公司和 B 公司于 2011 年 5 月 20 日签订合同，由 A 公司将一批平板电脑售卖给 B 公司。A 公司和 B 公司营业地分别位于甲国和乙国，两国均为《联合国国际货物销售合同公约》缔约国。合同项下的货物由丙国 C 公司的"潇湘"号商

扫码听课

扫码听课

扫码听课

船承运，装运港是甲国某港口，目的港是乙国某港口。在运输途中，B公司与中国D公司就货物转卖达成协议。在贸易术语适用上，A、B公司在双方的买卖合同中仅约定适用FOB术语。对此，下列选项正确的是？（2011/1/99，不定项）

A. 该合同应当适用2010年《国际贸易术语解释通则》

B. 货物的风险应自货交C公司时由A公司转移给B公司

C. B公司必须自付费用订立从指定装运港运输货物的合同

D. 因当事人选择了贸易术语，故不再适用《联合国国际货物买卖公约》

【解析】2000年通则与2010年通则两个版本并存，选用哪个版本必须由当事人约定，并非一定适用2010年通则，A项错误。对于FOB术语，2000年通则规定货物在装运港越过船舷时风险转移，2010年通则将风险转移时间改为货物装上船时，无论依哪个通则，B项表述均为错误。FOB术语下，买方负责运输，C项正确。双方选择适用贸易术语，并不排除《国际货物销售合同公约》的适用，在贸易术语没有具体规定的方面仍可以适用公约，D项错误。

【答案】C

6. 甲国A公司（卖方）与中国B公司采用FOB价格条件订立了一份货物买卖合同，约定货物保质期为交货后一年。B公司投保了平安险。货物在海运途中因天气恶劣部分损毁，另一部分完好交货，但在交货后半年左右出现质量问题。根据《联合国国际货物销售合同公约》和有关贸易惯例，下列哪一选项是正确的？（2010/1/42，单选）

A. A公司在陆地上将货物交给第一承运人时完成交货

B. 货物风险在装运港越过船舷时转移

C. 对交货后半年出现的货物质量问题，因风险已转移，A公司不承担责任

D. 对海运途中损毁的部分货物，应由保险公司负责赔偿

【解析】FOB术语下，交货地点为装运港船上，A项错误。根据2000年《国际贸易术语解释通则》，货物风险在装运港越过船舷时转移，B项正确（注意：本题为2010年真题，当年考试中2010年《国际贸易术语解释通则》还未被列入，故本题按2000年通则判断，如按2010年通则判断，货物风险在装运港装上船时转移）。货物的风险仅限于因自然原因、意外事故等所致的损坏或灭失的危险，如果货物的损坏或灭失是由于卖方违约所致，即使风险已经转移，买方仍然有权向卖方提出索赔。本题中，合同约定了货物保质期为交货后一年，对于交货后半年出现的质量问题，虽然风险已经转移，卖方仍应承担质量担保责任，C项错误。在平安险下，保险公司承保被保险货物在运输途中由于自然灾害造成的全损，单纯由于自然灾害造成的部分损失不属于其承保范围，D项错误。

【答案】B

7. 甲国公司（卖方）与乙国公司订立了国际货物买卖合同，FOB价格条件，采用海上运输方式。甲乙两国均为《联合国国际货物销售合同公约》（简称《公约》）缔约国，下列哪一选项是正确的？（2009/1/40，单选）

A. 货物的风险应自货物交第一承运人时转移

B. 因当事人已选择了贸易术语，《公约》整体不再适用该合同

C. 甲国公司应在装运港于约定日期或期限内将货物交至船上

D. 甲国公司在订立运输合同并装船后应及时通知乙国公司办理保险

【解析】对于FOB术语，依据2000年《国际贸易术语解释通则》，货物的风险在装运港越过船舷时转移；依据2010年《国际贸易术语解释通则》，货物的风险在装运港装上船时转移。本题并未说明依据哪一版本的贸易术语解释通则判断，但无论依据哪一通则，A项均为错误。贸易术语和《国际货物销售合同公约》在内容上是相互补充的，如果合同中已选择适用贸易术语，不能认为排除了《公约》的适用，B项错误。FOB也叫"船上交货"，卖方须在指定日期或期限内，在指定的装运港，将货物交至买方指定的船上，C项正确。在FOB术语下，买方负责订立运输合同，本题中买方为乙国公司，D项错误。

【答案】C

8. 根据2000年版《国际贸易术语解释通则》的规定，关于FOB贸易术语，下列哪一选项是正确的？（2008/1/41，单选）

A. 卖方应当在目的港交货

B. 卖方应当自费取得货物保险

C. 卖方无义务自费订立运输合同

D. 该贸易术语适用于各种运输方式

【解析】FOB术语下，卖方必须在买方指定的装运港将货物交至买方指定的船上，这里的交货地点为装运港船上，而非目的港，A项错误。FOB术语下，卖方无须负责保险，B项错误。FOB术语下，买方负责运输，有义务订立运输合同，卖方无须负责运输，C项正确。根据2000年通则，FOB术语仅适用于海运或内河运输，D项错误。

【答案】C

9. 甲公司（卖方）与乙公司（买方）订立国际货物买卖合同，采用"FOB纽约"贸易术语。根据2010年通则，下列何种表述是正确的？

A. 货物的目的港在纽约港

B. 甲公司将货物交至船上，乙公司负责订立运输合同

C. 货物在装运港越过船舷，风险即转移给买方

D. 出口清关手续由乙公司负责

【解析】FOB后面所跟地点为装运港，故货物的装运港在纽约港，A项错误。在FOB术语下，卖方将货物交至船上，买方订立运输合同，B项正确。根据2010年通则，在FOB术语下，货物的风险在装运港装上船时转移，C项错误。FOB术语下，出口清关手续应由卖方负责，本题中，出口清关手续应由甲公司负责，D项错误。

【答案】B

10. 甲国A公司向乙国B公司出口一批货物，双方约定适用2010年《国际贸易术语解释通则》中CIF术语。该批货物由丙国C公司"乐安"号商船承运，运输途中船舶搁浅，为起浮抛弃了部分货物。船舶起浮后继续航行中又因恶劣天气，部分货物被海浪打入海中。到目的港后发现还有部分货物因固有缺陷而损失。关于CIF贸易术语的适用，下列选项正确的是：（2012/1/99，不定项）

A. 货物的风险在装运港完成交货时由A公司转移给B公司

B. 货物的风险在装运港越过船舷时由A公司转移给B公司

C. 应由A公司负责海运运输

D. 应由 A 公司购买货物海运保险

【解析】根据 2010 年通则，在 CIF 术语下，货物的风险在在装运港完成交货时由卖方转移给买方，A 项正确，B 项错误。CIF 术语下，货物自装运港到目的港的运费、保险费由卖方负责，C、D 正确。

【答案】ACD

11. 中国甲公司与法国乙公司签订了一份电视机买卖合同，由甲公司向乙公司出售液晶电视机 500 台，中国与法国都是《联合国国际货物销售合同公约》缔约国，合同采用 CIF 术语（Incoterms2010）。对于该合同，下列表述中正确的是？

A. 甲公司应负责取得 500 台液晶电视机的出口许可证，并办理货物出口的海关手续

B. 应由甲公司订立运输合同

C. 乙公司承担自装运港装上船之后的一切风险

D. 甲乙两公司必须严格适用公约，不能作任何改变或减损

【解析】在 CIF 术语下，卖方负责办理出口许可证及其他出口手续，A 项正确。在 CIF 术语下，卖方负责订立运输合同，B 项正确。根据 2010 年通则，在 CIF 术语下，货物风险在装运港货物装上船时转移，买方承担自装运港装上船之后的一切风险，C 项正确。《联合国国际货物销售合同公约》第 6 条规定："双方当事人可以不适用本公约，或在第 12 条的条件下，减损本公约的任何规定或改变其效力。"D 项错误。

【答案】ABC

12. 中国甲公司向加拿大乙公司出口一批农产品，CFR 价格条件。货装船后，乙公司因始终未收到甲公司的通知，未办理保险。部分货物在途中因海上风暴毁损。根据相关规则，下列哪一选项是正确的？（2014/1/41，单选）

A. 甲公司在装船后未给乙公司以充分的通知，造成乙公司漏保，因此损失应由甲公司承担

B. 该批农产品的风险在装港船舷转移给乙公司

C. 乙公司有办理保险的义务，因此损失应由乙公司承担

D. 海上风暴属不可抗力，乙公司只能自行承担损失

【解析】在 CFR 术语中，卖方装船，买方投保，因此，卖方在装船后应给买方以充分的通知；否则，由此造成买方漏保引起的货物损失应由卖方承担，A 项正确，C、D 错误。

关于 CFR 术语的风险转移，不同版本的贸易术语解释通则不尽相同：2000 年通则规定装运港船舷为界，2010 年和 2020 年通则规定货物在装运港被装上船时风险转移。本题并未说明适用哪个版本的通则，不能一概而论风险在装港船舷转移，B 项错误。

【答案】A

13. 2020 年 1 月 1 日起，新修订的 2020 年《国际贸易术语解释通则》正式生效，以下关于该通则的说法中，正确的是？

A. FCA 术语下，买卖双方可以约定，买方指定的承运人在装货开始后将向卖方签发已装船提单，然后由卖方做出交单

B. CIP 术语下，如果双方没有特别约定，卖方只需投保最低险别"平安险"

C. 在 FCA 和 DAP、DPU、DDP 术语下，卖方或买方可以使用自有运输工具安排运输

D. 在运输义务和费用中加入与安全有关的要求

【解析】FCA（货交承运人），指卖方在指定地点将货物交给买方指定的承运人，即完成交货和风险转移。该术语下，卖方把货物交给买方指定的承运人即完成交货义务（尚未装船），难以从承运人获得已装船提单。2020 年通则就提单问题引入新的附加选项，规定买卖双方可以约定，买方指定的承运人在装货开始后将向卖方签发已装船提单，A 项正确。2010 年通则中，CIF 和 CIP 术语下，如果双方没有特别约定，卖方只需投保最低级别的海上货物运输保险即"平安险"；而 2020 年通则中，CIP 术语下的保险级别提高到"一切险"。B 项错误。对于 FCA 和 DAP、DPU、DDP 术语，2010 年通则并未考虑交易双方自行运输的情形，而是推定使用第三方承运人进行运输；2020 年通则规定，在上述术语下买卖双方可以使用自有运输工具。C 项正确。2020 年通则中，每个术语下都规定了安保义务的分配规则，并明确了履行相关义务的费用承担问题，将安保费用纳入运输费用，即谁负责运输谁承担运输中的安保费用，D 项正确。

【答案】ACD

考点二　《联合国国际货物销售合同公约》

（一）公约的适用范围

1. 中国甲公司与法国乙公司商谈进口特种钢材，乙公司提供了买卖该种钢材的格式合同，两国均为 1980 年《联合国国际货物销售合同公约》缔约国。根据相关规则，下列哪一选项是正确的？（2014/1/40，单选）

A. 因两国均为公约缔约国，双方不能在合同中再选择适用其他法律

B. 格式合同为该领域的习惯法，对双方具有约束力

C. 双方可对格式合同的内容进行修改和补充

D. 如双方在合同中选择了贸易术语，则不再适用公约

【解析】根据《国际货物销售合同公约》第 6 条，公约的适用具有任意性，双方当事人可以通过选择其他法律而排除公约的适用，也可以在合同中约定部分地适用公约或对公约内容进行修改，A 项错误。格式合同并不是合同，它只是根据合同应具备的基本内容所拟定的详细而固定的条文，印成固定的格式。从性质上讲，格式合同既不是法律，在双方签字以前也不是真正的合同，它只是一方给另一方提供的建议性的文本，在当事人签字前不具有约束力，B 项错误。经双方当事人协商，可以对格式合同中的内容进行修改、删节或补充，只有经过双方当事人同意，填写了空白项目并签字后，格式合同才能成为双方之间的有效合同，C 项正确。贸易术语和公约在内容上是相互补充的，当事人在合同中选择适用某一贸易术语，不能认为排除了公约的适用，D 项错误。

【答案】C

2. 以下关于《国际货物销售合同公约》的说法正确的是？

A. 该公约只适用于营业地位于不同缔约国的当事人订立的货物销售合同

扫码听课

扫码听课

B. 公约不适用于船舶、气垫船或飞机的销售

C. 公约不涉及货物引起的人身伤亡责任

D. 当事人可通过选择其他国家法律来排除公约的适用

【解析】公约适用于两种情形：（1）营业地位于不同缔约国的当事人订立的货物销售合同；（2）如果依据国际私法规则导致适用某一缔约国法律，即使双方或一方营业地不在缔约国，仍适用公约。A项错误。公约不适用于下列六种销售：（1）购买供私人、家人或家庭使用的货物的销售；（2）经由拍卖的销售；（3）根据法律执行令状或其他令状的销售；（4）公债、股票、投资证券、流通票据或货币的销售；（5）船舶、船只、气垫船或飞机的销售；（6）电力的销售。B项正确。对于以下问题，公约不涉及：（1）有关销售合同的效力或惯例的效力；（2）所有权转移问题；（3）货物引起的人身伤亡责任。C项正确。从性质上讲，公约属于任意法，当事人可通过选择其他国家法律来排除公约的适用，D项正确。

【答案】BCD

（二）要约与承诺

1. 2008年8月11日，中国甲公司接到法国乙公司出售某种设备的发盘，有效期至9月1日。甲公司于8月12日电复："如能将每件设备价格降低50美元，即可接受"。对此，乙公司没有答复。甲公司于8月29日再次致电乙公司表示接受其8月11日发盘中包括价格在内的全部条件。根据1980年《联合国国际货物销售合同公约》，下列哪一选项是正确的？（2008/1/42，单选）

A. 乙公司的沉默表明其已接受甲公司的降价要求

B. 甲公司8月29日的去电为承诺，因此合同已成立

C. 甲公司8月29日的去电是迟到的承诺，因此合同没有成立

D. 甲公司8月29日的去电是新要约，此时合同还没有成立

【解析】《国际货物销售合同公约》第19条规定："有关货物价格、付款、货物质量和数量、交货地点和时间、一方当事人对另一方当事人的赔偿责任范围或解决争端等的添加或不同条件，均视为在实质上变更要约的条件。"本题中，甲公司8月12日回电中对原要约的价格做了变更，属于对要约的实质性变更，应视为对要约的拒绝，并构成一项新的要约，原要约失效。公约第18条第1款规定："受要约人声明或做出其他行为表示同意一项要约，即是接受，缄默或不行动本身不等于接受。"对此项新要约，乙公司没有答复，说明该要约未被接受，A项错误；甲公司8月29日的去电再次构成新的要约，此时合同未成立，D项正确，B、C错误。

【答案】D

2. 2019年7月20日，澳门甲公司给大连乙公司发出要约称："龙虾饲料数量100吨，单价CIF大连980美元，总值98000美元，合同订立后三个月装船，不可撤销即期信用证付款，请电复"。大连乙公司还盘："接受你方发盘，在订立合同后立即装船"。对此澳门甲公司没有回复，也一直没有装船。大连乙公司认为澳门甲公司违约。在此情形下，下列选项哪个是正确的？

A. 甲公司应于订立合同后立即装船

B. 甲公司应于订立合同后三个月装船

C. 甲公司一直未装船是违约行为

D. 该合同没有成立

【解析】根据《国际货物销售合同公约》的规定，对要约表示承诺但载有添加、限制或其他更改，应视为拒绝该项要约，并构成反要约。凡在承诺中对下列事项有所添加或变更者，均视为在实际上变更了要约：（1）货物价格；（2）付款；（3）货物质量和数量；（4）交货地点和时间；（5）当事人的赔偿责任范围；（6）解决争端。本题中，大连乙公司在还盘时对交货时间进行了变更，应视为在实际上变更了要约，故合同未成立，A、B、C错误，D项正确。

【答案】D

（三）买卖双方的义务

1. 中国甲公司与非洲A国乙公司签订CIF合同出口一批瓷器，信用证方式支付，货物运到A国时遭遇A国内乱，部分货物毁损。中国和A国都是《1980年联合国国际销售合同公约》的成员国，下列哪项判断是正确的？（2019网络回忆版）

A. 乙公司无须支付毁损部分货物货款

B. 乙国有理由相信在A国这种环境下，甲公司投保了一切险和战争险

C. 在没有特殊约定情况下，甲公司应投保平安险

D. 在乙公司没有机会验货的情况下，可以不付款

【解析】在CIF术语下，货物毁损灭失的风险在装运港装上船时转移，本题中，货物运到A国时遭遇风险，此时风险已经转移至买方。《国际货物销售合同公约》第66条规定："货物在风险移转到买方承担后遗失或损坏，买方支付价款的义务并不因此解除，除非这种遗失或损坏是由于卖方的行为或不行为所造成。"A项错误。

在CIF术语下，卖方负责投保，如双方没有特别约定，卖方只需投保最低一级险别平安险，C项正确，B项错误。

公约第58条第3款规定："买方在未有机会检验货物前，无义务支付价款，除非这种机会与双方当事人议定的交货或支付程序相抵触。"可见，通常情况下，买方有权先检验再付款；但如果此种做法与交货或支付程序相抵触，则买方应先付款再检验。在信用证流程下，买方须先向银行付款赎单，拿到单据后才能从承运人处提取货物，然后验货。在此种支付程序中，买方只能先付款再检验，D项错误。

【答案】C

2. 中国甲公司与法国乙公司签订了向中国进口服装的合同，价格条件CIF。货到目的港时，甲公司发现有两箱货物因包装不当途中受损，因此拒收，该货物在目的港码头又被雨淋受损。依1980年《联合国国际货物销售合同公约》及相关规则，下列哪一选项是正确的？（2015/1/40，单选）

A. 因本合同已选择了CIF贸易术语，则不再适用《公约》

B. 在CIF条件下应由法国乙公司办理投保，故乙公司也应承担运输途中的风险

C. 因甲公司拒收货物，乙公司应承担货物在目的港码头雨淋造成的损失

D. 乙公司应承担因包装不当造成的货物损失

【解析】贸易术语和《公约》在内容上是相互补充的，如果合同中已选择适

扫码听课

扫码听课

用贸易术语，不能认为排除了《公约》的适用，A 项错误。CIF 术语下，货物的风险在卖方在装运港完成交货时，由卖方转移给买方，因此，运输途中的风险因其已转移至买方，应由买方中国甲公司承担，B 项错误。根据《公约》第 60 条，买方有义务接收货物，即使货物在目的港经检验与合同不符，买方也应接收货物，而不得拒收；同时，根据《公约》第 69 条，如果买方不在适当时间内接收货物，则从货物交给他处置但他不收取货物从而违反合同时起，风险移转到买方承担。C 项错误。根据《公约》第 35 条，卖方应按合同所规定的方式装箱或包装；如合同未作规定，则应按照同类货物通用的方式装箱或包装，如果没有此种通用方式，则按照足以保全和保护货物的方式装箱或包装。对因包装不当造成的货损应由卖方承担，D 项正确。

【答案】D

3. 某国甲公司向中国乙公司出售一批设备，约定贸易术语为"FOB（Incoterms 2010）"，后设备运至中国。依《国际贸易术语解释通则》和《联合国国际货物销售合同公约》，下列哪一选项是正确的？（2013/1/40，单选）

A. 甲公司负责签订货物运输合同并支付运费

B. 甲、乙公司的风险承担以货物在装运港越过船舷为界

C. 如该批设备因未按照同类货物通用方式包装造成损失，应由甲公司承担责任

D. 如该批设备侵犯了第三方在中国的专利权，甲公司对乙公司不承担责任

【解析】FOB 术语下，买方负责安排运输，本题中，买方为中国乙公司，A 项错误。根据 2010 年通则，FOB 术语下，货物在装运港被装上船时风险转移，B 项错误。根据《国际货物销售合同公约》第 35 条，如合同没有对包装作出明确规定，卖方应按照同类货物通用的方式包装，如果没有此种通用方式，则按照足以保全和保护货物的方式包装。如因卖方包装不符而造成货损，卖方应承担责任，C 项正确。根据该公约第 42 条，卖方对第三方依据买方营业地所在国的法律提出的有关知识产权的权利或要求，应对买方承担责任。本题中，买方营业地所在国为中国，D 项错误。

【答案】C

4. 甲公司从国外进口一批货物，根据《联合国国际货物销售合同公约》，关于货物检验和交货不符合同约定的问题，下列说法正确的是：（2013/1/99，不定项）

A. 甲公司有权依自己习惯的时间安排货物的检验

B. 如甲公司须再发运货物，没有合理机会在货到后加以检验，而卖方在订立合同时已知道再发运的安排，则检验可推迟到货物到达新目的地后进行

C. 甲公司在任何时间发现货物不符合同均可要求卖方赔偿

D. 货物不符合同情形在风险转移时已经存在，在风险转移后才显现的，卖方应当承担责任

【解析】《国际货物销售合同公约》第 38 条第 1 款规定："买方必须在按情况实际可行的最短时间内检验货物或由他人检验货物。"A 项错误。该条第 3 款规定："如果货物在运输途中改运或买方须再发运货物，没有合理机会加以检验，而卖方在订立合同时已知道或理应知道这种改运或再发运的可能性，检验可推迟

到货物到达新目的地后进行。"B项正确。公约第39条规定:"(1)买方对货物不符合同,必须在发现或理应发现不符情形后一段合理时间内通知卖方,说明不符合同情形的性质,否则就丧失声称货物不符合同的权利;(2)无论如何,如果买方不在实际收到货物之日起两年内将货物不符合同情形通知卖方,他就丧失声称货物不符合同的权利,除非这一时限与合同规定的保证期限不符。"可见,买方要求卖方赔偿具有时间限制,C项错误。公约第36条第1款规定:"卖方应按照合同和本公约的规定,对风险移转到买方时所存在的任何不符合同情形,负有责任,即使这种不符合同情形在该时间后方始明显。"D项正确。

【答案】BD

5. A公司和B公司于2011年5月20日签订合同,由A公司将一批平板电脑售卖给B公司。A公司和B公司营业地分别位于甲国和乙国,两国均为《联合国国际货物销售合同公约》缔约国。合同项下的货物由丙国C公司的"潇湘"号商船承运,装运港是甲国某港口,目的港是乙国某港口。在运输途中,B公司与中国D公司就货物转卖达成协议。如货物运抵乙国后,乙国的E公司指控该批平板电脑侵犯其在乙国取得的专利权,致使货物遭乙国海关扣押,B公司向A公司索赔。在下列选项中,A公司无须承担责任的情形是?(2011/1/100,不定项)

A. A公司在订立合同时不知道这批货物可能依乙国法属侵权

B. B公司在订立合同时知道这批货物存在第三者权利

C. A公司是遵照B公司提供的技术图样和款式进行生产的

D. B公司在订立合同后知道这批货物侵权但未在合理时间内及时通知A公司

【解析】《国际货物销售合同公约》第42条规定:"(1)卖方所交付的货物,必须是第三方不能根据工业产权或其他知识产权主张任何权利或要求的货物,但以卖方在订立合同时已知道或不可能不知道的权利或要求为限,而且这种权利或要求根据以下国家的法律规定是以工业产权或其他知识产权为基础的:(a)如果双方当事人在订立合同时预期货物将在某一国境内转售或做其他使用,则根据货物将在其境内转售或做其他使用的国家的法律;或者(b)在任何其他情况下,根据买方营业地所在国家的法律。(2)卖方在上一款中的义务不适用于以下情况:(a)买方在订立合同时已知道或不可能不知道此项权利或要求;或者(b)此项权利或要求的发生,是由于卖方要遵照买方所提供的技术图样、图案、款式或其他规格。"

据此,卖方所交付的货物,必须是第三方不能根据工业产权或其他知识产权主张任何权利或要求的货物。同时,公约对该义务规定了两种例外情形:(1)地域限制,卖方并不是对第三方依据任何一国的法律所提出的知识产权的权利或请求都要向买方承担责任,而只是在下列两种情况下才须向买方负责:第一,依据货物的预期转售地法律;第二,依据买方营业地所在国法律。(2)主观限制,在下列两种情况下,卖方的知识产权担保义务免除:第一,买方在订立合同时已知道或不可能不知道此项权利或要求;第二,此项权利或要求的发生,是由于卖方要遵照买方所提供的技术图样、图案、款式或其他规格。

乙国为买方营业地所在国,卖方应担保货物不能被依买方营业地所在国法律提出知识产权要求,A项错误。买方在订立合同时已知道此项权利,此项权利的发生是由于卖方要遵照买方所提供的技术图样和款式,这均属主观限制情形,卖方可以免责，B、C正确。根据公约第43条，当买方已知道或理应知道第三方的权利或要求后一段合理时间内，应将此项权利或要求通知卖方，否则，即丧失了要求卖方辩驳第三方的权利，卖方可以免责，D项正确。

【答案】BCD

6. 营业地在中国的甲公司向营业地在法国的乙公司出口一批货物。乙公司本拟向西班牙转卖该批货物，但却转售到意大利，且未通知甲公司。意大利丙公司指控该批货物侵犯其专利权。关于甲公司的权利担保责任，根据《联合国国际货物销售合同公约》规定，下列哪些选项是正确的？（2007/1/83，多选）

A. 甲公司应承担依意大利法提出的知识产权主张产生的赔偿责任

B. 甲公司应承担依法国法提出的知识产权主张产生的赔偿责任

C. 甲公司应担保在全球范围内该批货物不侵犯他人的知识产权

D. 甲公司的知识产权担保义务不适用于该批货物依乙公司提供的技术图样生产的情形

【解析】根据《国际货物销售合同公约》第42条，卖方所交付的货物，必须是第三方不能根据工业产权或其他知识产权主张任何权利或要求的货物。同时，公约对该义务规定了两种例外情形：（1）地域限制，卖方并不是对第三方依据任何一国的法律所提出的知识产权的权利或请求都要向买方承担责任，而只是在下列两种情况下才须向买方负责：第一，依据货物的预期转售地法律；第二，依据买方营业地所在国法律。（2）主观限制，在下列两种情况下，卖方的知识产权担保义务免除：第一，买方在订立合同时已知道或不可能不知道此项权利或要求；第二，此项权利或要求的发生，是由于卖方要遵照买方所提供的技术图样、图案、款式或其他规格。本题中，买方营业地所在国为法国，甲公司应承担依法国法提出的知识产权主张产生的赔偿责任，B项正确。货物预期转售地为西班牙，实际转售到意大利且未通知甲公司，对于依意大利法提出的知识产权主张产生的赔偿责任，甲公司无需承担责任，A项错误。卖方只需担保在货物的预期转售地或买方营业地所在国该批货物不侵犯他人的知识产权，并非全球范围，C项错误。如果侵权的发生是由于卖方要遵照买方所提供的技术图样，则卖方可以免责，此为主观限制之一，D项正确。

【答案】BD

7. 根据国际公约有关规定，在卖方有义务移交与货物有关的单据的情况下，关于卖方的此项义务，下列哪些选项是正确的？（2008/1/84，多选）

A. 卖方必须在规定的时间移交

B. 如卖方在规定的时间前移交，可以在该时间到达前纠正其中不符合同规定的情形

C. 卖方行使纠正单据的权利使买方承担不合理开支的，买方有权要求赔偿

D. 卖方在不使买方承担不合理开支的情况下，可以改变移交单据的地点和方式

【解析】在国际贸易中，单据对买方很重要，特别是在象征性交货的情况下，单据可能影响到买方是否能及时提取货物和转卖货物，也会影响到买方办理相关的海关手续。《国际货物销售合同公约》第34条规定："如果卖方有义务移交与货物有关的单据，他必须按照合同所规定的时间、地点和方式移交这些单据。"A

项正确。同时，根据该条，如果卖方在约定的时间以前已移交这些单据，则可在时间届满前纠正单据中任何不符合合同规定的情形，但是，此项权利的行使不得使买方遭受不合理的不便或承担不合理的开支。而且，买方可以保留公约规定的要求损害赔偿的权利。B、C正确。根据该条规定，卖方可以在规定的时间之前移交单据，但不可以改变移交单据的地点和方式，D项错误。

【答案】 ABC

8. 中国甲公司向美国乙公司出口一批运动器材，德国丙公司依据美国法律指控该批货物侵犯了其在美国登记注册的专利权，货物遭到美国海关扣押。美国乙公司于是向中国甲公司索赔，下列哪种情形甲公司不能免责？

A. 乙公司在订立合同时知道这批货物存在第三者权利

B. 甲公司是按照乙公司提供的技术图样和款式生产的

C. 乙公司在订立合同后知道该批货物侵权但未在合理时间内及时通知甲公司

D. 甲公司在订立合同时不知道这批货物可能存在侵权

【解析】 根据《国际货物销售合同公约》，卖方所交付的货物，必须是第三方不能根据工业产权或其他知识产权主张任何权利或要求的货物。但在下列两种情况下，卖方的知识产权担保义务免除：第一，买方在订立合同时已知道或不可能不知道此项权利或要求；第二，此项权利或要求的发生，是由于卖方要遵照买方所提供的技术图样、图案、款式或其他规格。A、B均属免责情形，D项不在免责范围之内。根据公约，当买方已知道或理应知道第三方的权利或要求后一段合理时间内，应将此项权利或要求通知卖方，否则，即丧失了要求卖方辩驳第三方的权利，卖方可以免责，C项属该种免责情形。

【答案】 D

9. 中国太阳公司与韩国天泰公司签订了向韩国出口5万瓶洗手液的合同，交货条件为CIF釜山，适用2010年通则，2019年3月1日前信用证交单付款，2019年2月28日前装船。2019年2月15日太阳公司将货物装船运往韩国，该轮于2019年2月16日下午抵达釜山港。根据《国际货物销售合同公约》及相关国际惯例，下列说法正确的是？

A. 因货物提前交付，天泰公司只能拒绝接收

B. 天泰公司在未有机会对货物进行检查核实之前，无义务支付价款

C. 如太阳公司实际交付货物数量为5.5万瓶，则天泰公司可以收取多交货物，并按照市场价格支付多交的5000瓶洗手液的货款

D. 如果货物达到韩国后，太阳公司发现部分洗手液型号与合同约定不符，则可在2016年2月28日前另行交付符合合同的货物以替换不符的洗手液，由此给天泰公司造成的损失和费用应由太阳公司承担

【解析】《国际货物销售合同公约》第52条第1款规定："如果卖方在规定的日期前交付货物，买方可以收取货物，也可以拒绝收取货物。"A项错误。公约第58条第3款规定："买方在未有机会检验货物前，无义务支付价款，除非这种机会与双方当事人议定的交货或支付程序相抵触。"本题中，支付方式为信用证，在信用证方式下，买方必须先在银行付款赎单后，才能凭提单提货，然后方能检验货物，B项错误。公约第52条第2款规定："如果卖方交付的货物数量大于合同规定的数量，买方可以收取也可以拒绝收取多交部分的货物。如果买方收取多

交部分货物的全部或一部分，他必须按合同价格付款。"本题中，天泰公司收取多交货物后，应按合同价格支付多交部分货物的的货款，C项错误。公约第37条规定："如果卖方在交货日期前交付货物，他可以在那个日期到达前，交付任何缺漏部分或补足所交付货物的不足数量，或交付用以替换所交付不符合同规定的货物，或对所交付货物中任何不符合同规定的情形做出补救，但是，此一权利的行使不得使买方遭受不合理的不便或承担不合理的开支。但是，买方保留本公约所规定的要求损害赔偿的任何权利。"D项正确。

【答案】D

（四）风险转移

1. 甲公司的营业所在甲国，乙公司的营业所在中国，甲国和中国均为《联合国国际货物销售合同公约》的当事国。甲公司将一批货物卖给乙公司，该批货物通过海运运输。货物运输途中，乙公司将货物转卖给了中国丙公司。根据该公约，下列哪些选项是正确的？（2012/1/80，多选）

扫码听课

A. 甲公司出售的货物，必须是第三方依中国知识产权不能主张任何权利的货物

B. 甲公司出售的货物，必须是第三方依中国或者甲国知识产权均不能主张任何权利的货物

C. 乙公司转售的货物，自双方合同成立时风险转移

D. 乙公司转售的货物，自乙公司向丙公司交付时风险转移

【解析】根据《国际货物销售合同公约》第42条，卖方所交付的货物，必须是第三方不能根据工业产权或其他知识产权主张任何权利或要求的货物，但卖方并不是对第三方依据任何一国的法律所提出的知识产权的权利或请求都要向买方承担责任，而只是在下列两种情况下才须向买方负责：（1）依据货物的预期转售地法律，如果双方当事人在订立合同时预期货物将在某一国境内转售或作其他使用，则卖方对于第三方依据该国法律提出的有关知识产权的权利或要求，应对买方承担责任；（2）依据买方营业地所在国法律，在任何其他情况下，卖方对第三方依据买方营业地所在国的法律提出的有关知识产权的权利或要求，应对买方承担责任。本题中，买方营业地所在国为中国，而双方并未约定货物的预期转售地，故甲公司应保证，其出售的货物，必须是第三方依中国知识产权不能主张任何权利的货物，A项正确，B项错误。根据《国际货物销售合同公约》第68条，对于在运输途中销售的货物的风险，原则上自买卖合同成立时起转移，C项正确，D项错误。

【答案】AC

2. 甲公司与乙公司依CIF安特卫普价格订立了出口一批布料的合同。货物运输途中，乙公司将货物转卖给丙公司。关于这批布料两次交易的风险转移时间，依2000年《国际贸易术语解释通则》及《联合国国际货物销售合同公约》的规定，下列哪些选项是正确的？（2007/1/86，多选）

扫码听课

A. 在甲公司与乙公司之间，货物风险在货物交第一承运人时转移

B. 在甲公司与乙公司之间，货物风险在货物越过装运港船舷时转移

C. 在乙公司与丙公司之间，货物风险原则上在双方订立合同时转移

D. 在乙公司与丙公司之间，货物风险原则上在丙公司收到货物时转移

【解析】根据2000年《国际贸易术语解释通则》，CIF术语下，货物风险在装运港越过船舷时转移，A项错误，B项正确。《国际货物销售合同公约》第68条规定："对于在运输途中销售的货物，从订立合同时起，风险就移转到买方承担。但是，如果情况表明有此需要，从货物交付给签发载有运输合同单据的承运人时起，风险就由买方承担。尽管如此，如果卖方在订立合同时已知道或理应知道货物已经遗失或损坏，而他又不将这一事实告之买方，则这种遗失或损坏应由卖方负责。"因此，一般情况下，运输途中销售的货物，从订立合同时起，风险就移转到买方承担，C项正确，D项错误。

【答案】BC

（五）违约救济

1. 中国甲公司与德国乙公司签订了进口设备合同，分三批运输。两批顺利履约后乙公司得知甲公司履约能力出现严重问题，便中止了第三批的发运。依《国际货物销售合同公约》，下列哪一选项是正确的？（2016/1/40，单选）

A. 如已履约的进口设备在使用中引起人身伤亡，则应依公约的规定进行处理

B. 乙公司中止发运第三批设备必须通知甲公司

C. 乙公司在任何情况下均不应中止发运第三批设备

D. 如甲公司向乙公司提供了充分的履约担保，乙公司可依情况决定是否继续发运第三批设备

【解析】下列问题由于各国法律规定分歧较大，难以统一，《国际货物销售合同公约》没有涉及：（1）有关销售合同的效力或惯例的效力；（2）所有权转移问题；（3）货物引起的人身伤亡责任。A项错误。预期违反合同，指合同订立后，履行期到来前，一方明示拒绝履行合同，或通过其行为推断其将不履行。根据公约，如果被中止方的行为表明他将不能履行合同中的大部分重要义务，则合同一方可以中止履行义务，C项错误；无论货物发运前还是发运后，中止履行的一方必须通知另一方，B项正确；如另一方对履行义务提供了充分保证，则中止履行的一方必须继续履行，D项错误。

【答案】B

2. 甲公司（卖方）与乙公司于2007年10月签订了两份同一种农产品的国际贸易合同，约定交货期分别为2008年1月底和3月中旬，采用付款交单方式。甲公司依约将第一份合同项下的货物发运后，乙公司以资金周转困难为由，要求变更付款方式为货到后30天付款。甲公司无奈同意该变更。乙公司未依约付款，并以资金紧张为由再次要求延期付款。甲公司未再发运第二个合同项下的货物并提起仲裁。根据《联合国国际货物销售合同公约》，下列哪一选项是正确的？（2010/1/40，单选）

A. 乙公司应以付款交单的方式支付货款

B. 甲公司不发运第二份合同项下货物的行为构成违约

C. 甲公司可以停止发运第二份合同项下的货物，但应及时通知乙公司

D. 如乙公司提供了付款的充分保证，甲公司仍可拒绝发货

【解析】《国际货物销售合同公约》第19条第3款规定："有关货物价格、付款、货物质量和数量、交货地点和时间、一方当事人对另一方当事人的赔偿责任范围或解决争端等的添加或不同条件，均视为在实质上变更要约的条件。"本题

中，乙公司要求变更付款方式属于对要约的实质性变更，甲公司已同意该变更，故乙公司应在货到后 30 天付款，而非以付款交单的方式付款，A 项错误。

公约第 71 条第 1 款规定："如果订立合同后，另一方当事人由于下列原因显然将不履行其大部分重要义务，一方当事人可以中止履行义务：（a）他履行义务的能力或他的信用有严重缺陷；或（b）他在准备履行合同或履行合同中的行为。"本题中，对于第一份合同，乙公司未依约付款，并以资金紧张为由要求延期付款，表明其履约能力有严重缺陷，可推断乙公司将因此不能履行第二份合同中的义务，此时，甲公司可中止履行其发货义务，这并不构成违约，B 项错误。

公约第 71 条第 3 款规定："中止履行义务的一方当事人不论是在货物发运前还是发运后，都必须立即通知另一方当事人，如经另一方当事人对履行义务提供充分保证，则他必须继续履行义务。"可见，甲公司停止发货应通知乙公司，C 项正确；如果乙公司提供了充分保证，则甲公司应当继续履行义务，不能拒绝发货，D 项错误。

【答案】C

3. 甲公司（卖方）与乙公司订立了国际货物买卖合同。由于甲公司在履约中出现违反合同的情形，乙公司决定宣告合同无效，解除合同。依据《联合国国际货物销售合同公约》，下列哪些选项是正确的？（2010/1/86，多选）

A. 宣告合同无效意味着解除了甲乙二公司在合同中的义务

B. 宣告合同无效意味着解除了甲公司损害赔偿的责任

C. 双方在合同中约定的争议解决条款也因宣告合同无效而归于无效

D. 如甲公司应归还价款，它应同时支付相应的利息

【解析】《国际货物销售合同公约》第 81 条规定："宣告合同无效解除了双方在合同中的义务，但应负责的任何损害赔偿仍应负责。宣告合同无效不影响合同中关于解决争端的任何规定，也不影响合同中关于双方在宣告合同无效后权利和义务的任何其他规定。"A 项正确，B、C 错误。公约第 84 条第 1 款规定："如果卖方有义务归还价款，他必须同时从支付价款之日起支付价款利息"D 项正确。

【答案】AD

扫码听课

4. 甲公司（买方）与乙公司订立了一份国际货物买卖合同。后因遇到无法预见与不能克服的障碍，乙公司未能按照合同履行交货义务，但未在合理时间内将此情况通知甲公司。甲公司直到交货期过后才得知此事。乙公司的行为使甲公司遭受了损失。依《联合国国际货物销售合同公约》，下列哪些表述是正确的？（2010/1/87，多选）

A. 乙公司可以解除合同，但应把障碍及其影响及时通知甲公司

B. 乙公司解除合同后，不再对甲公司的损失承担赔偿责任

C. 乙公司不交货，无论何种原因均属违约

D. 甲公司有权就乙公司未通知有关情况而遭受的损失请求赔偿

【解析】《国际货物销售合同公约》所称"不能控制的障碍"，即"不可抗力"，根据公约，如果一方当事人不履行义务，能证明该不履行义务是由于某种非他所能控制的障碍引起，而且对于这种障碍，没有理由预期他在订立合同时能考虑到或者能避免或克服，则该当事人可以免责。根据公约第 79 条第 1 款，当事人免责的条件包括：（1）不履行必须是由于当事人不能控制的障碍所致，例如，

扫码听课

大咖点拨区

战争、禁运、风暴、洪水等；（2）这种障碍是不履行一方在订立合同时不能预见的；（3）这种障碍是当事人不能避免或不能克服的。本题中，乙公司因遇到无法预见与不能克服的障碍不能履行交货义务，符合免责条件，不属于违约，C项错误。公约第79条第4款规定："不履行义务的一方必须将障碍及其对他履行义务能力的影响通知另一方。如果对方在不履行义务的一方已知道或理应知道此一障碍后一段合理时间仍未收到通知，则不履行义务的一方对由于对方未收到通知而造成的损害应负赔偿责任。"可见，乙公司可因不能克服的障碍解除合同，但应将障碍通知甲公司，A项正确；由于本题中乙公司未在合理时间内将此情况通知甲公司，乙公司对因此造成的损失应负赔偿责任，B项错误，D项正确。

【答案】AD

5. 根据1980年《联合国国际货物销售合同公约》的规定，在合同一方不履行合同义务构成根本违约的情况下，关于守约方请求损害赔偿的权利，下列表述错误的是：（2008/1/100，不定项）

A. 守约方可以根据实际情况请求赔偿原合同价与转卖合同价之间的价差

B. 守约方可以根据实际情况请求赔偿合同价与市价之间的价差以及其他因对方违约造成的损失

C. 守约方可获得的损害赔偿不得超过违约方在订立合同时，依照他当时已知道或理应知道的事实和情况，对违反合同预料到或理应预料到的可能损失

D. 守约方有权对其实际遭受的、违约方缔约时理应预料到的所有损失获得赔偿

【解析】《国际货物销售合同公约》第75条规定："如果合同被宣告无效，而在宣告无效后一段合理时间内，买方已以合理方式购买替代货物，或者卖方已以合理方式把货物转卖，则要求损害赔偿的一方可以取得合同价格和替代货物交易价格之间的差额以及按照第74条规定可以取得的任何其他损害赔偿。"A项正确。第76条第1款规定："如果合同被宣告无效，而货物又有时价，要求损害赔偿的一方，如果没有根据第75条规定进行购买或转卖，则可以取得合同规定的价格和宣告合同无效时的时价之间的差额以及按照第74条规定可以取得的任何其它损害赔偿。但是，如果要求损害赔偿的一方在接收货物之后宣告合同无效，则应适用接收货物时的时价，而不适用宣告合同无效时的时价。"B项正确。第74条规定："一方当事人违反合同应负的损害赔偿额，应与另一方当事人因他违反合同而遭受的包括利润在内的损失额相等。这种损害赔偿不得超过违反合同一方在订立合同时，依照他当时已知道或理应知道的事实和情况，对违反合同预料到或理应预料到的可能损失。"C项正确；损害赔偿应以违约方能预料到的可能损失为限，D项错误。

【答案】D

6. 甲公司与乙公司订立一份国际货物买卖合同，分三批履行，其中第二批出现了质量问题。请问依1980年《联合国国际货物销售合同公约》的规定，下列哪一选项是正确的？（2007/1/43，单选）

A. 只要第二批货物的质量问题构成根本违约，买方即可宣告合同对该批货物无效

B. 只要第二批货物的质量问题构成根本违约，买方即可宣告合同对已交付或

扫码听课

扫码听课

今后交付的各批货物无效

　　C. 如第二批货物的质量问题构成一般违约，买方可宣告合同对该批货物无效

　　D. 如第二批货物的质量问题构成根本违约，买方仅可宣告合同对该批货物和今后交付的货物无效

　　【解析】《国际货物销售合同公约》第 73 条第 1 款规定："对于分批交付货物的合同，如果一方当事人不履行对任何一批货物的义务，便对该批货物构成根本违反合同，则另一方当事人可以宣告合同对该批货物无效。"本题中，如果第二批货物的质量问题构成根本违约，买方即可宣告合同对该批货物无效，A 项正确。如果货物的质量问题仅构成一般违约，买方不能宣告合同无效，只能采取其他救济措施，C 项错误。公约第 73 条第 2 款规定："如果一方当事人不履行对任何一批货物的义务，使另一方当事人有充分理由断定对今后各批货物将会发生根本违反合同，该另一方当事人可以在一段合理时间内宣告合同今后无效。"本题中，不能断定对今后各批货物是否将会发生根本违约，买方仅可宣告合同对第二批货物无效，不能宣告合同对今后交付的货物无效，D 项错误。公约第 73 条第 3 款规定："买方宣告合同对任何一批货物的交付为无效时，可以同时宣告合同对已交付的或今后交付的各批货物均为无效，如果各批货物是互相依存的，不能单独用于双方当事人在订立合同时所设想的目的。"本题中，不能断定各批货物存在依存关系（如，买方本计划收到三批零部件后自行组装成机器，第二批货物为核心部件，由于第二批交货不合格，最终导致整台机器无法完成组装），故不能宣告合同对已交付或今后交付的各批货物无效，B 项错误。

　　【答案】A

　　7. 中国 A 公司（卖方）与新加坡 B 公司（买方）订立一份出口精密仪器的合同，合同约定，买方应在仪器生产过程中按进度付款。合同订立后，B 公司即获悉卖方 A 公司供应的仪器质量不稳定，于是立即通知 A 公司："据悉你公司供货质量不稳定，故我方暂时中止履行合同。"A 公司收到通知后，立即向 B 公司提供书面保证："如不能履行义务，将由 X 银行偿还买方按合同所作出的一切支付"，同时向 B 公司出具了一份银行保函。B 公司收到保证和银行保函后仍坚持中止履行合同。根据《国际货物销售合同公约》，下列说法正确的是？

　　A. 合同在 B 公司向 A 公司发出通知时即解除效力

　　B. B 公司的做法符合公约，不构成违约

　　C. A 公司的履约能力存在缺陷，但其提供充分保证后，B 公司应继续履行义务

　　D. 鉴于 A 公司履约能力存在缺陷，B 公司可以解除合同

　　【解析】B 公司仅是暂时中止履行合同，并非解除合同，A 项错误。《国际货物销售合同公约》第 71 条第 3 款规定："中止履行义务的一方当事人不论是在货物发运前还是发运后，都必须立即通知另一方当事人，如经另一方当事人对履行义务提供充分保证，则他必须继续履行义务。"B 项错误，C 项正确。因 A 公司已提供了充分保证，B 公司不能解除合同，而应继续履行，D 项错误。

　　【答案】C

　　8. 中国甲公司以 DAP 价格条件从美国乙公司进口精密仪器 100 台，乙公司交货后，甲公司发现部分精密仪器存在质量问题，根据《国际货物销售合同公约》，

关于甲公司可以采取的救济措施，以下说法正确的是？

　　A. 如该精密仪器的质量问题已构成根本违约，则甲公司可以要求乙公司交付替代物

　　B. 如该精密仪器的质量问题不构成根本违约，则甲公司可以要求乙公司进行修理

　　C. 如该精密仪器的质量问题并不严重，甲公司可以要求减价，但如甲公司已经付款，则不得再要求减价

　　D. 无论甲公司采取何种救济方式，如有必要，其仍可要求乙公司进行损害赔偿

【解析】根据《国际货物销售合同公约》第 46 条第 2 款，如果货物不符合同，买方只有在此种不符合同情形构成根本违反合同时，才可以要求交付替代货物，A 项正确。根据公约第 46 条第 3 款，如果货物不符合同，买方可以要求卖方通过修理对不符合同之处做出补救，除非他考虑了所有情况之后，认为这样做是不合理的，B 项正确。根据公约第 50 条，如果货物不符合同，不论价款是否已付，买方都可以减低价格，减价按实际交付的货物在交货时的价值与符合合同的货物在当时的价值两者之间的比例计算，C 项错误。根据公约第 45 条第 2 款，买方可能享有的要求损害赔偿的任何权利，不因他行使采取其它补救办法的权利而丧失，D 项正确。

【答案】ABD

第二章　国际货物运输与保险

考点一　国际海洋货物运输

1. 中国某公司进口了一批皮制品，以信用证方式支付，以海运方式运输并投保了一切险。中国收货人持正本提单提货时发现货物已被他人提走。依相关司法解释和国际惯例，下列哪一选项是正确的？（2017/1/42，单选）

A. 承运人应赔偿收货人因其无单放货造成的货物成本加利润损失

B. 因该批货物已投保一切险，故保险人应对货主赔偿无单放货造成的损失

C. 因货物已放予他人，收货人不再需要向卖方支付信用证项下的货款

D. 如交单人提交的单证符合信用证的要求，银行即应付款

【解析】2009 年最高院《关于审理无正本提单交付货物案件适用法律若干问题的规定》（2020 年 12 月 23 日修改）第 6 条规定："承运人因无正本提单交付货物造成正本提单持有人损失的赔偿额，按照货物装船时的价值加运费和保险费计算。"A 项错误。承运人无正本提单交货并不属于一切险的承保范围，故保险人无须赔偿无单放货造成的损失，B 项错误。本案中，收货人与卖方是买卖合同关系，收货人应根据合同付款，该义务并不因承运人将货物交于他人而免除，C 项错误。根据 UCP600 第 15 条，当银行确定交单相符时，必须付款，D 项正确。

【答案】D

2. 青田轮承运一批啤酒花从中国运往欧洲某港，货物投保了一切险，提单上的收货人一栏写明"凭指示"，因生产过程中水份过大，啤酒花到目地港时已变质。依《海牙规则》及相关保险规则，下列哪一选项是正确的？（2015/1/41，单选）

A. 承运人没有尽到途中管货的义务，应承担货物途中变质的赔偿责任

B. 因货物投保了一切险，保险人应承担货物变质的赔偿责任

C. 本提单可通过交付进行转让

D. 承运人对啤酒花的变质可以免责

【解析】本题中，货物变质并非由于承运人未尽到管货义务，而是本身水分过大所致，这属于货物的固有缺陷，承运人可以免责，A 项错误，D 项正确。固有缺陷也属于保险人的免责事项，保险人无需承担责任，B 项错误。本题中的提单为指示提单，须经背书方可转让，C 项错误。

【答案】D

3. 两批化妆品从韩国由大洋公司"清田"号货轮运到中国，适用《海牙规则》，货物投保了平安险。第一批货物因"清田"号过失与他船相撞致部分货物受损，第二批货物收货人在持正本提单提货时，发现已被他人提走。争议诉至中

国某法院。根据相关规则及司法解释，下列哪些选项是正确的？（2014/1/81，多选）

A. 第一批货物受损虽由"清田"号过失碰撞所致，但承运人仍可免责

B. 碰撞导致第一批货物的损失属于保险公司赔偿的范围

C. 大洋公司应承担第二批货物无正本提单放货的责任，但可限制责任

D. 大洋公司对第二批货物的赔偿范围限于货物的价值加运费

【解析】根据《海牙规则》第4条，对于船长、船员、引航员或承运人的受雇人员在驾驶船舶或管理船舶上的行为、疏忽或过失引起的货物损坏或灭失，承运人可以免责，A项正确。在平安险下，由于运输工具遭受搁浅、触礁、沉没、互撞、与流冰或其他物体碰撞以及失火、爆炸等意外事故造成货物的全部或部分损失，属于保险公司的承保范围，B项正确。2009年最高院《关于审理无正本提单交付货物案件适用法律若干问题的规定》（2020年12月23日修改）第4条规定："承运人因无正本提单交付货物承担民事责任的，不适用海商法第五十六条关于限制赔偿责任的规定。"C项错误。该《规定》第6条规定："承运人因无正本提单交付货物造成正本提单持有人损失的赔偿额，按照货物装船时的价值加运费和保险费计算。"D项错误。

【答案】AB

4. 中国甲公司从国外购货，取得了代表货物的单据，其中提单上记载"凭指示"字样，交货地点为某国远东港，承运人为中国乙公司。当甲公司凭正本提单到远东港提货时，被乙公司告知货物已不在其手中。后甲公司在中国法院对乙公司提起索赔诉讼。乙公司在下列哪些情形下可免除交货责任？（2013/1/81，多选）

A. 在甲公司提货前，货物已被同样持有正本提单的某公司提走

B. 乙公司按照提单托运人的要求返还了货物

C. 根据某国法律要求，货物交给了远东港管理当局

D. 货物超过法定期限无人向某国海关申报，被海关提取并变卖

【解析】2009年最高院《关于审理无正本提单交付货物案件适用法律若干问题的规定》（2020年12月23日修改）第10条规定："承运人签发一式数份正本提单，向最先提交正本提单的人交付货物后，其他持有相同正本提单的人要求承运人承担无正本提单交付货物民事责任的，人民法院不予支持。"A项正确。该《规定》第9条规定："承运人按照记名提单托运人的要求中止运输、返还货物、变更到达地或者将货物交给其他收货人，持有记名提单的收货人要求承运人承担无正本提单交付货物民事责任的，人民法院不予支持。"据此，只有在记名提单下，承运人按照托运人要求返还货物，方可免责，而本题为指示提单，B项错误。该《规定》第7条规定："承运人依照提单载明的卸货港所在地法律规定，必须将承运到港的货物交付给当地海关或者港口当局的，不承担无正本提单交付货物的民事责任。"C项正确。该《规定》第8条规定："承运到港的货物超过法律规定期限无人向海关申报，被海关提取并依法变卖处理，或者法院依法裁定拍卖承运人留置的货物，承运人主张免除交付货物责任的，人民法院应予支持。"D项正确。

【答案】ACD

5. 中国甲公司通过海运从某国进口一批服装，承运人为乙公司，提单收货人一栏写明"凭指示"。甲公司持正本提单到目的港提货时，发现货物已由丙公司以副本提单加保函提取。甲公司与丙公司达成了货款支付协议，但随后丙公司破产。甲公司无法获赔，转而向乙公司索赔。根据我国相关法律规定，关于本案，下列哪一选项是正确的？（2011/1/40，单选）

A. 本案中正本提单的转让无需背书

B. 货物是由丙公司提走的，故甲公司不能向乙公司索赔

C. 甲公司与丙公司虽已达成货款支付协议，但未得到赔付，不影响甲公司要求乙公司承担责任

D. 乙公司应当在责任限制的范围内承担因无单放货造成的损失

【解析】本案中，提单收货人一栏写明"凭指示"，该提单属于指示提单，指示提单转让需要经过背书，A 项错误。2009 年最高院《关于审理无正本提单交付货物案件适用法律若干问题的规定》（2020 年 12 月 23 日修改）第 3 条第 1 款规定："承运人因无正本提单交付货物造成正本提单持有人损失的，正本提单持有人可以要求承运人承担违约责任，或者承担侵权责任。"B 项错误。该司法解释第 13 条规定："在承运人未凭正本提单交付货物后，正本提单持有人与无正本提单提取货物的人就货款支付达成协议，在协议款项得不到赔付时，不影响正本提单持有人就其遭受的损失，要求承运人承担无正本提单交付货物的民事责任。"C 项正确。该司法解释第 4 条规定："承运人因无正本提单交付货物承担民事责任的，不适用海商法第五十六条关于限制赔偿责任的规定。"D 项错误。

【答案】C

大咖点拨区

扫码听课

6. 一批货物由甲公司运往中国青岛港，运输合同适用《海牙规则》。运输途中因雷击烧毁部分货物，其余货物在目的港被乙公司以副本提单加保函提走。丙公司为该批货物正本提单持有人。根据《海牙规则》和我国相关法律规定，下列哪一选项是正确的？（2010/1/45，单选）

A. 甲公司应对雷击造成的货损承担赔偿责任，因损失在其责任期间发生

B. 甲公司可限制因无正本提单交货的赔偿责任

C. 丙公司可要求甲公司和乙公司承担连带赔偿责任

D. 甲公司应以货物成本加利润赔偿因无正本提单交货造成的损失

【解析】根据《海牙规则》，对于因雷击等自然灾害造成的损失，承运人可以免责，A 项错误。2009 年最高院《关于审理无正本提单交付货物案件适用法律若干问题的规定》（2020 年 12 月 23 日修改）第 4 条规定："承运人因无正本提单交付货物承担民事责任的，不适用海商法第五十六条关于限制赔偿责任的规定。"B 项错误。该《规定》第 11 条规定："正本提单持有人可以要求无正本提单交付货物的承运人与无正本提单提取货物的人承担连带赔偿责任。"C 项正确。该《规定》第 6 条规定："承运人因无正本提单交付货物造成正本提单持有人损失的赔偿额，按照货物装船时的价值加运费和保险费计算。"D 项错误。

扫码听课

【答案】C

7. 甲公司依运输合同承运一批从某国进口中国的食品，当正本提单持有人乙公司持正本提单提货时，发现货物已由丙公司以副本提单加保函提走。依我国相关法律规定，下列哪一选项是正确的？（2009/1/41，单选）

扫码听课

大咖点拨区

A. 无正本提单交付货物的民事责任应适用交货地法律

B. 乙公司可以要求甲公司承担违约责任或侵权责任

C. 甲公司对因无正本提单交货造成的损失按货物的成本赔偿

D. 丙公司提走了货物，不能要求甲公司承担责任

【解析】 2009年最高院《关于审理无正本提单交付货物案件适用法律若干问题的规定》（2020年12月23日修改）第3条第2款规定："正本提单持有人要求承运人承担无正本提单交付货物民事责任的，适用海商法规定；海商法没有规定的，适用其他法律规定。"因此，无正本提单交付货物的民事责任应适用中国法，而非适用交货地法，A项错误。该《规定》第3条第1款规定："承运人因无正本提单交付货物造成正本提单持有人损失的，正本提单持有人可以要求承运人承担违约责任，或者承担侵权责任。"B项正确。该《规定》第6条规定："承运人因无正本提单交付货物造成正本提单持有人损失的赔偿额，按照货物装船时的价值加运费和保险费计算。"C项错误。该《规定》第2条规定："承运人违反法律规定，无正本提单交付货物，损害正本提单持有人提单权利的，正本提单持有人可以要求承运人承担由此造成损失的民事责任。"D项错误。

【答案】 B

8. 承运人奋进公司，承运一批货物到达大连港后，孙某凭正本提单向奋进公司提取了货物。后开拓公司同样凭正本提单要求奋进公司交付货物。奋进公司无货可交，引发诉讼至中国法院。经审查，孙某所凭提货之正本提单系伪造，开拓公司的正本提单为真实的正本提单。对于该案，根据《关于审理无正本提单交付货物案件适用法律若干问题的规定》，下列说法中错误的是？

A. 开拓公司可以要求奋进公司承担无正本提单交付货物的民事责任

B. 孙某所凭提货之正本提单系伪造，故奋进公司不应承担责任

C. 开拓公司可以要求奋进公司承担违约责任，或者承担侵权责任

D. 开拓公司只能要求孙某承担赔偿责任

【解析】 2009年最高院《关于审理无正本提单交付货物案件适用法律若干问题的规定》（2020年12月23日修改）第2条规定："承运人违反法律规定，无正本提单交付货物，损害正本提单持有人提单权利的，正本提单持有人可以要求承运人承担由此造成损失的民事责任。"A项正确。第5条规定："提货人凭伪造的提单向承运人提取了货物，持有正本提单的收货人可以要求承运人承担无正本提单交付货物的民事责任。"B项错误。第3条第1款规定："承运人因无正本提单交付货物造成正本提单持有人损失的，正本提单持有人可以要求承运人承担违约责任，或者承担侵权责任。"C项正确。第11条规定："正本提单持有人可以要求无正本提单交付货物的承运人与无正本提单提取货物的人承担连带赔偿责任。"D项错误。

【答案】 BD

9. 海运单是20世纪70年代以来，随着集装箱运输的发展，特别是航程较短的运输中产生出来的一种运输单证。关于海运单，下列哪一选项是正确的？（2007/1/44，单选）

A. 海运单是一种可流通的书面运输单证

B. 海运单不具有证明海上运输合同存在的作用

扫码听课

扫码听课

C. 第三方以非法的方式取得海运单时无权提取货物

D. 海运单具有物权凭证的特征，收货人凭海运单提取货物

【解析】海运单，是证明海上运输货物由承运人接管或装船，且承运人保证将货物交给指定收货人的一种不可流通的书面运输单证。海运单不具有流通性，不能转让，A项错误。海运单具有货物收据和海上货物运输合同证明的作用，B项错误。海运单的不可转让性使第三者在非法取得海运单时无法凭以提货，故较之提单更为安全，C项正确。海运单不是物权凭证，收货人提货时无须凭海运单，只需证明其身份，D项错误。

【答案】C

大咖点拨区

扫码听课

10. 美国某远洋运输公司的轮船承运一批玉米从中国大连港运往美国旧金山，收货人为美国甲公司。船到达目的港后，发现所载玉米中有2000吨因发霉受损。经检验，发现玉米霉损分别由下列原因所致，根据《海牙规则》，对下列哪项损失承运人应当承担赔偿责任？

A. 900吨玉米是因为海上恶劣天气，海水涌进货舱浸泡所致

B. 300吨玉米是因为包装不妥受潮而致

C. 200吨玉米是因为玉米本身含水分过高所致

D. 600吨玉米是因为货舱通风不良所致

【解析】根据《海牙规则》，承运人承担下列基本义务：（1）适航义务，承运人在开航前和开航时必须谨慎处理，以便：①使船舶具有适航性；②适当地配备船员、设备和船舶供应品；③使货舱、冷藏舱和该船其他运载货物的部位适宜并能安全地收受、运送和保管货物。（2）管货义务，承运人应适当和谨慎地装载、搬运、积载、运送、保管、照料和卸下货物；（3）行使合理航线义务，承运人不应作不合理的绕航。同时，承运人对下列情形造成的损失可以免责：（1）船长、船员、引航员或承运人的受雇人员在驾驶船舶或管理船舶上的行为、疏忽或过失引起的货物损坏或灭失；（2）火灾，但由于承运人实际过失或私谋所引起的除外；（3）不可抗力、自然灾害，包括海上灾难，天灾、战争行为、公敌行为、船舶被扣留、检疫限制、罢工、关厂、停工、暴乱和骚动、尽适当的谨慎仍不能发现的潜在缺陷；（4）救助或企图救助海上人命或财产；（5）货方原因，包括由于货物的固有缺陷、性质造成的体积或重量的亏损或任何其他损坏，包装不当，标志不清或不当。A项属于自然灾害，B项属于包装不当，C项属于货物的固有缺陷，根据《海牙规则》，对于上述情形造成的损失，承运人可以免责。D项属于承运人未尽到管货义务造成的损失，应承担赔偿责任。

【答案】D

11. 中国甲公司进口一批日产空调，合同规定以信用证支付。甲公司开出的信用证规定装船期限为2019年7月10日至7月20日，由承运人所属的"天星"号货轮承运上述货物。"天星"号在装货港外锚地因遇大风走锚与另外一艘在锚地待泊的油轮相撞，使"天星"号不能如期装货。"天星"号最后于8月15日完成装货，船长在接受了托运人出具的保函的情况下签发了与信用证一致的提单，并办理了结汇。由于船舶延迟到港错过了空调的销售季节，给甲公司造成了很大损失。甲公司为此向承运人提出了索赔要求，下列关于承运人责任的说法正确的是？

扫码听课

大咖点拨区

A. 延迟装货是因为不可抗力，因此承运人对延迟不负责任

B. 承运人的行为是倒签提单，承运人应对此承担责任

C. 承运人倒签提单是应托运人的要求，因此不应承担任何责任

D. 承运人的行为是预借提单，承运人应对此承担责任

【解析】倒签提单，指提单上注明的装船日期早于实际装船日期的提单；预借提单，指货物未装船或未装船完毕，托运人为使提单的装船日期与信用证规定相符，要求承运人签发的已装船提单。本题中，承运人将装船日期倒签，显然属于倒签提单。无论是倒签提单还是预借提单，都掩盖了货物的实际装船日期，属于承运人隐瞒迟延交货责任的行为，承运人应对此承担责任。B项正确，A、C、D错误。

【答案】B

12. 甲国A公司向乙国B公司出口一批水果，货到目的港后发现水果大部分腐烂，B公司聘请专业检验机构对腐烂原因进行检查。根据《海牙规则》，货损原因是因为下列何种原因所致，承运人可以免责？

A. 货仓湿度未达到运输合同要求标准

B. 船在航行途中遭遇恶劣天气

C. 船在进入乙国目的港口前接受海关的熏蒸消毒导致货仓温度过高

D. 货物在装船前包装不当

【解析】根据《海牙规则》，承运人应使货舱、冷藏舱和该船其他运载货物的部位适宜并能安全地收受、运送和保管货物，A项表明承运人未尽到其基本义务，承运人应承担责任。承运人对下列情形造成的损失可以免责：（1）船长、船员、引航员或承运人的受雇人员在驾驶船舶或管理船舶上的行为、疏忽或过失引起的货物损坏或灭失；（2）火灾，但由于承运人实际过失或私谋所引起的除外；（3）不可抗力、自然灾害，包括海上灾难、天灾、战争行为、公敌行为、船舶被扣留、检疫限制、罢工、关厂、停工、暴乱和骚动、尽适当的谨慎仍不能发现的潜在缺陷；（4）救助或企图救助海上人命或财产；（5）货方原因，包括由于货物的固有缺陷、性质造成的体积或重量的亏损或任何其他损坏，包装不当，标志不清或不当。B项属于自然灾害，C项属于检疫限制，D项属于包装不当，承运人均可免责。

【答案】BCD

13. 与《海牙规则》和《维斯比规则》相比，《汉堡规则》明显加重了承运人的责任。下列说法中，哪些不符合《汉堡规则》的规定？

A.《汉堡规则》在承运人责任基础上采用了不完全的过失责任制

B.《汉堡规则》规定了承运人的延迟交货责任，承运人对延迟交货的赔偿责任限额为迟交货物应付运费的2.5倍，但不应超过应付运费的总额

C.《汉堡规则》规定承运人的责任期间为货物装上船起至货物从船上卸下时为止

D.《汉堡规则》规定的诉讼时效期间为1年

【解析】《汉堡规则》取消了承运人航行过失免责条款，采用了完全的过失责任制，A项错误。《汉堡规则》规定了承运人的延迟交货责任，承运人对延迟交货的赔偿责任限额为迟交货物应付运费的2.5倍，但不应超过应付运费的总额，

扫码听课

扫码听课

B 项正确。对于承运人的责任期间，《汉堡规则》采取"收到交"原则，承运人的责任期间为货物在装运港、运输途中以及卸货港处于承运人掌管下的整个期间，C 项错误。《汉堡规则》规定的诉讼时效期间为 2 年，D 项错误。

【答案】ACD

大咖点拨区

考点二　其他方式的国际货物运输

1. 中国伟业公司与甲国利德公司签订了采取铁路运输方式由中国出口一批货物的合同。后甲国法律发生变化，利德公司在收货后又自行将该批货物转卖到乙国，现乙国一公司声称该批货物侵犯了其知识产权。中国和甲国均为《国际货物销售合同公约》和《国际铁路货物联运协定》缔约国。依相关规则，下列哪一选项是正确的？（2017/1/40，单选）

A. 伟业公司不承担该批货物在乙国的知识产权担保义务

B. 该批货物的风险应于订立合同时由伟业公司转移给利德公司

C. 铁路运输承运人的责任期间是从货物装上火车时起至卸下时止

D. 不同铁路运输区段的承运人应分别对在该区段发生的货损承担责任

【解析】根据《国际货物销售合同公约》第 42 条，卖方所交付的货物，必须是第三方不能根据工业产权或其他知识产权主张任何权利或要求的货物，但卖方并不是对第三方依据任何一国的法律所提出的知识产权的权利或请求都要向买方承担责任，而只是在下列两种情况下才须向买方负责：（1）依据货物的预期转售地法律，如果双方当事人在订立合同时预期货物将在某一国境内转售或作其他使用，则卖方对于第三方依据该国法律提出的有关知识产权的权利或要求，应对买方承担责任；（2）依据买方营业地所在国法律，在任何其他情况下，卖方对第三方依据买方营业地所在国的法律提出的有关知识产权的权利或要求，应对买方承担责任。本题中，利德公司在收货后又自行将该批货物转卖到乙国，乙国既非货物的预期转售地，也非买方营业地所在国，故卖方无须承担该批货物在乙国的知识产权担保义务，A 项正确。根据公约第 67 条，如果销售合同涉及到货物的运输，风险转移的时间分为两种具体情况：（1）如果运输条款规定卖方有义务在某一特定地点把货物交给承运人运输，则货物于该地点交付给承运人后，风险转移给买方；（2）如果合同中没有指明交货地点，卖方只要按规定把货物交给第一承运人，风险就转移给买方。可见，在合同涉及运输的情况下，原则上"交货时"风险转移，并非"订立合同时"，B 项错误。根据《国际铁路货物联运协定》，铁路运输承运人的责任期间为从签发运单时起至终点交付货物时止，C 项错误。根据该协定，按运单承运货物的铁路部门应对货物负连带责任，D 项错误。

【答案】A

扫码听课

2. 中国甲公司向波兰乙公司出口一批电器，采用 DAP 术语，通过几个区段的国际铁路运输，承运人签发了铁路运单，货到目的地后发现有部分损坏。依相关国际惯例及《国际铁路货物联运协定》，下列哪些选项是正确的？（2016/1/80，多选）

A. 乙公司必须确定损失发生的区段，并只能向该区段的承运人索赔

扫码听课

B. 铁路运单是物权凭证，乙公司可通过转让运单转让货物

C. 甲公司在指定目的地运输终端将仍处于运输工具上的货物交由乙公司处置时，即完成交货

D. 各铁路区段的承运人应承担连带责任

【解析】铁路运单，是由铁路承运人签发的，证明铁路货物运输合同和货物已由承运人接管，以及承运人保证将货物交给指定收货人的单证。铁路运单是运输合同的证明，是铁路收取货物、承运货物的凭证，也是铁路在终点向收货人核收有关费用和交付货物的依据；但与提单不同，铁路运单不是物权凭证，不能转让。B项错误。根据《国际铁路货物联运协定》第21条，按运单承运货物的铁路，应负责完成货物的全程运输，直到到达站交付货物时为止；每一继续运输货物的铁路，自接收附有运单的货物时起，即参加这项运输合同，并承担因此而发生的义务。可见，按运单承运货物的铁路部门应对货物负连带责任，A项错误，D项正确。DAP，Delivered at Place（目的地交货），指当卖方在指定目的地将仍处于运输工具上，且已做好卸载准备的货物交由买方处置时，即完成交货，C项正确。

【答案】CD

考点三　国际货物运输保险

1. 中国三泰公司与西班牙甲公司签订合同进口一批货物，合同选用了《2020年国际贸易术语解释通则》中的CIF术语，同时约定甲公司应为该批货物投保水渍险。甲公司将货物交承运人装船后，承运人签发了清洁提单（选用《海牙规则》）。后在海运途中货物因遭遇恶劣天气部分毁损，下列哪项判断是正确的？（2021网络回忆版）

A. 甲公司应为该批货物投保一切险

B. 承运人应赔偿货物损失

C. 保险公司应赔偿货物损失

D. 因货物部分毁损，中国三泰公司有权要求减价

【解析】根据《2020年国际贸易术语解释通则》，CIF术语下卖方负责投保，对于投保险别，如双方没有特别约定，卖方只需投保平安险，双方有约定的依约定。本题已约定投保水渍险，应依约定，A项错误。

恶劣天气属自然灾害，根据《海牙规则》，承运人对自然灾害造成的损失免责，B项错误。

在水渍险下，对于自然灾害造成的部分损失属于保险公司的承保范围，C项正确。

CIF术语下，风险自装运港装上船时转移，"海运途中"表明此时风险已经转移，此时的货物毁损应由买方承担，不能向卖方要求减价，D项错误。

【答案】C

2. 中国某公司进口了一批仪器，采取海运方式并投保了水渍险，提单上的收货人一栏写明"凭指示"的字样。途中因船方过失致货轮与他船相撞，部分仪器

受损。依《海牙规则》及相关保险条款，下列哪一选项是正确的？（2017/1/41，单选）

大咖点拨区

A. 该提单交付即可转让

B. 因船舶碰撞是由船方过失导致，故承运人应对仪器受损承担赔偿责任

C. 保险人应向货主赔偿部分仪器受损的损失

D. 承运人的责任期间是从其接收货物时起至交付货物时止

【解析】本题中的提单为指示提单，指示提单须经背书方可转让，A项错误。根据《海牙规则》，对于船长、船员、引航员或承运人的受雇人员在驾驶船舶或管理船舶上的行为、疏忽或过失引起的货物损坏或灭失，承运人可以免责，B项错误。在水渍险下，由于运输工具遭受搁浅、触礁、沉没、互撞、与流冰或其他物体碰撞以及失火、爆炸等意外事故造成货物的全部或部分损失，属于保险人的承保范围。本题中，部分仪器受损是因货轮与他船相撞所致，属意外事故，保险人应当赔偿，C项正确。对于承运人的责任期间，《海牙规则》采取"装到卸"原则，即从货物装上船起至卸完船为止，D项错误。

【答案】C

3. 甲公司向乙公司出口一批货物，由丙公司承运，投保了中国人民保险公司的平安险。在装运港装卸时，一包货物落入海中。海运途中，因船长过失触礁造成货物部分损失。货物最后延迟到达目的港。依《海牙规则》及国际海洋运输保险实践，关于相关损失的赔偿，下列哪些选项是正确的？（2013/1/82，多选）

A. 对装卸过程中的货物损失，保险人应承担赔偿责任

B. 对船长驾船过失导致的货物损失，保险人应承担赔偿责任

C. 对运输延迟造成的损失，保险人应承担赔偿责任

D. 对船长驾船过失导致的货物损失，承运人可以免责

【解析】装卸过程中货物落海造成的损失，属于平安险下保险公司的承保范围，保险人应当赔偿，A项正确。本题中因船长过失触礁，触礁造成货物损失为意外事故造成的损失，属于平安险下保险公司的承保范围，保险人应当赔偿，B项正确。根据《海商法》第243条，航行迟延、交货迟延或者市价跌落等造成的损失，保险人可以免责，C项错误。根据《海牙规则》，对于船长、船员、引航员或承运人的受雇人员在驾驶船舶或管理船舶上的行为、疏忽或过失引起的货物损坏或灭失，承运人可以免责，D项正确。

【答案】ABD

扫码听课

4. 甲国A公司向乙国B公司出口一批货物，双方约定适用2010年《国际贸易术语解释通则》中CIF术语。该批货物由丙国C公司"乐安"号商船承运，运输途中船舶搁浅，为起浮抛弃了部分货物。船舶起浮后继续航行中又因恶劣天气，部分货物被海浪打入海中。到目的港后发现还有部分货物因固有缺陷而损失。该批货物投保了平安险，关于运输中的相关损失的认定及赔偿，依《海牙规则》，下列选项正确的是：（2012/1/100，不定项）

A. 为起浮抛弃货物造成的损失属于共同海损

B. 因恶劣天气部分货物被打入海中的损失属于单独海损

C. 保险人应赔偿共同海损和因恶劣天气造成的单独海损

D. 承运人对因固有缺陷损失的货物免责，保险人应承担赔偿责任

扫码听课

【解析】共同海损，指在同一海上航程中，船舶、货物和其他财产遭遇共同危险，为了共同安全，有意地和合理地采取措施所直接造成的特殊牺牲，支付的特殊费用。本题中，运输途中船舶搁浅，为起浮抛弃了部分货物，该损失属于为了共同安全，有意地和合理地采取措施所直接造成的特殊牺牲，属于共同海损，A 项正确。单独海损，指承保风险直接造成的部分损失，即除共同海损以外的部分损失。本题中，船舶起浮后继续航行中又因恶劣天气，部分货物被海浪打入海中，属于单独海损，B 项正确。在平安险下，共同海损的牺牲、分摊和救助费用属于保险人的承保范围，但恶劣气候等自然灾害造成的部分损失则不在其承保范围之内，C 项错误。根据《海牙规则》，对于货物固有缺陷造成的损失，承运人可以免责。同时，《海商法》第243条规定："除合同另有约定外，因下列原因之一造成货物损失的，保险人不负赔偿责任：（一）航行迟延、交货迟延或者行市变化；（二）货物的自然损耗、本身的缺陷和自然特性；（三）包装不当。"可见，保险人对固有缺陷造成的损失也可免责。D 项错误。

【答案】AB

5. 中国甲公司与某国乙公司签订茶叶出口合同，并投保水渍险，议定由丙公司"天然"号货轮承运。下列哪些选项属于保险公司应赔偿范围？（2011/1/80，多选）

A. 运输中因茶叶串味等外来原因造成货损

B. 运输中因"天然"号过失与另一轮船相撞造成货损

C. 运输延迟造成货损

D. 运输中因遭遇台风造成部分货损

【解析】串味异味属一般外来原因，为一切险的承保范围，水渍险并不涉及，A 项错误。两船相撞属意外事故，意外事故造成的损失属于水渍险的承保范围，B 项正确。运输迟延属于海洋货物运输保险中的除外责任，保险公司对此免责，C 项错误。台风属于自然灾害，自然灾害造成的部分损失属于水渍险的承保范围，D 项正确。

【答案】BD

6. 关于海洋运输货物保险，下列哪一选项是正确的？（2010/1/43，单选）

A. 平安险项下赔偿的因自然灾害造成的全部损失只包括实际全损

B. 保险人的责任期间自保险合同订立时开始

C. 与平安险相比，水渍险的保险范围还包括因自然灾害造成的保险标的的部分损失

D. 附加险别可独立承保

【解析】平安险下赔偿的因自然灾害造成的全部损失包括实际全损和推定全损。实际全损，指保险事故发生后，保险标的物灭失，或受到严重损坏以至失去原有形态、用途或价值，或不能再归被保险人所拥有。推定全损，指保险事故发生后，保险标的物虽未完全灭失，但可以预见其实际全损不可避免，或为避免实际全损所需支付的费用与继续将货物运到目的地的费用之和将超过保险价值。A 项错误。

保险责任的期间有三种确定方法：（1）以时间来确定，如规定保险期间为1年，从某年某月某日起至某年某月某日止；（2）以空间的方法来确定，如起运地

仓库至目的地仓库；（3）以空间和时间两方面来确定，如自货物离开起运地仓库起至货物抵达目的地仓库止，但如在全部货物卸离海轮后 60 日内未抵达上述地点，则以 60 日期满为止。B 项错误。

与平安险相比，水渍险的保险范围还包括因自然灾害造成的保险标的的部分损失，C 项正确。附加险别，是指投保人在投保主要险别时，为补偿因主要险别承保范围以外可能发生的某些危险造成的损失所附加的保险。附加险别不能单独投保，必须附加于主要险别项下一起投保，D 项错误。

【答案】C

7. 中国甲公司以 CIF 价向某国乙公司出口一批服装，以信用证方式付款，有关运输合同明确约定适用《海牙规则》。甲公司在装船并取得提单后，办理了议付。两天后，甲公司接乙公司来电，称装船的海轮在海上因雷击失火，该批服装全部烧毁。对于上述情况，下列哪一选项是正确的？（2009/1/43，单选）

A. 乙公司应向保险公司提出索赔

B. 甲公司应向保险公司提出索赔

C. 甲公司应将全部货款退还给乙公司

D. 乙公司应向承运人提出索赔

【解析】本题须解决两个问题：第一，谁有权提出索赔；第二，向谁提出索赔。对于第一个问题，关键要看谁承担风险。本题采用 CIF 术语，对于 CIF 术语下货物风险的转移，2000 年通则规定越过船舷风险转移，2010 年通则规定装运港装上船时风险转移，无论按照哪一通则判断，本题中雷击失火损失发生在运输过程中，此时风险已经转移，风险由买方承担，故应由买方乙公司索赔，而非卖方甲公司索赔，B 项错误。对于第二个问题，关键要看损失属于谁的责任范围。雷击属自然灾害，根据《海牙规则》，对于自然灾害造成的损失，承运人可以免责，故乙公司不能向承运人索赔，D 项错误。在 CIF 术语下，卖方负责办理保险，在当事人没有约定的情况下，卖方只需投保平安险。本题中，因雷击失火导致服装全部烧毁，该损失为自然灾害导致的全损，属于平安险下保险公司的承保范围，故乙公司应向保险公司提出索赔，A 项正确。同时，对于本题中货物发生的损失，并非由卖方甲公司违约所致，故甲公司无需将货款退还乙公司，C 项错误。

【答案】A

8 中国甲公司与德国乙公司签订了购买成套设备的进口合同。价格条件为CFR 上海，信用证付款。货物按时装上了承运人所属的利比亚籍"玛丽"轮，甲公司投保了平安险。"玛丽"轮航行到上海港区时与日本籍"小治丸"轮因双方的过失发生碰撞，致使"玛丽"轮及其货舱中的部分货物受损。基于上述情况，下列哪一选项是正确的？（2007/1/46，单选）

A. 本案碰撞引起的货损应由甲公司自行承担

B. 依《海牙规则》，"玛丽"轮所有人对过失碰撞引起的货损可以免责

C. 因甲公司投保的是平安险，保险公司对本案碰撞引起的部分货物损失不承担赔偿责任

D. 因已知货物受损，所以即使单证相符，甲公司仍有权要求银行拒付货款

【解析】关于 CFR 术语的风险转移，2000 年通则规定装运港越过船舷风险转移，2010 年通则规定装运港装上船时风险转移。本题中，无论按哪个通则判断，

两船相撞发生在货物装上船后，此时风险已经转移，应由买方甲公司承担风险。但这并不意味着必须由甲公司自行承担损失，因为甲公司投保了平安险，在平安险下，意外事故造成的全部或部分损失属于保险公司的承保范围。本题中，两船相撞属意外事故，保险公司对船舶碰撞引起的部分货物受损应负赔偿责任，该货损不应由甲公司自行承担，A、C错误。根据《海牙规则》第4条，对于船长、船员、引航员或承运人的受雇人员在驾驶船舶或管理船舶上的行为、疏忽或过失引起的货物损坏或灭失，承运人可以免责，B项正确。根据信用证独立原则，在信用证下，银行处理的是单据而非货物，不允许银行以买方与卖方之间对有关基础合同履行的争议作为不付款、少付款或延期付款的理由；也不允许买方以其与卖方之间的合同履行方面的争议为理由，限制银行向受益人付款。因此，甲公司作为买方不能因货物受损而要求银行拒付货款，D项错误。

【答案】B

9. 中国甲公司与德国乙公司签订了购买成套设备的进口合同。价格条件为CIF上海，适用2010年通则，信用证支付。货物按时装上了承运人下属的南非籍"玛利亚"轮，甲公司投保了平安险。"玛利亚"轮航行到上海港区时与日本籍"苍井丸"轮因双方过失发生碰撞，致使"玛利亚"轮及其货仓中部分货物受损。基于上述情况，依据相关国际惯例，下列说法正确的是？

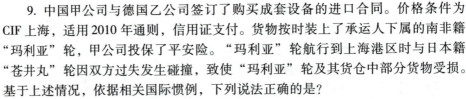

A. 本案碰撞引起的货损只能由甲公司自行承担

B. 依据《海牙规则》，承运人对过失碰撞引起的货损可以免责

C. 保险公司对本案碰撞引起的部分货物损失不承担赔偿责任

D. 因已知货物受损，所以即使单证相符，甲公司仍有权要求银行拒付货款

【解析】根据2010年通则，在CIF术语下，货物的风险自货物装上船时转移，本题中，货损发生时货物已装上船，故风险由甲公司承担；同时，CIF术语下，卖方负责保险，如双方未作特别约定，卖方仅需投保最低险别平安险，而两船相撞等意外事故引发的货损属于平安险下保险公司的承保范围。因此，对于本案碰撞引起的货损，甲公司可以向保险公司索赔，A、C错误。根据《海牙规则》，承运人对于因船长、船员、引航员或承运人的受雇人员在驾驶船舶或管理船舶上的行为、疏忽或过失引起的货物损坏或灭失，可以免责，B项正确。根据信用证独立原则，在信用证下，银行不受买卖合同的约束，不允许银行以买方与卖方之间对有关基础合同履行的争议，作为不付款、少付款或延期付款的理由；也不允许买方以其与卖方之间的合同履行方面的争议为理由，限制银行向受益人付款。D项错误。

【答案】B

10. 中国甲公司与西班牙乙公司签订服装买卖合同，约定单价每件75美元/FOB大连。乙公司为该货物的运输向保险公司投保了平安险。对于航行途中发生的下列哪项损失，保险公司可以免责？

A. 在运输途中货轮与另一艘船舶相撞造成货损

B. 由于运输迟延造成的货物损失

C. 在运输途中遭遇飓风造成货物全部损失

D. 在装卸时由于一件或整件货物落海造成的部分损失

【解析】根据我国法律，对于下列损失，保险人可以免责：（1）被保险人故意或过失造成的损失；（2）航行迟延、交货迟延或者市价跌落等造成的损失；（3）货物的自然损耗、固有缺陷、包装不当。A 项为意外事故造成的损失，C 项为自然灾害造成的全损，D 项为装卸时货物落海造成的损失，均属于平安险的承保范围。B 项属免责情形，正确。

【答案】B

11. 关于海洋运输货物保险，下列哪一选项是正确的？

A. 平安险项下赔偿的因自然灾害造成的全部损失只包括实际全损

B. 保险人的责任期间自保险合同订立时开始

C. 与平安险相比，水渍险的保险范围还包括因自然灾害造成的保险标的的部分损失

D. 附加险别可独立承保

【解析】平安险下赔偿的因自然灾害造成的全部损失包括实际全损和推定全损。实际全损，指保险事故发生后，保险标的物灭失，或受到严重损坏以至失去原有形态、用途或价值，或不能再归被保险人所拥有。推定全损，指保险事故发生后，保险标的物虽未完全灭失，但可以预见其实际全损不可避免，或为避免实际全损所需支付的费用与继续将货物运到目的地的费用之和将超过保险价值。A 项错误。保险责任的期间有三种确定方法：（1）以时间来确定，如规定保险期间为 1 年，从某年某月某日起至某年某月某日止；（2）以空间的方法来确定，如起运地仓库至目的地仓库；（3）以空间和时间两方面来确定，如自货物离开起运地仓库起至货物抵达目的地仓库止，但如在全部货物卸离海轮后 60 日内未抵达上述地点，则以 60 日期满为止。B 项错误。与平安险相比，水渍险的保险范围还包括因自然灾害造成的保险标的的部分损失，C 项正确。附加险别，是指投保人在投保主要险别时，为补偿因主要险别承保范围以外可能发生的某些危险造成的损失所附加的保险。附加险别不能单独投保，必须附加于主要险别项下一起投保，D 项错误。

【答案】C

12. 中国浙江某茶叶公司与芬兰乙公司订立了从中国出口茶叶的合同，并准备通过海运运往芬兰，为了防止茶叶串味，下列投保安排中正确的是？

A. 可以单独投保串味异味险

B. 可以投保水渍险，附加串味异味险

C. 可以投保一切险

D. 可以投保平安险

【解析】串味异味属于一般外来原因，其包括在一切险承保范围内，C 项正确。作为一种附加险别，串味异味险不能单独投保，而只能附加在基本险之后进行投保，故 A 项错误，B 项正确。平安险的承保范围不包括串味异味，D 项错误。

【答案】BC

13. 关于共同海损和单独海损，下列说法正确的是？

A. 共同海损和单独海损都是部分损失

B. 共同海损所涉及的海上危险是共同的，单独海损中的危险只涉及船舶或货物中一方的利益

C. 共同海损的损失应由受益各方来分摊，单独海损由损失方自己承担

D. 共同海损由船长、船员共同承担，而单独海损由损失方自己承担

【解析】部分损失包括共同海损和单独海损两种类型，A项正确。共同海损，指在同一海上航程中，船舶、货物和其他财产遭遇共同危险，为了共同安全，有意地合理地采取措施所直接造成的特殊牺牲、支付的特殊费用。单独海损，指保险标的物由于意外事故造成的不属于共同海损的部分损失。共同海损涉及船舶和货物共同的安全，单独海损只涉及到船舶或货物中一方的利益。B项正确。共同海损应由受益方分摊，单独海损由损失方自己承担，C项正确。共同海损由船方和货方共同承担，而单独海损由损失方自己承担，D项错误。

【答案】ABC

第三章　国际贸易支付

考点一　托收

1. 修帕公司与维塞公司签订了出口 200 吨农产品的合同，付款采用托收方式。船长签发了清洁提单。货到目的港后经检验发现货物质量与合同规定不符，维塞公司拒绝付款提货，并要求减价。后该批农产品全部变质。根据国际商会《托收统一规则》，下列哪一选项是正确的？（2008/1/44，单选）

A. 如代收行未执行托收行的指示，托收行应对因此造成的损失对修帕公司承担责任

B. 当维塞公司拒付时，代收行应当主动制作拒绝证书，以便收款人追索

C. 代收行应无延误地向托收行通知维塞公司拒绝付款的情况

D. 当维塞公司拒绝提货时，代收行应当主动提货以减少损失

【解析】根据《托收统一规则》，在托收中，托收行对代收行没有执行托收指示造成的损失无需承担责任，A 项错误。在汇票被拒绝承兑或拒绝付款时，若托收指示书上无特别指示，银行没有作出拒绝证书的义务，B 项错误。银行在托收中应当无延误地通知托收结果，包括付款、承兑、拒绝承兑或拒绝付款等，C 项正确。除非事先征得银行同意，货物不应直接运交银行以银行为收货人，否则银行无义务提取货物，银行对于跟单托收项下的任何货物无义务采取任何措施，D 项错误。

【答案】C

扫码听课

2. 中国 A 公司与英国 B 公司签订了向英国出口农产品的合同，货物由中国海丰船运公司负责运输，海丰船运公司签发指示提单后交发货人，付款方式为 D/P（付款交单），由 A 公司向中国银行上海分行提出托收申请。托收行接到申请后委托英国 M 银行代收，M 银行向 B 公司进行了付款提示。其后，A 公司查实，B 公司未付款赎单即将货物提走。对于本案，下列判断正确的是？

A. 中国银行上海分行在本案中有过错，应对未付款赎单承担责任

B. M 银行在本案中有过错，应对未付款赎单承担责任

C. 海丰船运公司在本案中有过错，应对无单放货承担责任

D. 依付款交单方式，银行只有在付款人承诺付款的情况下才能交单

【解析】B 公司未付款赎单即将货物提走，说明承运人无单放货，应承担相应的责任，而托收行并无过错，A 项错误，C 项正确。代收行的义务是汇票提示、及时通知、按照指示书的要求交单，本案中代收行无过错，B 项错误。在付款交单方式中，银行的交单以买方付款为条件，即代收行在买方付清货款后才将货运单据交付买方，D 项错误。

扫码听课

【答案】 C

考点二　信用证

（一）信用证下银行的责任和免责

1. 中国甲公司与法国乙公司订立了服装进口合同，信用证付款，丙银行保兑。货物由"铂丽"号承运，投保了平安险。甲公司知悉货物途中遇台风全损后，即通知开证行停止付款。依《海牙规则》、UCP600 号及相关规则，下列哪一选项是正确的？（2016/1/41，单选）

A. 承运人应承担赔偿甲公司货损的责任

B. 开证行可拒付，因货已全损

C. 保险公司应赔偿甲公司货物的损失

D. 丙银行可因开证行拒付而撤销其保兑

【解析】 遭遇台风属于自然灾害，根据《海牙规则》，对于自然灾害造成的损失，承运人可以免责，A 项错误。本题中，货物投保的是平安险，在平安险下，自然灾害造成的全部损失属于保险公司的承保范围，C 项正确。根据 UCP600 第 4 条所确立的信用证独立原则，就性质而言，信用证与可能作为其依据的销售合同或其他合同是相互独立的交易，不允许银行以买方与卖方之间对有关基础合同履行的争议，作为不付款、少付款或延期付款的理由；也不允许买方以其与卖方之间的合同履行方面的争议为理由，限制银行向受益人付款。B 项错误。保兑信用证，指经另一家银行加以保证兑付的信用证。在保兑信用证下，保兑行的责任相当于本身开证，无论开证行发生什么变化、是否承担兑付责任，保兑行都不得单方面撤销其保兑，D 项错误。

【答案】 C

2. 中国甲公司与德国乙公司签订了出口红枣的合同，约定品质为二级，信用证方式支付。后因库存二级红枣缺货，甲公司自行改装一级红枣，虽发票注明品质为一级，货价仍以二级计收。但在银行办理结汇时遭拒付。根据相关公约和惯例，下列哪些选项是正确的？（2014/1/80，多选）

A. 甲公司应承担交货不符的责任

B. 银行应在审查货物的真实等级后再决定是否收单付款

C. 银行可以发票与信用证不符为由拒绝收单付款

D. 银行应对单据记载的发货人甲公司的诚信负责

【解析】 根据《联合国国际货物销售合同公约》第 35 条，卖方必须保证其交付的货物与合同的规定相符，本题中，合同约定货物品质为二级，而交付货物为一级，卖方应承担交货不符的责任，A 项正确。根据 UCP600 第 5 条，银行处理的是单据，而不是单据所涉及的货物、服务或其他行为，B 项错误。根据 UCP600 第 14 条，银行在处理单据时应遵循单证表面相符原则，交单相符才应付款，单证不符时银行可以拒付，C 项正确。根据 UCP600 第 34 条，银行对发货人、承运人、货运代理人、收货人、货物的保险人或其他任何人的诚信与否，作为或不作为、清偿能力、履约或资信状况，概不负责，D 项错误。

大咖点拨区

扫码听课

扫码听课

【答案】AC

3. 中国甲公司（卖方）与某国乙公司签订了国际货物买卖合同，规定采用信用证方式付款，由设在中国境内的丙银行通知并保兑。信用证开立之后，甲公司在货物已经装运，并准备将有关单据交银行议付时，接到丙银行通知，称开证行已宣告破产，丙银行将不承担对该信用证的议付或付款责任。据此，下列选项正确的是：（2010/1/100，不定项）

A. 乙公司应为信用证项下汇票上的付款人

B. 丙银行的保兑义务并不因开证行的破产而免除

C. 因开证行已破产，甲公司应直接向乙公司收取货款

D. 虽然开证行破产，甲公司仍可依信用证向丙银行交单并要求付款

【解析】信用证付款方式是一种银行信用，信用证项下汇票上的付款人只能是银行，一般是开证行或开证行的指定银行，UCP600 第 6 条 c 项规定："信用证不得开成凭以申请人为付款人的汇票兑用。"乙公司作为国际货物买卖合同中的买方，是开证申请人，不能成为信用证项下汇票上的付款人，A 项错误。在保兑信用证下，保兑行的责任相当于本身开证，无论开证行发生什么变化、是否承担兑付责任，保兑行都不得单方面撤销其保兑，因此，保兑行的保兑义务不因开证行的破产而免除，B 项正确。保兑行自对信用证加具保兑时起，即不可撤销地承担承付或议付的责任，相对于受益人，保兑行相当于开证行，因此，虽然开证行破产，甲公司仍可依信用证向丙银行交单并要求付款，C 项错误，D 项正确。

【答案】BD

4. 根据国际商会《跟单信用证统一惯例》（UCP600）的规定，如果受益人按照信用证的要求完成对指定银行的交单义务，出现下列哪些情形时，开证行应予承付？（2008/1/87，多选）

A. 信用证规定指定银行议付但其未议付

B. 信用证规定指定银行延期付款但其未承诺延期付款

C. 信用证规定指定银行承兑，指定行承兑但到期不付款

D. 信用证规定指定银行即期付款但其未付款

【解析】《跟单信用证统一惯例》（UCP600）第 7 条第 a 项规定："只要规定的单据提交给指定银行或开证行，并且构成相符交单，则开证行必须承付，如果信用证为以下情形之一：（1）信用证规定由开证行即期付款，延期付款或承兑；（2）信用证规定由指定银行即期付款但其未付款；（3）信用证规定由指定银行延期付款但其未承诺延期付款，或虽已承诺延期付款，但未在到期日付款；（4）信用证规定由指定银行承兑，但其未承兑以其为付款人的汇票，或虽然承兑了汇票，但未在到期日付款；（5）信用证规定由指定银行议付但其未议付。"A 项符合情形（5），B 项符合情形（3），C 项符合情形（4），D 项符合情形（2），A、B、C、D 正确。

【答案】ABCD

5. 中国大昌公司（卖方）与俄罗斯尤科公司（买方）签订了一份国际货物买卖合同，合同规定采用信用证方式付款。后大昌公司收到尤科公司开来的不可撤销信用证，由设在中国境内的甲银行通知并保兑。大昌公司在货物装运后，正准备将有关单据交银行议付时，接到保兑银行通知，由于开证银行已宣告破产，

该行不承担对该信用证的付款责任，但可接受中国大昌公司委托向尤科公司直接收取货款的业务。下列说法中正确的是？

A. 大昌公司应当直接向保兑行交单并请求付款，因为保兑行对信用证进行保兑后，其承担的责任就相当于本身开证，不论开证行发生什么变故，保兑行都不能单方面撤销其保兑

B. 大昌公司应直接向尤科公司收取货款，因为开证行已经破产，通过信用证的方式已不可能获得货款

C. 由于开证行已经破产，保兑行的保兑义务也已免除，因此大昌公司应当将有关单据直接寄交尤科公司，同时要求其采取汇付的支付方式付款

D. 由于开证行已经破产，保兑行的保兑义务也已免除，因此大昌公司只能委托保兑行向尤科公司直接收取货款

【解析】保兑行，是应开证行的请求对信用证保证兑付的银行。根据《跟单信用证统一惯例》，经过保兑的信用证，开证行和保兑行共同对受益人承担付款责任，保兑行的责任相当于其本身开立信用证，不论开证行发生何种变故，是否承担兑付责任，保兑行都不能单方面撤销其保兑，A项正确，B、C、D错误。

【答案】A

扫码听课

6. A、B两公司签订进口某批货物的买卖合同，并约定A公司应于约定期内开立以B公司为受益人的不可撤销的即期保兑信用证。A公司依约向甲银行申请开立了信用证，并由B公司所在国的乙银行保兑，B公司收到信用证即办理完装运手续，随后便向乙银行提交了符合信用证各项要求的单据，要求乙银行付款。对此，乙银行应该：

A. 依B公司的要求付款，而不得拒绝

B. 拒绝B公司的付款要求

C. 可以付款，但须在取得开证行甲银行的同意后付款

D. 可以付款，但须取得A公司的同意后付款

【解析】在保兑信用证下，保兑行的付款责任独立于开证行的付款责任，受益人可向二者中任何一家银行要求付款，当受益人向保兑行提交了相符的单据，保兑行应当付款，A项正确，B、C、D错误。

【答案】A

扫码听课

7. 中国天宇公司与澳大利亚波力公司订立了一份进口羊毛的合同，单价359美元/吨，CFR厦门，双方约定采用信用证方式付款。2020年4月3日开证行开出了不可撤销信用证，此信用证经另一家银行保兑。2020年4月8日，货物按时装船，由"荷花"号轮船承运。天宇公司向中国人民保险公司投保了平安险。货物在运输途中遭遇风暴，轮船沉没，货物全部损失。天宇公司得知消息后，立即通知开证行停止付款，但此时波力公司已从保兑行议付了货款。根据《海牙规则》和我国有关法律的规定，关于本案，下列说法正确的是？

A. 开证行可以不向波力公司付款，因为波力公司提供的货物已经灭失

B. 波力公司只有在开证行明确拒绝付款后，才能向保兑行请求付款

C. 天宇公司可以向承运人索赔

D. 天宇公司可以向保险公司索赔

【解析】信用证交易属于单据交易，银行在信用证下处理的是单据而非货物，

银行在单据相符的情况下即应付款，不能因货物的灭失而拒绝付款，A 项错误。在保兑信用证下，开证行和保兑行共同对受益人承担付款责任，受益人可要求二者中任何一家银行付款，B 项错误。风暴属于自然灾害，根据《海牙规则》，对于自然灾害造成的损失，承运人可以免责，C 项错误。本题投保平安险，在平安险下，自然灾害造成的全部损失属于保险公司的承保范围，故可以向保险公司索赔，D 项正确。

【答案】 D

（二）信用证欺诈

1. 中国明诚公司和非洲拉尔公司订立了出口一批机电产品的合同。因目的港无直达航线，需要转船运输，合同约定了信用证支付方式。关于拉尔公司申请开立的信用证，下列哪些情形属于"软条款"信用证？（2019 网络回忆版）

A. 信用证要求保兑

B. 信用证要求提单为已装船提单

C. 信用证规定"开证行须在货物经检验合格后方可支付"

D. 信用证规定"禁止转船"

扫码听课

【解析】 信用证"软条款"，是指信用证中规定的某些限制性条款，或信用证条款不清、责任不明，从而使受益人处于不利的地位。"软条款"使信用证实际无法生效，开证行无法正常付款，最终由开证申请人控制整笔交易。常见的"软条款"包括：限制信用证生效、限制开证行付款、卖方难以实现的装运限制等规定。本题中，A、B 两项属于正常信用证流程中的要求，C 项属于限制开证行付款，D 项属于卖方难以实现的装运限制。

【答案】 CD

2. 依最高人民法院《关于审理信用证纠纷案件若干问题的规定》，出现下列哪一情况时，不能再通过司法手段干预信用证项下的付款行为？（2015/1/42，单选）

A. 开证行的授权人已对信用证项下票据善意地作出了承兑

B. 受益人交付的货物无价值

C. 受益人和开证申请人串通提交假单据

D. 受益人提交记载内容虚假的单据

扫码听课

【解析】 2005 年《最高人民法院关于审理信用证纠纷案件若干问题的规定》（2020 年 12 月 23 日修改）第 10 条规定："人民法院认定存在信用证欺诈的，应当裁定中止支付或者判决终止支付信用证项下款项，但有下列情形之一的除外：（一）开证行的指定人、授权人已按照开证行的指令善意地进行了付款；（二）开证行或者其指定人、授权人已对信用证项下票据善意地作出了承兑；（三）保兑行善意地履行了付款义务；（四）议付行善意地进行了议付。"A 项正确。同时，该《规定》第 8 条规定："凡有下列情形之一的，应当认定存在信用证欺诈：（一）受益人伪造单据或者提交记载内容虚假的单据；（二）受益人恶意不交付货物或者交付的货物无价值；（三）受益人和开证申请人或者其他第三方串通提交假单据，而没有真实的基础交易；（四）其他进行信用证欺诈的情形。第 9 条规定："开证申请人、开证行或者其他利害关系人发现有本规定第八条的情形，并认为将会给其造成难以弥补的损害时，可以向有管辖权的人民法院申请中止支付

大咖点拨区

信用证项下的款项。"可见，B、C、D 项均为信用证欺诈的具体表现，相关当事人发现有此类情形，并认为将会给其造成难以弥补的损害时，可以向有管辖权的人民法院申请中止支付信用证项下的款项。

【答案】A

3. 中国甲公司从某国乙公司进口一批货物，委托中国丙银行出具一份不可撤销信用证。乙公司发货后持单据向丙银行指定的丁银行请求付款，银行审单时发现单据上记载内容和信用证不完全一致。乙公司称甲公司接受此不符点，丙银行经与甲公司沟通，证实了该说法，即指示丁银行付款。后甲公司得知乙公司所发货物无价值，遂向有管辖权的中国法院申请中止支付信用证项下的款项。下列说法正确的是：（2013/1/100，不定项）

A. 甲公司已接受不符点，丙银行必须承担付款责任

B. 乙公司行为构成信用证欺诈

C. 即使丁银行已付款，法院仍应裁定丙银行中止支付

D. 丙银行发现单证存在不符点，有义务联系甲公司征询是否接受不符点

【解析】2005 年《最高人民法院关于审理信用证纠纷案件若干问题的规定》（2020 年 12 月 23 日修改）第 7 条第 1 款规定："开证行有独立审查单据的权利和义务，有权自行作出单据与信用证条款、单据与单据之间是否在表面上相符的决定，并自行决定接受或者拒绝接受单据与信用证条款、单据与单据之间的不符点。"该条第 2 款规定："开证行发现信用证项下存在不符点后，可以自行决定是否联系开证申请人接受不符点。开证申请人决定是否接受不符点，并不影响开证行最终决定是否接受不符点。开证行和开证申请人另有约定的除外。"该条第 3 款规定："开证行向受益人明确表示接受不符点的，应当承担付款责任。"可见，在信用证下：（1）开证行自行决定单据是否相符、自行决定是否接受不符点；（2）开证行发现存在不符点，自行决定是否联系申请人接受不符点；（3）开证行是否接受不符点不受申请人的影响，开证行接受不符点则应承担付款责任。A、D 错误。第 8 条规定："凡有下列情形之一的，应当认定存在信用证欺诈：（一）受益人伪造单据或者提交记载内容虚假的单据；（二）受益人恶意不交付货物或者交付的货物无价值；（三）受益人和开证申请人或者其他第三方串通提交假单据，而没有真实的基础交易；（四）其他进行信用证欺诈的情形。"B 项正确。第 10 条规定："人民法院认定存在信用证欺诈的，应当裁定中止支付或者判决终止支付信用证项下款项，但有下列情形之一的除外：（一）开证行的指定人、授权人已按照开证行的指令善意地进行了付款；（二）开证行或者其指定人、授权人已对信用证项下票据善意地作出了承兑；（三）保兑行善意地履行了付款义务；（四）议付行善意地进行了议付。"本题中，作为指定行的丁银行已经付款，则不应再裁定丙银行止付，C 项错误。

【答案】B

4. 根据《最高人民法院关于审理信用证纠纷案件若干问题的规定》，中国法院认定存在信用证欺诈的，应当裁定中止支付或者判决终止支付信用证项下款项，但存在除外情形。关于除外情形，下列哪些表述是正确的？（2012/1/81，多选）

A. 开证行的指定人、授权人已按照开证行的指令善意地进行了付款

B. 开证行或者其指定人、授权人已对信用证项下票据善意地作出了承兑

C. 保兑行善意地履行了付款义务

D. 议付行善意地进行了议付

【解析】《最高人民法院关于审理信用证纠纷案件若干问题的规定》（2020年12月23日修改）第10条规定："人民法院认定存在信用证欺诈的，应当裁定中止支付或者判决终止支付信用证项下款项，但有下列情形之一的除外：（一）开证行的指定人、授权人已按照开证行的指令善意地进行了付款；（二）开证行或者其指定人、授权人已对信用证项下票据善意地作出了承兑；（三）保兑行善意地履行了付款义务；（四）议付行善意地进行了议付。"A、B、C、D均属除外情形，正确。

【答案】ABCD

大咖点拨区

扫码听课

5. 中国甲公司（买方）与某国乙公司签订仪器买卖合同，付款方式为信用证，中国丙银行为开证行，中国丁银行为甲公司申请开证的保证人，担保合同未约定法律适用。乙公司向信用证指定行提交单据后，指定行善意支付了信用证项下的款项。后甲公司以乙公司伪造单据为由，向中国某法院申请禁止支付令。依我国相关法律规定，下列哪一选项是正确的？（2009/1/46，单选）

A. 中国法院可以诈欺为由禁止开证行对外支付

B. 因指定行已善意支付了信用证项下的款项，中国法院不应禁止中国丙银行对外付款

C. 如确有证据证明单据为乙公司伪造，中国法院可判决终止支付

D. 丁银行与甲公司之间的担保关系应适用《跟单信用证统一惯例》规定

【解析】2005年《最高人民法院关于审理信用证纠纷案件若干问题的规定》（2020年12月23日修改）第10条规定："人民法院认定存在信用证欺诈的，应当裁定中止支付或者判决终止支付信用证项下款项，但有下列情形之一的除外：（一）开证行的指定人、授权人已按照开证行的指令善意地进行了付款；（二）开证行或者其指定人、授权人已对信用证项下票据善意地作出了承兑；（三）保兑行善意地履行了付款义务；（四）议付行善意地进行了议付。"本题中，指定行善意支付了信用证项下的款项，中国法院不应再禁止中国丙银行对外付款，B项正确，A、C错误。该《规定》第4条规定："因申请开立信用证而产生的欠款纠纷、委托开立信用证纠纷和因此产生的担保纠纷以及信用证项下融资产生的纠纷应当适用中华人民共和国相关法律。涉外合同当事人对法律适用另有约定的除外。"因此，丁银行与甲公司之间的担保关系应适用中国法，D项错误。

【答案】B

6. 法国A公司与中国B公司订立了向中国出口机械设备的合同。B公司向中国某银行申请开出了不可撤销信用证。在合同履行过程中，B公司派驻法国的业务人员了解到，该批设备类型很可能与合同严重不符且没有价值，于是紧急通知B公司总部。B公司随即向有管辖权的中国法院提出申请，要求裁定止付信用证项下的款项。依照2005年《最高人民法院关于审理信用证纠纷案件若干问题的规定》，下列说法正确的是？

A. B公司须证明存在A公司交付的货物无价值或有其他信用证欺诈行为的事实，其要求才可能得到支持

扫码听课

B. 只有 B 公司有权向法院提出止付申请，开证行如发现有信用证欺诈事实，只能委托 B 公司向法院申请中止支付信用证项下的款项

C. 即使国外议付行已善意地履行付款义务，法院仍应裁定止付信用证项下的款项

D. 法院在审理 A 公司与 B 公司因申请开立信用证而产生的欠款纠纷时，如当事人对所适用的法律未作出约定，则应当适用中国法律

【解析】2005 年《最高人民法院关于审理信用证纠纷案件若干问题的规定》（2020 年 12 月 23 日修改）第 8 条规定："凡有下列情形之一的，应当认定存在信用证欺诈：（一）受益人伪造单据或者提交记载内容虚假的单据；（二）受益人恶意不交付货物或者交付的货物无价值；（三）受益人和开证申请人或者其他第三方串通提交假单据，而没有真实的基础交易；（四）其他进行信用证欺诈的情形。" 第 11 条第 1 款规定："当事人在起诉前申请中止支付信用证项下款项符合下列条件的，人民法院应予受理：（一）受理申请的人民法院对该信用证纠纷案件享有管辖权；（二）申请人提供的证据材料证明存在本规定第八条的情形；（三）如不采取中止支付信用证项下款项的措施，将会使申请人的合法权益受到难以弥补的损害；（四）申请人提供了可靠、充分的担保；（五）不存在本规定第十条的情形。"A 项正确。第 9 条规定："开证申请人、开证行或者其他利害关系人发现有本规定第八条的情形，并认为将会给其造成难以弥补的损害时，可以向有管辖权的人民法院申请中止支付信用证项下的款项。"B 项错误。第 10 条规定："人民法院认定存在信用证欺诈的，应当裁定中止支付或者判决终止支付信用证项下款项，但有下列情形之一的除外：（一）开证行的指定人、授权人已按照开证行的指令善意地进行了付款；（二）开证行或者其指定人、授权人已对信用证项下票据善意地作出了承兑；（三）保兑行善意地履行了付款义务；（四）议付行善意地进行了议付。"C 项错误。第 4 条规定："因申请开立信用证而产生的欠款纠纷、委托开立信用证纠纷和因此产生的担保纠纷以及信用证项下融资产生的纠纷应当适用中华人民共和国相关法律。涉外合同当事人对法律适用另有约定的除外。"D 项正确。

【答案】AD

（三）UCP600 对 UCP500 的变动

2006 年国际商会巴黎会议上通过的经修改的《跟单信用证统一惯例》（UCP600）于 2007 年 7 月 1 日实施。下列哪些选项属于 UCP600 修改或规定的内容？（2007/1/85，多选）

A. 直接规定信用证是不可撤销的

B. 关于议付的新定义明确了议付是对票据及单据的一种售出行为

C. 规定当开证行确定单证不符时，可以自行决定联系申请人放弃不符点

D. 规定银行收到单据后的处理时间为"合理时间"，不超过收单翌日起的 5 个工作日

【解析】国际商会在 2006 年对原有的《跟单信用证统一惯例》（UCP500）作了修改，与 UCP500 相比，修改后的 UCP600 在很多方面发生了明显变化：第一，结构上的变化。（1）集中归纳了对特定概念的解释；（2）按业务环节对条款进行了归纳。第二，删除了某些条款。删除了关于可撤销信用证的内容，规定信用证

扫码听课

是不可撤销的。第三，新增了某些条款。（1）明确规定交单地点应在指定银行及开证行所在地；（2）新增"兑付"：包括开证行、保兑行、指定行在信用证下除议付以外的一切与支付相关的行为；（3）规定了"相符的交单"：强调交单要与信用证条款、适用的惯例条款以及国际银行标准实务相符合。第四，修改了某些条款。（1）关于议付：新的定义明确议付是对票据及单据的一种买入行为，是对受益人的融资；（2）关于单据处理的天数：UCP500 规定银行收到单据后的处理时间为"不超过收单翌日起第 7 个工作日"，UCP600 改为"最多为收单翌日起第 5 个工作日"；（3）对不符单据的处理：规定当开证行确定单证不符时，可以自行决定联系申请人放弃不符点，如果开证行收到申请人放弃不符点的通知，则可以释放单据；（4）关于可转让信用证：明确规定第二受益人的交单必须经过转让行。综上，A、C、D 正确。议付是对票据及单据的一种买入行为，并非售出行为，B 项错误。

【答案】ACD

大咖点拨区

第四章　对外贸易管理制度

考点一　《对外贸易法》、《出口管制法》

扫码听课

1. 中国人杨某和甲公司都从事某种商品的出口，该种商品在国外颇受欢迎销量可观。后该种商品被列入我国出口管制清单，根据《对外贸易法》和《出口管制法》的相关规定，下列哪些判断是正确的？（2021 网络回忆版）

A. 杨某作为个人不能从事对外贸易活动

B. 甲公司只有经有关部门审批方能从事对外贸易活动

C. 该种商品出口应申领出口许可证

D. 外国进口商不能擅自改变该种进口商品的最终用途

【解析】《对外贸易法》第 8 条规定："本法所称对外贸易经营者，是指依法办理工商登记或者其他执业手续，依照本法和其他有关法律、行政法规的规定从事对外贸易经营活动的法人、其他组织或者个人。"A 项错误。

《对外贸易法》第 9 条规定："从事货物进出口或者技术进出口的对外贸易经营者，应当向国务院对外贸易主管部门或者其委托的机构办理备案登记；……"可见，从事对外贸易活动仅需备案登记，不需要审批，B 项错误。

《出口管制法》第 12 条第 1、第 2 款规定："国家对管制物项的出口实行许可制度。出口管制清单所列管制物项或者临时管制物项，出口经营者应当向国家出口管制管理部门申请许可。"C 项正确。

《出口管制法》第 16 条第 1 款规定："管制物项的最终用户应当承诺，未经国家出口管制管理部门允许，不得擅自改变相关管制物项的最终用途或者向任何第三方转让。"D 项正确。

【答案】CD

2. 根据我国 2004 年修订的《对外贸易法》的规定，关于对外贸易经营者，下列哪些选项是错误的？（2008/1/85，多选）

A. 个人须委托具有资格的法人企业才能办理对外贸易业务

B. 对外贸易经营者未依规定办理备案登记的，海关不予办理报关验放手续

C. 有足够的资金即可自动取得对外贸易经营的资格

D. 对外贸易经营者向国务院主管部门办妥审批手续后方能取得对外贸易经营的资格

扫码听课

【解析】《对外贸易法》第 8 条规定："本法所称对外贸易经营者，是指依法办理工商登记或者其他执业手续，依照本法和其他有关法律、行政法规的规定从事对外贸易经营活动的法人、其他组织或者个人。"据此，个人在符合法律规定条件的情况下，也可以办理对外贸易业务，A 项错误。该法第 9 条规定："从事货

物进出口或者技术进出口的对外贸易经营者，应当向国务院对外贸易主管部门或者其委托的机构办理备案登记；但是，法律、行政法规和国务院对外贸易主管部门规定不需要备案登记的除外。备案登记的具体办法由国务院对外贸易主管部门规定。对外贸易经营者未按照规定办理备案登记的，海关不予办理进出口货物的报关验放手续。"B 项正确。根据该条，有足够的资金并不能自动取得对外贸易经营的资格，还须向有关部门办理备案登记，C 项错误；在外贸经营权获得的问题上，2004 年《对外贸易法》（2016 年 11 月 7 日修改）采取的是备案登记制而非审批制，对外贸易经营者只需向国务院主管部门办理备案登记，D 项错误。

【答案】ACD

考点二　贸易救济措施

（一）反倾销

1. 甲国某公司向中国出口一类商品，因价格过低涉嫌倾销被商务部调查，该出口商向商务部作出价格承诺，以下正确的是哪项？（2020 网络回忆版）

A. 若该公司违反价格承诺，则商务部可以立即恢复反倾销调查

B. 若商务部拒绝该公司的价格承诺，可以不告知理由

C. 甲国某公司在针对商务部的反倾销裁定提起的行政诉讼中对主张的事实负有举证责任

D. 甲国某公司不得就商务部的价格承诺复审决定提起行政诉讼

【解析】根据《反倾销条例》第 36 条，出口经营者违反其价格承诺的，商务部可以立即决定恢复反倾销调查，A 项正确。

该条例第 33 条第 2 款规定："商务部不接受价格承诺的，应当向有关出口经营者说明理由。"B 项错误。

《最高人民法院关于审理反倾销行政案件应用法律若干问题的规定》第 7 条第 1 款规定："被告对其作出的被诉反倾销行政行为负举证责任，应当提供作出反倾销行政行为的证据和所依据的规范性文件。"C 项错误。

根据《反倾销条例》第 53 条，利害关系人对商务部的终局裁定或复审决定不服的，可以依法申请行政复议，也可以依法向人民法院提起诉讼，D 项错误。

【答案】A

2. 甲、乙、丙三国生产卷钢的企业以低于正常价值的价格向中国出口其产品，代表中国同类产业的 8 家企业拟向商务部申请反倾销调查。依我国《反倾销条例》，下列哪一选项是正确的？（2017/1/43，单选）

A. 如支持申请的国内生产者的产量不足国内同类产品总产量 25% 的，不得启动反倾销调查

B. 如甲、乙、丙三国的出口经营者不接受商务部建议的价格承诺，则会妨碍反倾销案件的调查和确定

C. 反倾销税的履行期限是 5 年，不得延长

D. 终裁决定确定的反倾销税高于已付的临时反倾销税的，差额部分应予补交

【解析】《反倾销条例》第 17 条规定："在表示支持申请或者反对申请的国内

大咖点拨区

产业中，支持者的产量占支持者和反对者的总产量的50%以上的，应当认定申请是由国内产业或者代表国内产业提出，可以启动反倾销调查；但是，表示支持申请的国内生产者的产量不足国内同类产品总产量的25%的，不得启动反倾销调查。"A项正确。该《条例》第32条规定："出口经营者不作出价格承诺或者不接受价格承诺的建议的，不妨碍对反倾销案件的调查和确定。出口经营者继续倾销进口产品的，商务部有权确定损害威胁更有可能出现。"B项错误。该《条例》第48条规定："反倾销税的征收期限和价格承诺的履行期限不超过5年；但是，经复审确定终止征收反倾销税有可能导致倾销和损害的继续或者再度发生的，反倾销税的征收期限可以适当延长。"C项错误。该《条例》第43条第3款规定："终裁决定确定的反倾销税，高于已付或者应付的临时反倾销税或者为担保目的而估计的金额的，差额部分不予收取；低于已付或者应付的临时反倾销税或者为担保目的而估计的金额的，差额部分应当根据具体情况予以退还或者重新计算税额。"D项错误。

【答案】A

3. 应国内化工产业的申请，中国商务部对来自甲国的某化工产品进行了反倾销调查。依《反倾销条例》，下列哪一选项是正确的？（2016/1/42，单选）

A. 商务部的调查只能限于中国境内

B. 反倾销税税额不应超过终裁确定的倾销幅度

C. 甲国某化工产品的出口经营者必须接受商务部有关价格承诺的建议

D. 针对甲国某化工产品的反倾销税征收期限为5年，不得延长

【解析】《反倾销条例》第20条第3款规定："商务部认为必要时，可以派出工作人员赴有关国家（地区）进行调查；但是，有关国家（地区）提出异议的除外。"A项错误。该《条例》第42条规定："反倾销税税额不超过终裁决定确定的倾销幅度。"B项正确。该《条例》第31条规定："倾销进口产品的出口经营者在反倾销调查期间，可以向商务部作出改变价格或者停止以倾销价格出口的价格承诺。商务部可以向出口经营者提出价格承诺的建议。商务部不得强迫出口经营者作出价格承诺。"C项错误。该《条例》第48条规定："反倾销税的征收期限和价格承诺的履行期限不超过5年；但是，经复审确定终止征收反倾销税有可能导致倾销和损害的继续或者再度发生的，反倾销税的征收期限可以适当延长。"D项错误。

【答案】B

4. 甲乙丙三国企业均向中国出口某化工产品，2010年中国生产同类化工产品的企业认为进口的这一化工产品价格过低，向商务部提出了反倾销调查申请。根据相关规则，下列哪一选项是正确的？（2014/1/42，单选）

A. 反倾销税税额不应超过终裁决定确定的倾销幅度

B. 反倾销税的纳税人为倾销进口产品的甲乙丙三国企业

C. 商务部可要求甲乙丙三国企业作出价格承诺，否则不能进口

D. 倾销进口产品来自两个以上国家，即可就倾销进口产品对国内产业造成的影响进行累积评估

【解析】《反倾销条例》第42条规定："反倾销税税额不超过终裁决定确定的倾销幅度。"A项正确。条例第40条规定："反倾销税的纳税人为倾销进口产品

扫码听课

扫码听课

的进口经营者。"本题中，甲乙丙三国企业为该产品的出口商，B项错误。《条例》第31条规定："倾销进口产品的出口经营者在反倾销调查期间，可以向商务部作出改变价格或者停止以倾销价格出口的价格承诺。商务部可以向出口经营者提出价格承诺的建议。商务部不得强迫出口经营者作出价格承诺。"C项错误。根据《条例》第9条第1款，倾销进口产品来自两个以上国家（地区），可以就倾销进口产品对国内产业造成的影响进行累积评估，但须同时满足下列条件："（1）来自每一国家（地区）的倾销进口产品的倾销幅度不小于2%，并且其进口量不属于可忽略不计的；（2）根据倾销进口产品之间以及倾销进口产品与国内同类产品之间的竞争条件，进行累积评估是适当的。"D项表述中忽略了两个必要条件，错误。

【答案】A

大咖点拨区

扫码听课

5. 部分中国企业向商务部提出反倾销调查申请，要求对原产于某国的某化工原材料进口产品进行相关调查。经查，商务部终局裁定确定倾销成立，决定征收反倾销税。根据我国相关法律规定，下列哪一说法是正确的？（2012/1/41，单选）

A. 构成倾销的前提是进口产品对我国化工原材料产业造成了实质损害，或者产生实质损害威胁

B. 对不同出口经营者应该征收同一标准的反倾销税税额

C. 征收反倾销税，由国务院关税税则委员会做出决定，商务部予以执行

D. 与反倾销调查有关的对外磋商、通知和争端事宜由外交部负责

【解析】《反倾销条例》第2条规定："进口产品以倾销方式进入中华人民共和国市场，并对已经建立的国内产业造成实质损害或者产生实质损害威胁，或者对建立国内产业造成实质阻碍的，依照本条例的规定进行调查，采取反倾销措施。"A项正确。第41条规定："反倾销税应当根据不同出口经营者的倾销幅度，分别确定。对未包括在审查范围内的出口经营者的倾销进口产品，需要征收反倾销税的，应当按照合理的方式确定对其适用的反倾销税。"B项错误。第38条规定："征收反倾销税，由商务部提出建议，国务院关税税则委员会根据商务部的建议作出决定，由商务部予以公告。海关自公告规定实施之日起执行。"C项错误。第57条规定："商务部负责与反倾销有关的对外磋商、通知和争端解决事宜。"D项错误。

【答案】A

6. 甲、乙、丙中国企业代表国内某食品原料产业向商务部提出反倾销调查申请，要求对原产于A国、B国、C国的该原料进行相关调查。经查，商务部终局裁定确定倾销成立，对国内产业造成损害，决定征收反倾销税。根据我国相关法律规定，下列哪一说法是正确的？（2011/1/42，单选）

A. 反倾销税的纳税人是该原料的出口经营者

B. 在反倾销调查期间，商务部可以建议进口经营者作出价格承诺

C. 终裁决定确定的反倾销税额高于已付或应付临时反倾销税或担保金额的，差额部分不予征收

D. 终裁决定确定的反倾销税额低于已付或应付临时反倾销税或担保金额的，差额部分不予退还

扫码听课

大咖点拨区

扫码听课

【解析】《反倾销条例》第40条规定："反倾销税的纳税人为倾销进口产品的进口经营者。"A项错误。第31条第2款规定："商务部可以向出口经营者提出价格承诺的建议。"因此，商务部提出建议的对象为出口经营者，而非进口经营者，B项错误。第43条第3款规定："终裁决定确定的反倾销税，高于已付或者应付的临时反倾销税或者为担保目的而估计的金额的，差额部分不予收取；低于已付或者应付的临时反倾销税或者为担保目的而估计的金额的，差额部分应当根据具体情况予以退还或者重新计算税额。"C项正确，D项错误。

【答案】C

7. 国内某产品生产商向我国商务部申请对从甲国进口的该产品进行反倾销调查。该产品的国内生产商共有100多家。根据我国相关法律规定，下列哪一选项是正确的？（2010/1/44，单选）

A. 任何一家该产品的国内生产商均可启动反倾销调查
B. 商务部可强迫甲国出口商作出价格承诺
C. 如终裁决定确定的反倾销税高于临时反倾销税，甲国出口商应当补足
D. 反倾销税税额不应超过终裁决定确定的倾销幅度

【解析】启动反倾销调查，需要足够的国内生产者的支持，《反倾销条例》第17条规定："在表示支持申请或者反对申请的国内产业中，支持者的产量占支持者和反对者的总产量的50%以上的，应当认定申请是由国内产业或者代表国内产业提出，可以启动反倾销调查；但是，表示支持申请的国内生产者的产量不足国内同类产品总产量的25%的，不得启动反倾销调查。"A项错误。该条例第31条第2、3款规定："商务部可以向出口经营者提出价格承诺的建议。商务部不得强迫出口经营者作出价格承诺。"B项错误。该条例第43条第3款规定："终裁决定确定的反倾销税，高于已付或者应付的临时反倾销税或者为担保目的而估计的金额的，差额部分不予收取；低于已付或者应付的临时反倾销税或者为担保目的而估计的金额的，差额部分应当根据具体情况予以退还或者重新计算税额。"C项错误。该条例第42条规定："反倾销税税额不超过终裁决定确定的倾销幅度。"D项正确。

【答案】D

8. 在进口倾销对国内产业造成实质损害的情况下，反倾销税可以追溯征收。该反倾销税可适用于下列哪些产品？（2008/1/83，多选）

A. 采取临时反倾销措施期间进口的产品
B. 发起反倾销调查前90天内进口的产品
C. 提起反倾销调查前90天内进口的产品
D. 实施临时反倾销措施之日前90天内进口的产品

【解析】《反倾销条例》第43条第1款、第2款规定："终裁决定确定存在实质损害，并在此前已经采取临时反倾销措施的，反倾销税可以对已经实施临时反倾销措施的期间追溯征收。终裁决定确定存在实质损害威胁，在先前不采取临时反倾销措施将会导致后来作出实质损害裁定的情况下已经采取临时反倾销措施的，反倾销税可以对已经实施临时反倾销措施的期间追溯征收。"A项正确。第36条规定："出口经营者违反其价格承诺的，商务部依照本条例的规定，可以立即决定恢复反倾销调查；根据可获得的最佳信息，可以决定采取临时反倾销措

扫码听课

施，并可以对实施临时反倾销措施前 90 天内进口的产品追溯征收反倾销税，但违反价格承诺前进口的产品除外。"D 项正确，B、C 错误。

【答案】AD

9. 根据我国《反倾销条例》规定，倾销进口产品的出口经营者在反倾销调查期间，可向商务部作出改变价格或停止以倾销价格出口的价格承诺。有关价格承诺的规定，下列哪一选项是正确的？（2007/1/42，单选）

A. 商务部可以向出口经营者提出价格承诺的建议

B. 商务部在对倾销及其损害作出肯定的初步裁定之前可以寻求或接受价格承诺

C. 对出口经营者作出的价格承诺，商务部应予接受

D. 出口经营者违反其价格承诺的，商务部可以采取保障措施

【解析】《反倾销条例》第 31 条第 2 款规定："商务部可以向出口经营者提出价格承诺的建议。"A 项正确。第 33 条第 3 款规定："商务部对倾销以及由倾销造成的损害作出肯定的初裁决定前，不得寻求或者接受价格承诺。"B 项错误。第 33 条第 1 款、第 2 款规定："商务部认为出口经营者作出的价格承诺能够接受并符合公共利益的，可以决定中止或者终止反倾销调查，不采取临时反倾销措施或者征收反倾销税。中止或者终止反倾销调查的决定由商务部予以公告。商务部不接受价格承诺的，应当向有关出口经营者说明理由。"可见，是否接受价格承诺，由商务部自主决定，C 项错误。第 36 条规定："出口经营者违反其价格承诺的，商务部依照本条例的规定，可以立即决定恢复反倾销调查；根据可获得的最佳信息，可以决定采取临时反倾销措施，并可以对实施临时反倾销措施前 90 天内进口的产品追溯征收反倾销税，但违反价格承诺前进口的产品除外。"因此，出口经营者违反价格承诺，商务部可立即恢复反倾销调查，而不是采取保障措施，D 项错误。

【答案】A

10. 2019 年 7 月，中国商务部终局裁定确定甲国出口到中国的某种钢材倾销成立并由此对国内产业造成实质损害，确定征收反倾销税。根据我国《反倾销条例》，下列关于反倾销税的哪种说法是正确的？

A. 对同一产品的不同进口经营者，应适用相同的反倾销税率

B. 反倾销税税额应当等于终裁决定确定的倾销幅度

C. 终裁决定确定存在实质损害，并在此前已经采取临时反倾销措施的，反倾销税可以对已经实施临时反倾销措施的期间追溯征收

D. 终裁决定确定的反倾销税，高于已付或者应付的临时反倾销税或者为担保目的而估计的金额的，差额部分应由进口经营者补缴

【解析】《反倾销条例》第 41 条规定："反倾销税应当根据不同出口经营者的倾销幅度，分别确定。……"A 项错误。第 42 条规定："反倾销税税额不超过终裁决定确定的倾销幅度。"B 项错误。第 43 条第 1 款规定："终裁决定确定存在实质损害，并在此前已经采取临时反倾销措施的，反倾销税可以对已经实施临时反倾销措施的期间追溯征收。"C 项正确。第 43 条第 3 款规定："终裁决定确定的反倾销税，高于已付或者应付的临时反倾销税或者为担保目的而估计的金额的，差额部分不予收取。……"D 项错误。

【答案】C

（二）反补贴

1. 根据《中华人民共和国反补贴条例》，下列哪些选项属于补贴？（2014/1/82，多选）

A. 出口国政府出资兴建通向口岸的高速公路

B. 出口国政府给予企业的免税优惠

C. 出口国政府提供的贷款

D. 出口国政府通过向筹资机构付款，转而向企业提供资金

【解析】《反补贴条例》第3条第1款、第3款规定："补贴，是指出口国（地区）政府或者其任何公共机构提供的并为接受者带来利益的财政资助以及任何形式的收入或者价格支持"；本条第1款所称"财政资助，包括：（一）出口国（地区）政府以拨款、贷款、资本注入等形式直接提供资金，或者以贷款担保等形式潜在地直接转让资金或者债务；（二）出口国（地区）政府放弃或者不收缴应收收入；（三）出口国（地区）政府提供除一般基础设施以外的货物、服务，或者由出口国（地区）政府购买货物；（四）出口国（地区）政府通过向筹资机构付款，或者委托、指令私营机构履行上述职能。"据此，B、C、D属于补贴。

【答案】BCD

2. 中国某化工产品的国内生产商向中国商务部提起对从甲国进口的该类化工产品的反补贴调查申请。依我国相关法律规定，下列哪一选项是正确的？（2009/1/45，单选）

A. 商务部认为必要时可以强制出口经营者作出价格承诺

B. 商务部认为有必要出境调查时，必须通过司法协助途径

C. 反补贴税税额不得超过终裁决定确定的补贴金额

D. 甲国该类化工产品的出口商是反补贴税的纳税人

【解析】《反补贴条例》第32条规定："在反补贴调查期间，出口国（地区）政府提出取消、限制补贴或者其他有关措施的承诺，或者出口经营者提出修改价格的承诺的，商务部应当予以充分考虑。商务部可以向出口经营者或者出口国（地区）政府提出有关价格承诺的建议。商务部不得强迫出口经营者作出承诺。"A项错误。该《条例》第20条规定："商务部可以采用问卷、抽样、听证会、现场核查等方式向利害关系方了解情况，进行调查。商务部应当为有关利害关系方、利害关系国（地区）政府提供陈述意见和论据的机会。商务部认为必要时，可以派出工作人员赴有关国家（地区）进行调查；但是，有关国家（地区）提出异议的除外。"反补贴调查属于行政机关的调查，不适用司法协助途径，B项错误。该《条例》第43条规定："反补贴税税额不得超过终裁决定确定的补贴金额。"C项正确。该《条例》第41条规定："反补贴税的纳税人为补贴进口产品的进口经营者。"D项错误。

【答案】C

3. 根据我国《反补贴条例》，可以对其进行调查、采取反补贴措施的补贴必须具有专向性，下列哪些补贴具有专向性？

A. 出口国政府明确确定的某些企业、产业获得的补贴

B. 由出口国法律、法规明确规定的某些企业、产业获得的补贴

C. 以使用本国或本地区产品替代进口产品为条件获得的补贴

D. 以出口实绩为条件获得的补贴

【解析】根据我国《反补贴条例》，进行反补贴调查、采取反补贴措施的补贴，必须具有专向性。具有下列情形之一的补贴，具有专向性：（1）由出口国政府明确确定的某些企业、产业获得的补贴；（2）由出口国法律、法规明确规定的某些企业、产业获得的补贴；（3）指定特定区域内的企业、产业获得的补贴；（4）以出口实绩为条件获得的补贴，包括本条例所附出口补贴清单列举的各项补贴；（5）以使用本国产品替代进口产品为条件获得的补贴。A、B、C、D均符合。

【答案】ABCD

4. 根据我国《反补贴条例》，关于反补贴措施，下列说法正确的是？

A. 进口产品存在补贴，并对已经建立的国内产业造成严重损害或者产生严重损害威胁，或者对建立国内产业造成严重阻碍的，商务部才可以采取反补贴措施

B. 商务部可以向出口经营者或者出口国政府提出有关价格承诺的建议

C. 如果出口经营者作出承诺，商务部可直接决定接受

D. 征收反补贴税，由商务部负责执行

【解析】反补贴中的损害应为"实质"损害，《反补贴条例》第2条规定："进口产品存在补贴，并对已经建立的国内产业造成实质损害或者产生实质损害威胁，或者对建立国内产业造成实质阻碍的，依照本条例的规定进行调查，采取反补贴措施。"A项错误。第32条第2款规定："商务部可以向出口经营者或者出口国（地区）政府提出有关价格承诺的建议。"B项正确。第34条第3款规定："……在出口经营者作出承诺的情况下，未经其本国（地区）政府同意的，商务部不得寻求或者接受承诺。"可见，商务部若接受出口经营者作出的价格承诺，应事先取得其本国政府的同意，C项错误。第39条规定："征收反补贴税，由商务部提出建议，国务院关税税则委员会根据商务部的建议作出决定，由商务部予以公告。海关自公告规定实施之日起执行。"D项错误。

【答案】B

（三）保障措施

1. 进口中国的某类化工产品2015年占中国的市场份额比2014年有较大增加，经查，两年进口总量虽持平，但仍给生产同类产品的中国产业造成了严重损害。依我国相关法律，下列哪一选项是正确的？（2015/1/43，单选）

A. 受损害的中国国内产业可向商务部申请反倾销调查

B. 受损害的中国国内产业可向商务部提出采取保障措施的书面申请

C. 因为该类化工产品的进口数量并没有绝对增加，故不能采取保障措施

D. 该类化工产品的出口商可通过价格承诺避免保障措施的实施

【解析】《保障措施条例》第2条规定："进口产品数量增加，并对生产同类产品或者直接竞争产品的国内产业造成严重损害或者严重损害威胁的，依照本条例的规定进行调查，采取保障措施。"第3条第1款规定："与国内产业有关的自然人、法人或者其他组织，可以依照本条例的规定，向商务部提出采取保障措施的书面申请。"B项正确，A项错误。该《条例》第7条规定："进口产品数量增加，是指进口产品数量的绝对增加或者与国内生产相比的相对增加。"C项错误。与反倾销、反补贴措施不同，保障措施的实施形式包括临时保障措施（提高关

扫码听课

扫码听课

税）和保障措施（提高关税、数量限制等），不包括价格承诺，D项错误。

【答案】B

2. 根据《中华人民共和国保障措施条例》，下列哪一说法是不正确的？（2013/1/44，单选）

A. 保障措施中"国内产业受到损害"，是指某种进口产品数量增加，并对生产同类产品或直接竞争产品的国内产业造成严重损害或严重损害威胁

B. 进口产品数量增加指进口数量的绝对增加或与国内生产相比的相对增加

C. 终裁决定确定不采取保障措施的，已征收的临时关税应当予以退还

D. 保障措施只应针对终裁决定作出后进口的产品实施

【解析】《保障措施条例》第2条规定："进口产品数量增加，并对生产同类产品或者直接竞争产品的国内产业造成严重损害或者严重损害威胁的，依照本条例的规定进行调查，采取保障措施。"A项正确。《条例》第7条规定："进口产品数量增加，是指进口产品数量的绝对增加或者与国内生产相比的相对增加。"B项正确。《条例》第25条规定："终裁决定确定不采取保障措施的，已征收的临时关税应当予以退还。"C项正确。《条例》第16条第1款规定："有明确证据表明进口产品数量增加，在不采取临时保障措施将对国内产业造成难以补救的损害的紧急情况下，可以作出初裁决定，并采取临时保障措施。"可见，对终裁决定作出前的进口产品，商务部也可作出初裁决定并采取临时保障措施，D项错误。

【答案】D

3. 进口到中国的某种化工材料数量激增，其中来自甲国的该种化工材料数量最多，导致中国同类材料的生产企业遭受实质损害。根据我国相关法律规定，下列哪一选项是正确的？（2011/1/41，单选）

A. 中国有关部门启动保障措施调查，应以国内有关生产者申请为条件

B. 中国有关部门可仅对已经进口的甲国材料采取保障措施

C. 如甲国企业同意进行价格承诺，则可避免被中国采取保障措施

D. 如采取保障措施，措施针对的材料范围应当与调查范围相一致

【解析】《保障措施条例》第4条规定："商务部没有收到采取保障措施的书面申请，但有充分证据认为国内产业因进口产品数量增加而受到损害的，可以决定立案调查。"A项错误。第22条规定："保障措施应当针对正在进口的产品实施，不区分产品来源国（地区）。"B项错误。根据第19条，保障措施可以采取提高关税、数量限制等形式，并不包括价格承诺，C项错误。第23条规定："采取保障措施应当限于防止、补救严重损害并便利调整国内产业所必要的范围内。"D项正确。

【答案】D

4. 根据我国相关法律规定，满足下列哪些条件，商务部才可决定采取保障措施？（2010/1/85，多选）

A. 进口产品数量增加

B. 进口产品数量增加是出口方倾销或补贴的结果

C. 进口产品数量增加并对生产同类产品的国内产业造成严重损害

D. 进口产品数量增加并对国内直接竞争产品的产业造成严重损害威胁

【解析】《保障措施条例》第2条规定："进口产品数量增加，并对生产同类

产品或者直接竞争产品的国内产业造成严重损害或者严重损害威胁的，依照本条例的规定进行调查，采取保障措施。"C、D正确。进口产品数量增加只是采取保障措施的条件之一，如果只是进口产品数量增加，但并未对生产同类产品或直接竞争产品的国内产业造成严重损害或严重损害威胁，则不能采取保障措施，A项错误。采取保障措施无需存在倾销或补贴，B项错误。

【答案】CD

5. 某种化工材料进口数量的增加，使国内生产同类产品及与其直接竞争的产品的化工厂受到严重损害。依我国相关法律规定，与国内产业有关的自然人、法人或其他组织有权采取的措施有：(2007/1/95，不定项)

A. 直接向海关申请禁止该化工产品的进口

B. 向商务部提出反倾销调查申请

C. 向有管辖权的法院提起损害赔偿的诉讼

D. 向商务部提出保障措施调查的申请

【解析】《保障措施条例》第2条规定："进口产品数量增加，并对生产同类产品或者直接竞争产品的国内产业造成严重损害或者严重损害威胁（以下除特别指明外，统称损害）的，依照本条例的规定进行调查，采取保障措施。"第3条第1款规定："与国内产业有关的自然人、法人或者其他组织（以下统称申请人），可以依照本条例的规定，向商务部提出采取保障措施的书面申请。"B项错误，D项正确。采取贸易救济措施应向商务部提出，不能向海关或法院提出，A、C错误。

【答案】D

扫码听课

6. 根据中国《保障措施条例》，下列说法正确的是？

A. 国内产业受到损害的原因必须是由于进口产品数量增加引起的，进口产品数量的增加是指进口产品数量的绝对增加或者与国内生产相比的相对增加

B. 保障措施可以采取提高关税、数量限制等形式，而临时保障措施可以采取提高关税、提供保证金、保函或其他形式的担保

C. 保障措施应针对正在进口的产品实施，并且应区分产品的来源国

D. 保障措施实施期限超过1年的，应当在实施期间内按固定时间间隔逐步放宽

【解析】根据《条例》第7条，"进口产品数量增加，是指进口产品数量的绝对增加或者与国内生产相比的相对增加。"A项正确。根据《条例》第16条，临时保障措施只能采取提高关税的形式，B项错误。根据《条例》第22条，"保障措施应当针对正在进口的产品实施，不区分产品来源国"C项错误。根据《条例》第27条，"保障措施实施期限超过1年的，应当在实施期间内按固定时间间隔逐步放宽。"D项正确。

扫码听课

【答案】AD

第五章　世界贸易组织

考点一　中国入世承担的特殊义务

1. 关于中国与世界贸易组织的相关表述，下列哪一选项是不正确的？（2012/1/44，单选）

A. 世界贸易组织成员包括加入世界贸易组织的各国政府和单独关税区政府，中国香港、澳门和台湾是世界贸易组织的成员

B.《政府采购协议》属于世界贸易组织法律体系中诸边贸易协议，该协议对于包括中国在内的所有成员均有约束力

C.《中国加入世界贸易组织议定书》中特别规定了针对中国产品的特定产品的过渡性保障措施机制

D.《关于争端解决规则与程序的谅解》在世界贸易组织框架下建立了统一的多边贸易争端解决机制

【解析】世界贸易组织的成员是加入世界贸易组织的各国政府和单独关税区政府。单独关税区，是指不具有独立完整的国家主权，但在处理对外贸易关系及世界贸易组织协定规定的其他事项方面有完全、自主权的地区。中国香港、澳门和台湾都属单独关税区。A项正确。世界贸易组织的法律规则分两类：第一类是多边贸易协议，包括《世界贸易组织协定》及其附件1、2、3，对所有成员具有约束力；第二类是诸边贸易协议，主要由附件4组成，包括《民用航空器贸易协议》、《政府采购协议》、《奶制品协议》和《牛肉协议》（后2个协议已于1977年失效），只对参加协议的成员具有约束力。B项错误。《中国加入世界贸易组织议定书》中特别规定了针对中国产品的特定产品过渡性保障措施机制，这一机制专对中国产品实施，实施条件低于保障措施的要求（该机制的适用已在2013年12月10日终止），C项正确。作为世界贸易组织多边贸易制度的一部分，《关于争端解决规则与程序的谅解》在世界贸易组织框架下，建立了统一的多边贸易争端解决机制，D项正确。

【答案】B

2. 关于中国在世贸组织中的权利义务，下列哪一表述是正确的？（2011/1/43，单选）

A. 承诺入世后所有中国企业都有权进行货物进出口，包括国家专营商品

B. 对中国产品的出口，进口成员在进行反倾销调查时选择替代国价格的做法，在《中国加入世界贸易组织议定书》生效15年后终止

C. 非专向补贴不受世界贸易组织多边贸易体制的约束，包括中国对所有国有企业的补贴

扫码听课

扫码听课

D. 针对中国产品的过渡性保障措施，在实施条件上与保障措施的要求基本相同，在实施程序上相对简便

【解析】《中国加入世界贸易组织议定书》(《中国加入议定书》)专门对贸易权作了规定，中国承诺逐步放开贸易经营权，在中国正式加入世贸组织的3年内，除国家专营商品外，所有中国企业都有权进行货物进出口，A项错误。在《中国加入议定书》生效时，如果进口成员的国内法含有市场经济标准，一旦中国根据进口成员的国内法，确立中国在某一产业或部门方面是市场经济，倾销确定中有关方法的选择的规定应终止，无论中国能否证明市场经济这一点，该选择方法的规定在《中国加入世界贸易组织议定书》生效15年后终止，B项正确。根据世界贸易组织反补贴规则，非专项补贴不受世界贸易组织多边贸易体制的约束，但如果中国政府提供的补贴的主要接受者是国有企业，或者接受了补贴中不成比例的大量数额，该补贴视为专项补贴，C项错误。《中国加入议定书》特别规定了针对中国产品的过渡性保障措施机制，该机制专对中国产品实施，实施条件低于保障措施的要求，D项错误。

【答案】B

3. 中国加入世界贸易组织的条件规定在《中国加入世界贸易组织议定书》及其附件中。对此，下列哪些选项是正确的？(2007/1/84，多选)

A. 该《议定书》及其附件构成世界贸易组织协定的一部分

B. 中国只根据该《议定书》及其附件承担义务

C. 该《议定书》规定了特定产品过渡性保障机制

D. 中国与其他成员在加入谈判中作出的具体承诺，不构成该《议定书》的组成部分

【解析】中国在世界贸易组织中的权利义务分为两部分：一部分是各成员都承担的规范性义务，规定在WTO各协议条款中；另一部分是中国加入世界贸易组织议定书中中国做出的承诺，这是中国承担的独特义务，规定在《中国加入世界贸易组织议定书》及其附件《中国入世工作组报告》中。B项错误。中国与其他成员国进行的加入谈判结果和中国作出的具体承诺，也是该议定书的组成部分，该议定书及其附件构成世界贸易组织协定的一部分，A项正确，D项错误。《中国加入世界贸易组织议定书》中特别规定了针对中国产品的特定产品过渡性保障措施机制，这一机制专对中国产品实施，实施条件低于保障措施的要求，C项正确。

【答案】AC

考点二 《关税与贸易总协定》

1. 甲乙丙三国为世界贸易组织成员，丁国不是该组织成员。关于甲国对进口立式空调和中央空调的进口关税问题，根据《关税与贸易总协定》，下列违反最惠国待遇的做法是：(2014/1/100，不定项)

A. 甲国给予来自乙国的立式空调和丙国的中央空调以不同的关税

B. 甲国给予来自乙国和丁国的立式空调以不同的进口关税

扫码听课

扫码听课

大咖点拨区

C. 因实施反倾销措施，导致从乙国进口的立式空调的关税高于从丙国进口的

D. 甲国给予来自乙丙两国的立式空调以不同的关税

【解析】《关税与贸易总协定》确立了最惠国待遇，其第 1 条第 1 款规定："在对输出或输入、有关输出或输入及输出入货物的国际支付转帐所征收的关税和费用方面，在征收上述关税和费用的方法方面，在输出和输入的规章手续方面，以及在本协定第 3 条第 2 款及第 4 款所述事项方面，一成员国对来自或运往其他国家的产品所给予的利益、优待、特权或豁免，应当立即无条件地给予来自或运往所有其他成员国的相同产品。"根据该规定，只有原产于其他成员的相同产品，才能享有最惠国待遇。A 项中两种空调并非相同产品，征收不同关税没有违反最惠国待遇；而 D 项针对来自不同成员的相同产品征收不同关税，违反最惠国待遇。《关税与贸易总协定》仅要求 WTO 成员对来自其他成员的产品给予最惠国待遇，并不要求适用于非 WTO 成员。B 项中丁国不是 WTO 成员方，甲国对来自 WTO 成员和非成员方的产品征收不同关税，并不违反最惠国待遇。根据《关税与贸易总协定》第 2 条第 2 款，允许对造成国内产业损害的倾销进口或补贴进口征收反倾销税或反补贴税，这属于最惠国待遇的例外之一，C 项并不违反最惠国待遇的规定。

【答案】D

2.《关税与贸易总协定》中规定了最惠国待遇的例外，下列选项中不属于最惠国待遇例外的是？

A. 边境贸易、普遍优惠待遇以及关税同盟和自由贸易区

B. 为保护自然资源、维护人类和动植物的生命和健康必需的措施

C. 与进出口有关的任何关税和费用

D. 对造成国内产业损害的倾销进口或补贴进口征收反倾销税或反补贴税

【解析】根据《关税与贸易总协定》，最惠国待遇的例外包括：边境贸易；普遍优惠待遇；关税同盟和自由贸易区；以收支平衡为理由偏离最惠国待遇；反倾销和反补贴；一般例外（如，为保护自然资源和维护人类和动植物的生命和健康必需的措施等）和安全例外（为维护国家安全所采取的措施）；豁免例外等。与进出口有关的任何关税和费用，属于最惠国待遇的适用范围，而非例外，C 项应选。

【答案】C

考点三　《与贸易有关的投资措施协议》

1. 为了促进本国汽车产业，甲国出台规定，如生产的汽车使用了 30% 国产零部件，即可享受税收减免的优惠。依世界贸易组织的相关规则，关于该规定，下列哪一选项是正确的？（2015/1/44，单选）

A. 违反了国民待遇原则，属于禁止使用的与贸易有关的投资措施

B. 因含有国内销售的要求，是扭曲贸易的措施

C. 有贸易平衡的要求，属于禁止的数量限制措施

D. 有外汇平衡的要求，属于禁止的投资措施

【解析】根据《与贸易有关的投资措施协议》，成员国不得实施与《关税与贸易总协定》第3条国民待遇和第11条取消数量限制义务不符的投资措施。（1）与国民待遇义务不符的投资措施，包括：①"当地成分要求"，要求企业在生产中必须购买或使用一定数量或比例的当地产品；②"贸易平衡要求"，要求企业购买或使用进口产品的数量或价值应与其出口当地产品的数量或价值相当。（2）与取消数量限制义务不符的投资措施，包括：①"通过贸易平衡限制进口"，限制企业用于当地生产或与当地生产相关的产品的进口，或将进口限制在与其出口的当地产品的数量或价值相关的水平；②"外汇平衡要求"，将企业可使用的外汇限制在与该企业外汇流入相关的水平；③"限制出口"（"国内销售要求"），限制企业产品出口的数量，或要求企业将产品以低于国际市场价格的方式在国内销售。本题中的措施显然属于当地成分要求，A项正确。

【答案】A

大咖点拨区

2. 针对甲国一系列影响汽车工业的措施，乙、丙、丁等国向甲国提出了磋商请求。四国均为世界贸易组织成员。关于甲国采取的措施，下列哪些是《与贸易有关的投资措施协议》禁止使用的？（2009/1/84，多选）

A. 要求汽车生产企业在生产过程中必须购买一定比例的当地产品

B. 依国产化率对汽车中使用的进口汽车部件减税

C. 规定汽车生产企业的外资股权比例不应超过60%

D. 要求企业购买进口产品的数量不能大于其出口产品的数量

【解析】根据《与贸易有关的投资措施协议》，成员国不得实施与《关税与贸易总协定》第3条国民待遇和第11条取消数量限制义务不符的投资措施。（1）与国民待遇义务不符的投资措施，包括：①"当地成分要求"，要求企业在生产中必须购买或使用一定数量或比例的当地产品；②"贸易平衡要求"，要求企业购买或使用进口产品的数量或价值应与其出口当地产品的数量或价值相当。（2）与取消数量限制义务不符的投资措施，包括：①"通过贸易平衡限制进口"，限制企业用于当地生产或与当地生产相关的产品的进口，或将进口限制在与其出口的当地产品的数量或价值相关的水平；②"外汇平衡要求"，将企业可使用的外汇限制在与该企业外汇流入相关的水平；③"限制出口"（"国内销售要求"），限制企业产品出口的数量，或要求企业将产品以低于国际市场价格的方式在国内销售。A、B两项为当地成分要求，D项为贸易平衡要求，均为协议禁止使用的措施。C项属外资股权比例要求，并未被协议所禁止。

【答案】ABD

考点四 《服务贸易总协定》

扫码听课

1. 根据世界贸易组织《服务贸易总协定》，下列哪一选项是正确的？（2013/1/42，单选）

A. 协定适用于成员方的政府服务采购

B. 中国公民接受国外某银行在中国分支机构的服务属于协定中的境外消费

C. 协定中的最惠国待遇只适用于服务产品而不适用于服务提供者

D. 协定中的国民待遇义务，仅限于列入承诺表的部门

【解析】《服务贸易总协定》不适用于为履行政府职能而提供的服务，A项错误。境外消费，指在一国境内向来自另一国的服务消费者提供服务，如一国居民到另一国境内旅游、求学等。B项并非境外消费，而是商业存在，即一国的服务提供者通过在另一国境内设立的机构提供服务，B项错误。《服务贸易总协定》中的最惠国待遇适用于服务产品和服务消费者而不适用于货物产品，C项错误。根据《服务贸易总协定》，是否给予国民待遇，依每一成员具体列出的承诺表来确定，其国民待遇义务仅限于列入承诺表的部门，D项正确。

【答案】D

2. 《服务贸易总协定》规定了服务贸易的方式，下列哪一选项不属于协定规定的服务贸易？（2012/1/40，单选）

A. 中国某运动员应聘到美国担任体育教练

B. 中国某旅行公司组团到泰国旅游

C. 加拿大某银行在中国设立分支机构

D. 中国政府援助非洲某国一笔资金

【解析】《服务贸易总协定》所规定的服务贸易的方式包括四种：（1）跨境服务，从一国境内向另一国境内提供服务，如通过电信、网络等跨境提供咨询服务；（2）境外消费，在一国境内向来自另一国的服务消费者提供服务，如一国居民到另一国境内旅游、求学等；（3）商业存在，一国的服务提供者通过在另一国境内设立的机构提供服务，如一国的机构到另一国开设银行、保险公司、律师事务所等；（4）自然人流动，一国的服务提供者以自然人的身份进入另一国境内提供服务，如一国的医生、律师到另一国境内直接提供医疗或法律咨询服务。A项为自然人流动，B项为境外消费，C项为商业存在，D项不属于上述四种情形。

【答案】D

3. 关于《服务贸易总协定》，下列说法中错误的是？

A. 《服务贸易总协定》具有框架性协定的特点

B. 《服务贸易总协定》中最惠国待遇不仅适用于服务，而且适用于服务提供者

C. 《服务贸易总协定》适用于各成员影响服务贸易的措施，包括政府的服务采购

D. WTO成员在服务贸易市场开放方面没有统一规定，是否给予市场准入或国民待遇，由各成员具体承诺

【解析】《服务贸易总协定》是框架性协定，缺乏具体的义务和规则，A项正确。《服务贸易总协定》中最惠国待遇的适用对象包括服务和服务提供者，B项正确。《服务贸易总协定》不适用于为履行政府职能而提供的服务，C项错误。WTO成员在服务贸易市场开放方面没有统一规定，是否给予市场准入或国民待遇，由各成员具体承诺，D项正确。

【答案】C

4. 下列哪些属于《服务贸易总协定》规定的服务贸易的类型？

A. 甲国某咨询公司通过网络向位于乙国的当事人提供技术咨询

B. 甲国消费者到乙国旅游、就医、留学

C. 甲国某保险公司在乙国设立分支机构为乙国客户提供保险服务

D. 甲国自然人服务提供者到乙国为乙国国民提供服务

【解析】根据《服务贸易总协定》，服务贸易的类型包括：（1）跨境服务，从一国境内向另一国境内提供服务，如通过电信、网络等跨境提供咨询服务；（2）境外消费，在一国境内向来自另一国的服务消费者提供服务，如一国居民到另一国境内旅游、求学等；（3）商业存在，一国的服务提供者通过在另一国境内设立的机构提供服务，如一国的机构到另一国开设银行、保险公司、律师事务所等；（4）自然人流动，一国的服务提供者以自然人的身份进入另一国境内提供服务，如一国的医生、律师到另一国境内直接提供医疗或法律咨询服务。A项属于跨境服务，B项属于境外消费，C项属于商业存在，D项属于自然人流动。

【答案】ABCD

5. 甲乙两国都是《服务贸易总协定》的成员方，甲国采取的下列措施中符合《协定》的是哪些？

A. 甲国未给予乙国服务提供商最惠国待遇

B. 甲国政府声称，其给予乙国服务或服务提供者的国民待遇，仅限于甲国政府列入承诺表的部门，对没有作出承诺的部门不给予国民待遇

C. 在甲国未承诺的电信服务领域，甲国未给予乙国电信服务提供商市场准入许可

D. 在甲国未承诺的金融服务领域，甲国未给予乙国金融从业者市场准入许可

【解析】最惠国待遇在《服务贸易总协定》中属于一般义务，所有成员国都要遵守，其适用对象包括服务产品和服务提供者，故甲国应给予乙国服务提供商最惠国待遇，A项错误。WTO成员在服务贸易市场开放方面没有统一规定，是否给予市场准入或国民待遇，依各成员具体列出的承诺表确定，对没有作出承诺的部门可不给予国民待遇，B、C、D正确。

【答案】BCD

考点五 WTO 争端解决机制

1. 甲乙两国均为WTO成员，甲国针对乙国的某种商品采取了反倾销措施，乙国以甲国反倾销措施违反WTO协议为由诉至WTO争端解决机构。根据国际经济法的相关规则，下列哪些判断是正确的？（2021网络回忆版）

A. 反倾销措施是针对进口产品数量增加而采取的贸易救济措施

B. 对争端方没有提出的主张，WTO专家组无权审理

C. 争端解决机构审理争端时应适用WTO相关规则

D. 若争端解决机构裁决支持了甲国，有权直接撤销乙国的反倾销措施

【解析】根据《关税与贸易总协定》第6条，反倾销措施的实施条件为：一国产品以低于正常价值的方法进入另一国，对进口国已建立的国内产业造成实质损害或实质损害威胁，或对国内产业的新建产生实质阻碍。A项错误。

WTO争端解决机制适用"不告不理"原则，对争端方没有提出的主张，专家组不能审理，B项正确。

扫码听课

扫码听课

WTO 审理争端应适用 WTO 相关规则，其他国际协定不能作为审案的直接依据，C 项正确。

WTO 争端解决机构只能建议进口国政府使其措施与 WTO 规则相一致，而不能直接撤销相关措施，D 项错误。

【答案】BC

2. 甲国某项投资法律要求外商投资企业必须购买东道国原材料作为生产投入，乙国认为该项措施违反了 WTO 的《与贸易有关的投资措施协议》，诉诸 WTO 争端解决机制。根据 WTO 相关规则，下列哪一选项是正确的？（2019 网络回忆版）

A. 甲国投资法的该项规定属于进口用汇限制

B.《与贸易有关的投资措施协议》适用于与货物贸易、服务贸易和知识产权贸易有关的投资措施

C. 磋商是成立专家组之前的必经程序

D. WTO 争端解决机制涉及的范围限于货物贸易和服务贸易，不包括与贸易有关的投资措施等争端

【解析】《与贸易有关的投资措施协议》规定了成员国不得实施的与贸易有关的投资措施，要求企业购买或使用本国产品属于当地成分要求，并非进口用汇限制，A 项错误。

《与贸易有关的投资措施协议》仅适用于与货物贸易有关的投资措施，不包括与服务贸易或知识产权有关的投资措施，B 项错误。

磋商是 WTO 争端解决成立专家组之前的必经程序，C 项正确。

WTO 争端解决机制适用于除《贸易政策审议机制》外所有 WTO 协议引起的争端，包括货物贸易、服务贸易、与贸易有关的投资措施以及与贸易有关的知识产权等争端，D 项错误。

【答案】C

3. 甲国多家出口企业在乙国被终裁具有倾销行为，并征收了反倾销税，现这些出口企业欲进行相关法律救济，已知甲乙两国均为 WTO 成员方，那么以下说法错误的有：（2018 网络回忆版）

A. 甲国出口企业可以在乙国提起对乙国政府征税行为的行政诉讼

B. 甲国政府可以直接向乙国政府提起外交保护

C. 甲国政府可以在 WTO 起诉乙国政府违反其承担的 WTO 的相关义务

D. 如果乙国政府在 WTO 被裁决败诉，WTO 有权撤销或修改乙国相关措施

【解析】作为贸易救济措施的国内程序救济，利害关系人可以通过进口国程序申请行政复议或提起行政诉讼，A 项正确。

一国进行外交保护要满足三个条件：（1）侵害是由所在国国家不当行为所致；（2）从受害行为发生到外交保护结束，受害人持续拥有保护国国籍；（3）受害人在提出外交保护之前，必须用尽当地法律规定的一切救济手段，包括行政和司法救济手段。本题中，甲国出口企业还未利用当地救济，其本国不得进行外交保护，B 项错误。

作为贸易救济措施的多边程序救济，出口商可以通过本国政府在 WTO 就进口国的措施提起申诉，C 项正确。

在多边程序救济下，WTO 争端解决机构只能建议进口国政府使其措施与 WTO 规则相一致，而不能直接撤销或修改相关措施，D 项错误。

【答案】BD

4. 甲、乙、丙三国均为 WTO 成员国，甲国给予乙国进口丝束的配额，但没有给予丙国配额，而甲国又是国际上为数不多消费丝束产品的国家。为此，丙国诉诸 WTO 争端解决机制。依相关规则，下列哪些选项是正确的？（2017/1/80，多选）

A. 丙国生产丝束的企业可以甲国违反最惠国待遇为由起诉甲国

B. 甲、丙两国在成立专家组之前必须经过"充分性"的磋商

C. 除非争端解决机构一致不通过相关争端解决报告，该报告即可通过

D. 如甲国败诉且拒不执行裁决，丙国可向争端解决机构申请授权对甲国采取报复措施

【解析】在 WTO 争端解决机制下，只能由 WTO 成员方提起申诉，国内企业无权发起争端解决程序，A 项错误。磋商是 WTO 争端解决的必经程序，是申请设立专家组的前提，但磋商仅仅是一种程序性要求，磋商事项以及磋商的充分性，与设立专家组的申请没有关系，B 项错误。WTO 争端解决机构通过报告采取"反向一致"方式，除非争端解决机构一致不同意通过相关报告，该报告即获得通过，C 项正确。如被诉方拒不执行有关裁决或建议，申诉方可向争端解决机构申请授权报复，对被诉方中止减让或中止其他义务，D 项正确。

【答案】CD

5. 甲、乙、丙三国均为世界贸易组织成员，甲国对进口的某类药品征收 8% 的国内税，而同类国产药品的国内税为 6%。针对甲国的规定，乙、丙两国向世界贸易组织提出申诉，经裁决甲国败诉，但其拒不执行。依世界贸易组织的相关规则，下列哪些选项是正确的？（2015/1/80，多选）

A. 甲国的行为违反了国民待遇原则

B. 乙、丙两国可向上诉机构申请强制执行

C. 乙、丙两国经授权可以对甲国采取中止减让的报复措施

D. 乙、丙两国的报复措施只限于在同种产品上使用

【解析】《关税与贸易总协定》中的国民待遇，指外国进口产品所享受的待遇不低于本国同类产品、直接竞争或替代产品所享受的待遇。本题中，甲国对进口产品所征税率高于国内同类产品，显然违反国民待遇，A 项正确。根据 WTO 争端解决机制，如被诉方未能实施裁决，双方应就双方均可接受的补偿进行谈判，如未能达成满意的补偿，申诉方可向争端解决机构申请授权报复，对被诉方中止减让或中止其他义务，C 项正确，B 项错误。报复首先应在受损的相同部门实施（平行报复）；如对相同部门中止减让或中止其他义务不可行或无效，可以对同一协议项下的其他部门实施（跨部门报复）；如对同一协议项下的其他部门中止减让或中止其他义务不可行或无效，可寻求在另一协议项下进行实施（跨协议报复）。D 项错误。

【答案】AC

6. 关于世界贸易组织争端解决机制的表述，下列哪一选项是不正确的？（2013/1/43，单选）

A. 磋商是争端双方解决争议的必经程序

B. 上诉机构为世界贸易组织争端解决机制中的常设机构

C. 如败诉方不遵守争端解决机构的裁决，申诉方可自行采取中止减让或中止其他义务的措施

D. 申诉方在实施报复时，中止减让或中止其他义务的程度和范围应与其所受到损害相等

【解析】如败诉方不遵守争端解决机构的裁决，申诉方应向WTO争端解决机构申请授权报复，得到授权后，方可采取中止减让或中止其他义务的措施，C项不正确。A、B、D选项均符合WTO争端解决机制。

【答案】C

7. 甲、乙均为世界贸易组织成员国。乙称甲关于影像制品的进口管制违反国民待遇原则，为此向世界贸易组织提出申诉，并经专家组和上诉机构审理。对此，下列哪一选项是正确的？（2012/1/42，单选）

A. 甲、乙磋商阶段达成的谅解协议，可被用于后续争端解决审理

B. 专家组可对未在申请书中指明的诉求予以审查

C. 上诉机构可将案件发回专家组重审

D. 上诉案件由上诉机构7名成员中3人组成上诉庭审理

【解析】磋商是申请设立专家组的前提条件。但磋商事项及磋商的充分性，与设立专家组的申请及专家组作出的裁定没有关系，A项错误。专家组基于申诉方在设立专家组的申请中确立的权限范围审理案件，对争端方没有提出的主张，专家组不能作出裁决，B项错误。上诉机构是争端解决机构中的常设机构，它负责对被提起上诉的专家组报告中的法律问题和专家组进行的法律解释进行审查，可以推翻、修改或撤销专家组的调查结果和结论，但是无权将案件发回重审，C项错误。上诉机构由7名成员组成，定期举行例会，上诉案件由其中3人组成上诉庭审理，D项正确。

【答案】D

8. 甲乙二国均为世贸组织成员国，乙国称甲国实施的保障措施违反非歧视原则，并将争端提交世贸组织争端解决机构。对此，下列哪一选项是正确的？（2010/1/46，单选）

A. 对于乙国没有提出的主张，专家组仍可因其相关性而作出裁定

B. 甲乙二国在解决争端时必须经过磋商、仲裁和调解程序

C. 争端解决机构在通过争端解决报告上采用的是"反向一致"原则

D. 如甲国拒绝履行上诉机构的裁决，乙国可向争端解决机构上诉

【解析】在WTO争端解决程序中，对于争端方没有提出的主张，专家组不能作出裁定，A项错误。磋商是申请设立专家组的前提条件，WTO争端解决程序必须经过磋商，但仲裁和调解不是必经程序，B项错误。争端解决机构在通过争端解决报告上采用的是"反向一致"原则，即除非争端解决机构一致不同意通过相关争端解决报告，该报告即得以通过，C项正确。如果被诉方在合理期限内未能实施裁决和建议，经申诉方请求，争端双方应就双方均可接受的补偿进行谈判；如未能达成令人满意的补偿，申诉方可以向争端解决机构申请授权报复，对被诉方中止减让或中止其他义务。D项错误。

扫码听课

扫码听课

【答案】C

9. 甲乙两国均为世界贸易组织成员，甲国对乙国出口商向甲国出口轮胎征收高额反倾销税，使乙国轮胎出口企业损失严重。乙国政府为此向世界贸易组织提出申诉，经专家组和上诉机构审理胜诉。下列哪一选项是正确的？（2009/1/44，单选）

A. 如甲国不履行世贸组织的裁决，乙国可申请强制执行

B. 如甲国不履行世贸组织的裁决，乙国只可在轮胎的范围内实施报复

C. 如甲国不履行世贸组织的裁决，乙国可向争端解决机构申请授权报复

D. 上诉机构只有在对该案的法律和事实问题进行全面审查后才能作出裁决

【解析】WTO 争端解决机制中没有强制执行程序，乙国不能申请强制执行，A 项错误。根据 WTO《关于争端解决规则与程序的谅解》，如果被诉方在合理期限内未能实施裁决和建议，经申诉方请求，争端双方应就双方均可接受的补偿进行谈判；如未能达成令人满意的补偿，申诉方可以向争端解决机构申请授权报复，对被诉方中止减让或中止其他义务，C 项正确。WTO 允许交叉报复，申诉方在实施报复时，可先在相同部门实施（平行报复）；对相同部门中止减让不可行或无效时，可以对同一协议项下的其他部门实施（跨部门报复）；如对同一协议项下的其他部门中止减让或其他义务不可行或无效时，可寻求中止另一协议项下的减让或其他义务（跨协议报复）。B 项错误。上诉机构只审查专家组报告涉及的法律问题和专家组作出的法律解释，对事实问题不予审查，D 项错误。

【答案】C

10. 关于 WTO 争端解决程序，下列表述正确的有？

A. 上诉机构是争端解决机构中的常设机构，它负责对被提起上诉的专家组报告中的法律问题和专家组进行的法律解释进行审查

B. 磋商、仲裁、调解是争端解决的必经程序

C. 上诉机构认定专家组报告中对有关法律问题的结论存在重大错误时，可以将案件发回专家组重新审查

D. WTO 争端解决程序在表决时适用反向一致原则，在实施时允许交叉报复

【解析】上诉机构是争端解决机构中的常设机构，它负责对被提起上诉的专家组报告中的法律问题和专家组进行的法律解释进行审查，A 项正确。WTO 争端解决机制中，只有磋商是必经程序，B 项错误。上诉机构在审理案件时，不得发回重审，C 项错误。WTO 争端解决程序在表决时适用反向一致原则，在实施时允许交叉报复，D 项正确。

【答案】AD

大咖点拨区

扫码听课

扫码听课

第六章　国际经济法领域的其他法律制度

考点一　国际知识产权法

（一）《保护工业产权巴黎公约》

1. A国和中国均为《保护工业产权巴黎公约》缔约国，A国甲公司发明一种环保涂料，于2018年12月1日在A国提出专利申请，并自2019年初开始在中国销售该种涂料。中国乙公司发明同样的环保涂料，于2019年3月10日向中国有关机关提出专利申请。下列哪一选项是正确的？（2020网络回忆版）

A. 乙公司无权就该种涂料在中国申请专利

B. 如乙公司专利申请获得授权，甲公司继续在中国销售该种涂料，应经乙公司授权

C. 乙公司若在中国销售该种涂料，应经甲公司授权

D. 因甲公司申请在先，乙公司专利权应当被宣告无效

【解析】专利权具有地域性特点，经一国批准的专利权只在该国范围内有效并受到保护，如要在另一国受到保护，则须在该国获得批准，A项错误。

乙公司在中国的专利申请获得授权，即成为该发明在中国的专利权人，甲公司在中国销售该涂料应经乙公司授权，否则将构成侵权，B项正确。

甲公司并未就该涂料在中国申请专利，其在中国并不享有该发明专利权，乙公司在中国销售该涂料无需甲公司授权，C项错误。

根据《巴黎公约》确立的独立性原则，外国人专利申请或商标注册，由各成员国根据本国法律作出决定，不受他国决定的影响。甲公司虽然申请在先，但其仅是在A国提出专利申请，并未在中国提出申请，也未提出优先权请求，故甲公司在A国申请专利的事实不影响乙公司在中国获批该专利权，D项错误。

【答案】B

2. 2011年4月6日，张某在广交会上展示了其新发明的产品，4月15日，张某在中国就其产品申请发明专利（后获得批准）。6月8日，张某在向《巴黎公约》成员国甲国申请专利时，得知甲国公民已在6月6日向甲国就同样产品申请专利。下列哪一说法是正确的？（2013/1/41，单选）

A. 如张某提出优先权申请并加以证明，其在甲国的申请日至少可以提前至2011年4月15日

B. 2011年4月6日这一时间点对张某在甲国以及《巴黎公约》其他成员国申请专利没有任何影响

C. 张某在中国申请专利已获得批准，甲国也应当批准他的专利申请

D. 甲国不得要求张某必须委派甲国本地代理人代为申请专利

【解析】优先权原则，指已在一个成员国正式提出申请发明专利、实用新型、外观设计或商标注册的人或其权利的合法继受人，在规定的期限内享有在其他成员国提出申请的优先权。换言之，如果申请人在一成员国提出申请，在法定期限内，他在另一成员国提出同样申请，则另一成员国应以第一次申请的日期作为他在该国的申请日。根据《巴黎公约》第4条，在一个成员国提出发明专利、实用新型、外观设计或商标注册的申请的，自首次申请之日起在一定期限内（发明专利、实用新型为12个月，外观设计、商标为6个月）享有优先权，如申请人在该期限内再向其他成员国提出同样的申请，其后来申请的日期均为首次申请的日期，A项正确。根据该《公约》第11条，成员国应对在任何一个成员国内举办的或经官方承认的国际展览会上展出的商品中可以取得专利的发明、实用新型、外观设计和可以注册的商标，给予临时保护；如展品所有人在临时保护期内申请了专利或商标注册，则申请案的优先权期限从展品公开展出之日起算，而非第一次提交申请案时起算。本题中，2011年4月6日即为展品公开展出之日，B项错误。根据该《公约》第4条及第6条，外国人专利申请或商标注册，由各成员国根据本国法律作出决定，不受他国决定的影响，C项错误。根据该《公约》第2条，每个成员国法律中关于司法和行政程序、管辖权、以及指定送达地址或委派代理人的规定，工业产权法有所要求的，均可以保留。因此，甲国可以依据本国法律要求外国人必须委派甲国代理人代为申请专利，D项错误。

【答案】A

3. 根据《保护工业产权的巴黎公约》，关于优先权，下列哪一选项是正确的？（2009/1/42，单选）

A. 优先权的获得需要申请人于"在后申请"中提出优先权申请并提供有关证明文件

B. 所有的工业产权均享有相同期间的优先权

C. "在先申请"撤回，"在后申请"的优先权地位随之丧失

D. "在先申请"被驳回，"在后申请"的优先权地位随之丧失

【解析】优先权的获得并不是自动的，需要申请人于在后申请中提出优先权申请并提供有关证明文件，A项正确。不同的工业产权的优先权期间并不一样，发明专利和实用新型专利为12个月，外观设计和商标为6个月，B项错误。优先权以"在先申请"的提出为基础，其被撤回、驳回或放弃均不影响优先权的获得，即只要当事人提交了第一个申请，无论该申请是否被申请国所接受，在他向其他成员国也提出同样的申请时，仍然享有优先权，C、D错误。

【答案】A

（二）《保护文学艺术作品伯尔尼公约》

1. 甲国人迈克在甲国出版著作《希望之路》后25天内，又在乙国出版了该作品，乙国是《保护文学和艺术作品伯尔尼公约》缔约国，甲国不是。依该公约，下列哪一选项是正确的？（2017/1/44，单选）

A. 因《希望之路》首先在非缔约国出版，不能在缔约国享受国民待遇

B. 迈克在甲国出版《希望之路》后25天内在乙国出版，仍然具有缔约国的作品国籍

C. 乙国依国民待遇为该作品提供的保护需要迈克履行相应的手续

大咖点拨区

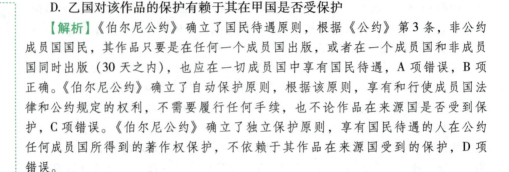

D. 乙国对该作品的保护有赖于其在甲国是否受保护

【解析】《伯尔尼公约》确立了国民待遇原则，根据《公约》第3条，非公约成员国国民，其作品只要是在任何一个成员国出版，或者在一个成员国和非成员国同时出版（30天之内），也应在一切成员国中享有国民待遇，A项错误，B项正确。《伯尔尼公约》确立了自动保护原则，根据该原则，享有和行使成员国法律和公约规定的权利，不需要履行任何手续，也不论作品在来源国是否受到保护，C项错误。《伯尔尼公约》确立了独立保护原则，享有国民待遇的人在公约任何成员国所得到的著作权保护，不依赖于其作品在来源国受到的保护，D项错误。

【答案】B

2. 甲国人柯里在甲国出版的小说流传到乙国后出现了其作品被他人利用的情形，柯里认为侵犯了其版权，并诉诸乙国法院。尽管甲乙两国均为《伯尔尼公约》的缔约国，但依甲国法，此种利用作品不构成侵权，另外，甲国法要求作品要履行一定的手续才能获得保护。根据相关规则，下列哪一选项是正确的？（2014/1/43，单选）

A. 柯里须履行甲国法要求的手续才能在乙国得到版权保护

B. 乙国法院可不受理该案，因作品来源国的法律不认为该行为是侵权

C. 如该小说在甲国因宗教原因被封杀，乙国仍可予以保护

D. 依国民待遇原则，乙国只能给予该作品与甲国相同水平的版权保护

【解析】《伯尔尼公约》确立了独立保护原则，根据《公约》第5条第2款，享有和行使文学艺术作品的权利，不依赖于作品在来源国是否受到保护，C项正确。根据该原则，在手续上，如一成员国的版权法要求其国民的作品要履行一定手续才能获得保护，当作者在其他成员国要求版权保护时，其他成员国不能因作者本国要求履行手续而专门要求其也履行手续，A项错误。在是否构成侵权上，来源国以某种方式利用作品不构成侵权，但在另一成员国以相同方式利用却构成侵权，则后一国不能因在来源国不视为侵权而拒绝受理有关侵权诉讼，B项错误。《伯尔尼公约》确立了国民待遇原则，根据《公约》第5条第1款，对来自其他成员国的作品，一成员国应给予与本国国民作品相同水平的版权保护。据此，乙国应给予该作品与乙国相同水平的版权保护，D项错误。

【答案】C

3. 李伍为惯常居所地在甲国的公民，满成为惯常居所地在乙国的公民。甲国不是《保护文学艺术作品伯尔尼公约》缔约国，乙国和中国是该公约的缔约国。关于作品在中国的国民待遇，下列哪些选项是正确的？（2012/1/82，多选）

A. 李伍的文章在乙国首次发表，其作品在中国享有国民待遇

B. 李伍的文章无论发表与否，其作品在中国享有国民待遇

C. 满成的文章无论在任何国家首次发表，其作品在中国享有国民待遇

D. 满成的文章无论发表与否，其作品在中国享有国民待遇

【解析】《保护文学艺术作品伯尔尼公约》第3、4、5条涉及国民待遇原则，有权享有国民待遇的国民包括"作者国籍"和"作品国籍"两类情况。"作者国籍"指公约成员国国民和在成员国有惯常居所的非成员国国民，其作品无论是否出版，均应在一切成员国中享有国民待遇；"作品国籍"针对非公约成员国国民，

扫码听课

扫码听课

其作品只要是在任何一个成员国出版，或者在一个成员国和非成员国同时出版，也应在一切成员国中享有国民待遇。

本题中，李伍的惯常居所地在甲国，甲国不是《伯尔尼公约》缔约国，李伍的文章只要是在任何一个成员国出版，或者在一个成员国和非成员国同时出版，即可在一切成员国中享有国民待遇。A项正确，B项错误。满成的惯常居所地在乙国，乙国和中国是该公约的缔约国，满成的文章无论是否出版，均在一切成员国中享有国民待遇。C、D正确。

【答案】ACD

4. 《伯尔尼公约》是版权领域第一个世界性多边公约，以下关于该公约的说法中正确的是？

A. 享有和行使成员国法律和公约规定的权利，不需要履行任何手续，也不论作品在来源国是否受到保护，即自动给予保护

B. 如果来源国以某种方式利用作品不构成侵权，但在另一成员国以相同方式利用却构成侵权，则后一国可因在来源国不视为侵权而拒绝受理有关侵权诉讼

C. 日常新闻或纯属报刊消息性质的社会新闻不在版权保护的客体范围之内

D. 公约只保护著作权人的经济权利

扫码听课

【解析】《伯尔尼公约》确立了自动保护原则，根据该原则，享有和行使成员国法律和公约规定的权利，不需要履行任何手续，也不论作品在来源国是否受到保护，即自动给予保护，A项正确。该《公约》确立了独立保护原则，享有和行使文学艺术作品的权利，不依赖于在来源国受到的保护。据此，在是否构成侵权上，来源国以某种方式利用作品不构成侵权，但在另一成员国以相同方式利用却构成侵权，则后一国不能因在来源国不视为侵权而拒绝受理有关侵权诉讼，B项错误。根据该《公约》，成员国必须保护的客体包括：文学艺术作品、演绎作品、实用艺术作品和工业品外观设计；可以选择保护的客体包括：官方文件、演讲或其他同类性质的作品以及民间文学艺术作品；不得保护的客体包括：日常新闻或纯属报刊消息性质的社会新闻。C项正确。《公约》既保护经济权利，也保护精神权利。经济权利包括8项：复制权、翻译权、公演权、广播权、公开朗诵权、改编权、电影权和录制权；精神权利包括2项：署名权和保护作品完整权。D项错误。

【答案】AC

（三）《与贸易有关的知识产权协议》

1. 中国甲公司为牙膏生产公司，为其"芳芳"牙膏向英国与俄国申请"FANG FANG"商标，因英语"FANG"含有毒牙的意思，故英国不予注册，俄国给予了注册。根据WTO的《与贸易有关的知识产权协定》（TRIPS），关于英俄两国的不同做法，下列说法中错误的有哪些？（2021网络回忆版）

A. 违反了平等原则

B. 违反了国民待遇原则

C. 违反了最惠国待遇原则

D. 知识产权独立性原则影响了甲公司商标在不同国家的注册

扫码听课

【解析】TRIPS纳入了《巴黎公约》的实体性规定。《巴黎公约》确立了专利、商标保护的独立性原则：外国人专利申请或商标注册，由各成员国根据本国

法律作出决定，不受他国决定的影响。本题中，英国不予注册，俄国给予注册，这正是独立性原则的体现，A、B、C错误，D项正确。

【答案】ABC

2. 香槟是法国地名，中国某企业为了推广其葡萄酒产品，拟为该产品注册"香槟"商标。依《与贸易有关的知识产权协议》，下列哪些选项是正确的？（2015/1/81，多选）

A. 只要该企业有关"香槟"的商标注册申请在先，商标局就可以为其注册

B. 如该注册足以使公众对该产品的来源误认，则应拒绝注册

C. 如该企业是在利用香槟这一地理标志进行暗示，则应拒绝注册

D. 如允许来自法国香槟的酒产品注册"香槟"的商标，而不允许中国企业注册该商标，则违反了国民待遇原则

【解析】根据《与贸易有关的知识产权协议》第22条第2款，在商品的设计和外观上，以在商品地理标志上误导公众的方式标志或暗示该商品原产于并非其真正原产地的某个地理区域，各成员方应通过法律手段以阻止；根据该条第3款，若某种商品不产自于某个地理标志所指的地域，而其商标又包含了该地理标志或由其组成，如果该商品商标中的该标志具有在商品原产地方面误导公众的性质，则成员方在其法律许可的条件下或应利益方之请求应拒绝或注销该商标的注册。B、C正确，A项错误。"香槟"是法国地名，因此如允许来自法国香槟的酒产品注册"香槟"的商标，并不会构成对地理标志权的侵害，但如果允许中国企业注册该商标，就可能导致消费者误认，这与国民待遇无关，D项错误。

【答案】BC

3. 关于版权保护，下列哪一选项体现了《与贸易有关的知识产权协议》对《伯尔尼公约》的补充？（2010/1/41，单选）

A. 明确了摄影作品的最低保护期限

B. 将计算机程序和有独创性的数据汇编列为版权保护的对象

C. 增加了对作者精神权利方面的保护

D. 无例外地实行国民待遇原则

【解析】《伯尔尼公约》第7条第4款规定："本公约成员国有权以法律规定摄影作品及作为艺术品加以保护的实用美术作品的保护期限；但这一期限不应少于自该作品完成时算起25年。"可见，《伯尔尼公约》已规定了摄影作品的最低保护期限，A项错误。在版权保护方面，《与贸易有关的知识产权协议》对《伯尔尼公约》的补充表现在两个方面：（1）将计算机程序和有独创性的数据汇编列为版权保护的对象；（2）增加了计算机程序和电影作品的出租权。B项正确。《伯尔尼公约》已规定了对精神权利的保护，精神权利包括署名权和保护作品完整权，C项错误。国民待遇原则规定在《与贸易有关的知识产权协议》第3条，依该条规定，在知识产权保护方面，在遵守《巴黎公约》、《伯尔尼公约》、《罗马公约》或《关于集成电路的知识产权条约》中各自规定的例外的前提下，每一成员给予其他成员国民的待遇不得低于给予本国国民的待遇。可见，《与贸易有关的知识产权协议》在知识产权保护方面提供的国民待遇是有例外的，D项错误。

【答案】B

4. 根据《与贸易有关的知识产权协定》，关于商标所有人转让商标，下列哪一选项是正确的？（2008/1/43，单选）

A. 必须将该商标与所属业务同时转让

B. 可以将该商标与所属业务同时转让

C. 不能将该商标与所属业务同时转让

D. 可以通过强制许可形式转让

【解析】《与贸易有关的知识产权协议》第21条规定："各成员可对商标的许可和转让确定条件，与此相关的理解是，不允许商标的强制许可，且注册商标的所有权人有权将商标与该商标所属业务同时或不同时转让。"B项正确。

【答案】B

5. 中美两国都是世界贸易组织成员。《保护工业产权巴黎公约》、《保护文学艺术作品伯尔尼公约》和《与贸易有关的知识产权协定》对中美两国均适用。据此，下列哪一选项是正确的？（2007/1/45，单选）

A. 中国人在中国首次发表的作品，在美国受美国法律保护

B. 美国人在美国注册但未在中国注册的非驰名商标，受中国法律保护

C. 美国人仅在美国取得的专利权，受中国法律的保护

D. 中美两国均应向对方国家的权利人提供司法救济，但以民事程序为限

【解析】《保护文学艺术作品伯尔尼公约》第3、4、5条涉及国民待遇原则，有权享有国民待遇的国民包括"作者国籍"和"作品国籍"两类情况。"作者国籍"指公约成员国国民和在成员国有惯常居所的非成员国国民，其作品无论是否出版，均应在一切成员国中享有国民待遇；"作品国籍"针对非公约成员国国民，其作品只要是在任何一个成员国出版，或者在一个成员国和非成员国同时出版，也应在一切成员国中享有国民待遇。本题中，中国是《保护文学艺术作品伯尔尼公约》的成员国，则中国人作为公约成员国国民其作品在一切成员国享有国民待遇，因此，中国人在中国首次发表的作品，在美国同样受美国法律保护，A项正确。《保护工业产权巴黎公约》确立了独立性原则，根据《公约》第4条、第6条的规定，外国人的专利申请或商标注册，由各成员国根据本国法律作出决定，而不受原属国或其他任何国家就该申请作出的决定的影响，专利申请或商标注册在成员国之间是相互独立的。因此，美国人在美国注册但未在中国注册的非驰名商标，只受美国法律的保护，不受中国法律的保护，B项错误；美国人仅在美国取得的专利权，仅受美国法律保护，不受中国法律的保护，C项错误。《与贸易有关的知识产权协议》规定了对知识产权的执法措施，包括民事、行政和刑事程序，并不仅限于民事程序，D项错误。

【答案】A

6. 乌拉圭回合谈判中达成的《与贸易有关的知识产权协议》与以往公约相比有了一些改进，下列关于该协议的说法不正确的是？

A. 在保护客体上，比《伯尔尼公约》增加了计算机程序和有独创性的数据汇编

B. 疾病的诊断、治疗和外科手术方法以及动植物新品种不能被授予专利权

C. 将《巴黎公约》关于驰名商标的保护原则扩大适用于服务标记，并将已注册的驰名商标的相对保护扩大为绝对保护

D. 要求各成员完善本国的知识产权实施程序制度，但限于民事和刑事方面

【解析】《与贸易有关的知识产权协议》在保护客体上，比《伯尔尼公约》增加了计算机程序和有独创性的数据汇编，A项正确。根据该协议，疾病的诊断、治疗和外科手术方法以及动植物新品种被视为两种例外，不能被授予专利权，B项正确。该协议扩大了对驰名商标的保护，将对驰名商标的保护扩大适用于服务标记，并将已注册的驰名商标的相对保护扩大为绝对保护，C项正确。该协议规定了实施知识产权的相关程序，包括民事、行政和刑事三种程序，D项错误。

【答案】D

（四）对知识产权保护的边境措施

中国甲公司发现有假冒"麒麟"商标的货物通过海关进口。依我国相关法律规定，甲公司可以采取下列哪些措施？（2009/1/86，多选）

A. 甲公司可向海关提出采取知识产权保护措施的备案申请

B. 甲公司可要求海关将涉嫌侵犯"麒麟"商标权的标记移除后再进口

C. 甲公司可向货物进出境地海关提出扣留涉嫌侵权货物的申请

D. 甲公司在向海关提出采取保护措施的申请后，可在起诉前就被扣留的涉嫌侵权货物向法院申请采取责令停止侵权行为的措施

【解析】《知识产权海关保护条例》第7条第1款规定："知识产权权利人可以依照本条例的规定，将其知识产权向海关总署申请备案；申请备案的，应当提交申请书……"A项正确。根据该《条例》第27条第3款，"被没收的侵犯知识产权货物无法用于社会公益事业且知识产权权利人无收购意愿的，海关可以在消除侵权特征后依法拍卖，但对进口假冒商标货物，除特殊情况外，不能仅清除货物上的商标标识即允许其进入商业渠道；侵权特征无法消除的，海关应当予以销毁。"B项错误。该《条例》第12条规定："知识产权权利人发现侵权嫌疑货物即将进出口的，可以向货物进出境地海关提出扣留侵权嫌疑货物的申请。"C项正确。该《条例》第23条第1款规定："知识产权权利人在向海关提出采取保护措施的申请后，可以依照《中华人民共和国商标法》、《中华人民共和国著作权法》、《中华人民共和国专利法》或者其他有关法律的规定，就被扣留的侵权嫌疑货物向人民法院申请采取责令停止侵权行为或者财产保全的措施。"D项正确。

【答案】ACD

（五）国际知识产权许可协议

中国甲公司与德国乙公司签订了一项新技术许可协议，规定在约定期间内，甲公司在亚太区独占使用乙公司的该项新技术。依相关规则，下列哪一选项是正确的？（2016/1/43，单选）

A. 在约定期间内，乙公司在亚太区不能再使用该项新技术

B. 乙公司在全球均不能再使用该项新技术

C. 乙公司不能再将该项新技术允许另一家公司在德国使用

D. 乙公司在德国也不能再使用该项新技术

【解析】国际知识产权许可协议，指知识产权出让方将其知识产权的使用权在一定条件下跨越国境让渡给知识产权受让方，由受让方支付使用费的合同。依许可权利的大小不同，国际知识产权许可协议可以分为独占许可、排他许可和普通许可。（1）独占许可协议，指在协议约定的时间及地域内，许可方授予被许可

扫码听课

扫码听课

方技术的独占使用权，许可方不能在该时间及地域范围内再使用该项出让的技术，也不能将该技术使用权另行转让给第三方。（2）排他许可协议，是指在协议约定的时间及地域内，被许可方拥有受让技术的使用权，许可方仍保留在该时间和地域内对该项技术的使用权，但不能将该项技术使用权另行转让给第三方。（3）普通许可协议，是指在协议规定的时间及地域内，被许可方拥有受让技术的使用权，许可方仍保留在该时间和地域内对该项技术的使用权，且能将该项技术使用权另行转让给第三方，即被许可方、许可方和第三方都可使用该项技术。本题涉及独占许可，协议约定的区域为亚太地区，许可方乙公司仅在该区域内不得再使用该项技术，也不能将该技术使用权另行转让给第三方，但并不妨碍乙公司在其他地区使用该项技术或转让给另一家公司在其他地区使用，A项正确，B、C、D错误。

【答案】A

考点二 国际投资法

（一）多边投资担保机构

1. 甲国A公司在乙国投资设立B公司，并就该投资项目向多边投资担保机构投保货币汇兑险。A公司的某项产品发明在甲国首次申请专利后又在乙国提出专利申请，同时要求获得优先权保护。甲乙两国都是《多边投资担保机构公约》和《保护工业产权巴黎公约》的缔约国，下列哪些判断是正确的？（2020网络回忆版）

A. 乙国应为发展中国家

B. 外汇管制是商业风险，不属于货币汇兑险的承保范围

C. 乙国有权要求甲国A公司必须委托乙国本地代理人代为申请专利

D. 即使A公司在甲国的专利申请被驳回，也不影响其在乙国申请的优先权

【解析】根据《多边投资担保机构公约》，只有向发展中国家成员领土内的投资，机构才予以担保，A项正确。

货币汇兑风险，指由于东道国的责任而采取的任何措施，使投资者无法将其投资收益兑换成可自由使用的货币，或无法将相关收益汇出东道国的风险。外汇管制涉及政府对货币汇兑的限制，是政治风险而非商业风险，属于货币汇兑险的承保范围，B项错误。

根据《巴黎公约》，每个成员国法律中关于委派代理人的规定，如本国法中有所要求的，均可予以保留。因此，乙国有权要求甲国A公司必须委托乙国本地代理人代为申请专利，C项正确。

根据《巴黎公约》确立的优先权原则，优先权仅以"在先申请"为基础，"在先申请"被撤回、驳回或放弃均不影响优先权的获得，D项正确。

【答案】ACD

2. 甲国T公司与乙国政府签约在乙国建设自来水厂，并向多边投资担保机构投保。依相关规则，下列哪一选项是正确的？（2016/1/44，单选）

A. 乙国货币大幅贬值造成T公司损失，属货币汇兑险的范畴

大咖点拨区

扫码听课

扫码听课

B. 工人罢工影响了自来水厂的正常营运，属战争内乱险的范畴

C. 乙国新所得税法致 T 公司所得税增加，属征收和类似措施险的范畴

D. 乙国政府不履行与 T 公司签订的合同，乙国法院又拒绝受理相关诉讼，属政府违约险的范畴

【解析】多边投资担保机构主要承保货币汇兑险、征收和类似措施险、战争与内乱险、政府违约险四类风险，此外，应投资者与东道国联合申请，并经机构董事会特别多数票通过，承保范围还可扩大到上述险别以外的其他非商业风险。（1）货币汇兑险，承保由于东道国采取的任何措施，限制将货币兑换成可自由使用的货币或汇出东道国的风险，货币贬值不属于货币汇兑险的范畴，A 项错误。（2）征收和类似措施险，承保由于东道国政府采取的任何立法或措施，剥夺了投资者对其投资的所有权或控制权，或剥夺了其投资中产生的大量收益的风险。东道国为了管辖境内的经济活动而采取的普遍适用的措施，如本题中乙国制定新的税法导致企业所得税的增加，不应被视为征收措施，C 项错误。（3）战争与内乱险，承保因影响投资项目的战争或内乱而导致的风险。这里的"内乱"须具有政治目的，通常指直接针对政府的、为推翻政府或将该政府驱逐出特定地区的有组织的暴力活动。有关内乱必须是由追求广泛的政治或思想目标的集团所引起或实施的，包括革命、暴乱、政变等，但单纯的为促进工人、学生或其他特别群体利益所采取的行动，以及具体针对投保人的恐怖主义行为、绑架或类似行为，不能视为内乱，B 项错误。（4）政府违约险，承保因东道国政府违反其与投资者签订的合同，且投资者无法求助于司法或仲裁部门作出裁决，或司法或仲裁部门未能在合理期限内作出裁决，或者有这样的裁决而不能实施。D 项正确。

【答案】D

3. 甲国公司在乙国投资建成地热公司，并向多边投资担保机构投了保。1993 年，乙国因外汇大量外流采取了一系列的措施，使地热公司虽取得了收入汇出批准书，但仍无法进行货币汇兑并汇出，甲公司认为已发生了禁兑风险，并向投资担保机构要求赔偿。根据相关规则，下列选项正确的是：（2014/1/99，不定项）

A. 乙国中央银行已批准了货币汇兑，不能认为发生了禁兑风险

B. 消极限制货币汇兑也属于货币汇兑险的范畴

C. 乙国应为发展中国家

D. 担保机构一经向甲公司赔付，即代位取得向东道国的索赔权

【解析】货币汇兑风险，指由于东道国的责任而采取的任何措施，使投资者无法将其投资收益兑换成可自由使用的货币，或无法将相关收益汇出东道国的风险。导致货币汇兑风险的行为，可以是东道国的积极限制行为，也可以表现为东道国的消极拖延行为，A 项错误，B 项正确。根据《多边投资担保机构公约》第 12 条，只有向发展中国家成员领土内的投资，机构才予以担保，C 项正确。根据《多边投资担保机构公约》第 18 条，多边投资担保机构一经向投保人支付或同意支付赔偿，即代位取得投保人对东道国或其他债务人的索赔权，D 项正确。

【答案】BCD

4. 根据《多边投资担保机构公约》，关于多边投资担保机构（MIGA）的下列哪一说法是正确的？（2011/1/44，单选）

A. MIGA 承保的险别包括征收和类似措施险、战争和内乱险、货币汇兑险和

大咖点拨区

扫码听课

扫码听课

投资方违约险

B. 作为 MIGA 合格投资者（投保人）的法人，只能是具有东道国以外任何一个缔约国国籍的法人

C. 不管是发展中国家的投资者，还是发达国家的投资者，都可向 MIGA 申请投保

D. MIGA 承保的前提条件是投资者母国和东道国之间有双边投资保护协定

【解析】多边投资担保机构主要对海外投资的非商业性风险予以承保，其承保的险别主要包括征收和类似措施险、战争与内乱险、货币汇兑险和政府违约险，并不包括投资方违约险，A 项错误。如投资者与东道国联合申请，且用于投资的资本来自东道国境外，经机构董事会特别多数票通过，可将合格投资者扩大到东道国的自然人、在东道国注册的法人以及其多数资本为东道国国民所有的法人，B 项错误。无论是发展中国家的投资者，还是发达国家的投资者，都可向 MIGA 申请投保，公约对此并没有限制，C 项正确。MIGA 承保的前提条件是投资者母国和东道国均为《多边投资担保机构公约》的成员国，但并不要求投资者母国和东道国之间有双边投资保护协定，D 项错误。

【答案】C

5. 甲乙两国均为《多边投资担保机构公约》缔约国，甲国公民帕克在乙国投资时向多边投资担保机构进行了投资保险。对此，下列说法正确的是：（2009/1/100，不定项）

A. 如乙国并未拒绝帕克的汇兑申请，而只是消极拖延则不属于货币汇兑险的范围

B. 乙国应当是发展中国家

C. 如发生在乙国邻国的战争影响了帕克在乙国投资的正常营运，也属于战争内乱险承保的范畴

D. 乙国政府对帕克的违约属于政府违约险承保的范畴

【解析】货币汇兑险，承保由于东道国采取的任何措施，限制将货币兑换成可自由使用的货币或汇出东道国的风险。导致货币汇兑风险的行为可以是东道国政府采取的积极行为，也可以表现为消极地限制货币兑换或汇出，如东道国政府对投资者的兑换申请长期拖延，A 项错误。多边投资担保机构成立的目的是要促进生产性资金流向发展中国家，因此，《多边投资担保机构公约》第 12 条和第 14 条明确规定，机构只对向发展中国家成员领土内的投资予以担保，B 项正确。多边投资担保机构《业务规则》第 1.50 条规定："军事行动或内乱如果毁灭、损害或破坏位于东道国境内的投资项目的有形资产或干扰了投资项目的营运，即使其主要发生在东道国境外，仍可视其在东道国境内发生而具有被担保的资格。"可见，战争和内乱险的发生并不以东道国是否为一方或是否发生在东道国领土内为前提，即使战争发生在东道国的邻国，但影响投资项目的正常营运或造成了某些破坏，投资人仍可获得赔偿，C 项正确。多边投资担保机构承保货币汇兑险、征收和类似措施险、战争与内乱险、政府违约险以及其他非商业风险。政府违约险，承保因东道国政府违反其与投资者签订的合同，且投资者无法求助于司法或仲裁部门作出裁决，或司法或仲裁部门未能在合理期限内作出裁决，或者有这样的裁决而不能实施，D 项正确。

【答案】BCD

6. 多边投资担保机构是依据1988年生效的《多边投资担保机构公约》设立的国际金融机构。关于该机构，下列哪一选项是正确的？（2008/1/45，单选）

A. 该机构只承保货币汇兑险、征收险、战争内乱险和政府违约险

B. 任何投资均可列入该机构的投保范围，但间接投资除外

C. 该机构具有完全法律人格，有权缔结契约，取得并处理不动产和动产

D. 在任何情况下，该机构都不得接受东道国自然人、法人的投保

【解析】多边投资担保机构主要承保货币汇兑险、征收和类似措施险、战争与内乱险、政府违约险四类风险，此外，应投资者与东道国联合申请，并经机构董事会特别多数票通过，承保范围还可扩大到上述险别以外的其他非商业风险，A项错误。多边投资担保机构担保的投资项目须具备以下条件：（1）在投资性质上，必须能对东道国经济发展作出贡献，必须与东道国的发展目标和重点相一致；（2）在投资类型上，包括股权投资（如投资者拥有合资企业的股份）、非股权投资（指通过各种合同安排的投资，如产品分成合同、技术许可协议等），经董事会特别多数同意，可将担保投资的范围扩大到其他任何形式的中长期贷款；（3）在投资时间上，必须是新的投资，即投保人提出保险申请注册之后才开始执行的投资。可见，投资须满足相应条件，并非任何投资均可列入该机构的投保范围，B项错误。多边投资担保机构是具有完全法律人格的国际组织，有权缔结契约，取得并处理动产和不动产，进行法律诉讼，C项正确。对于前来投保的跨国投资者，《多边投资担保机构公约》要求必须具备以下条件：（1）具备东道国以外的会员国国籍的自然人；（2）在东道国以外某一会员国注册并设有主要营业点的法人；（3）其多数股本为东道国以外一个或几个会员国所有或其国民所有的法人；此外，根据投资者和东道国的联合申请，经机构董事会特别多数票通过，合格投资者也可以是东道国的自然人、在东道国注册的法人以及多数资本为东道国国民所有的法人。D项错误。

【答案】C

7. 以下关于多边投资担保机构的说法中，正确的是？

A. 该机构只承保货币汇兑险、征收和类似措施险、政府违约险、战争与内乱险四种风险

B. 任何情况下，东道国的自然人或法人均无资格取得机构的担保

C. 向任何国家投资均能获得机构的担保

D. 只有获得东道国的同意，机构才对相关风险予以承保

【解析】多边投资担保机构承保的风险包括：货币汇兑险、征收和类似措施险、政府违约险、战争与内乱险以及其他非商业风险，A项错误。根据《多边投资担保机构公约》，经投资者和东道国联合申请，并经多边投资担保机构董事会特别多数票通过，合格投资者也可以是东道国的自然人、在东道国注册的法人以及多数资本为东道国国民所有的法人，B项错误。根据公约，只有向发展中国家投资，并且该国同意机构承保特定风险，机构才对相关风险予以承保，C项错误，D项正确。

【答案】D

（二）解决国际投资争端中心

1. 甲国惊奇公司的创新科技产品经常参加各类国际展览会，该公司向乙国的投资包含了专利转让，甲、乙两国均为《巴黎公约》和《华盛顿公约》（公约设立的解决国际投资争端中心的英文简称为 ICSID）的成员。依相关规定，下列哪些选项是正确的？（2017/1/81，多选）

A. 惊奇公司的新产品参加在乙国举办的国际展览会，产品中可取得专利的发明应获得临时保护

B. 如惊奇公司与乙国书面协议将其争端提交给 ICSID 解决，ICSID 即对该争端有管辖权

C. 提交 ICSID 解决的争端可以是任何与投资有关的争端

D. 乙国如对 ICSID 裁决不服的，可寻求向乙国的最高法院上诉

【解析】《巴黎公约》确立了临时性保护原则，根据该原则，成员国应对在任何一个成员国内举办的或经官方承认的国际展览会上展出的商品中可以取得专利的发明、实用新型、外观设计和可以注册的商标给予临时保护，A 项正确。根据《华盛顿公约》，ICSID 管辖须满足三方面的条件：（1）主体条件：一方必须是缔约国政府（东道国）或其公共机构，另一方是另一缔约国国民（外国投资者）；如果双方同意，也受理东道国和受外国投资者控制的东道国法人之间的争端；（2）主观条件：双方必须以书面形式同意由 ICSID 管辖；（3）争端性质：必须是直接因投资而引起的法律争端。本题符合 ICSID 管辖要件，B 项正确。提交 ICSID 解决的争端必须是与投资有关的法律争端，C 项错误。根据《华盛顿公约》，中心的裁决具有终局性，不得进行任何上诉或采取任何其他除公约规定外的补救方法，D 项错误。

【答案】AB

2. 关于国际投资法相关条约，下列哪些表述是正确的？（2013/1/80，多选）

A. 依《关于解决国家和他国国民之间投资争端公约》，投资争端应由双方书面同意提交给投资争端国际中心，当双方表示同意后，任何一方不得单方面撤销

B. 依《多边投资担保机构公约》，多边投资担保机构只对向发展中国家领土内的投资予以担保

C. 依《与贸易有关的投资措施协议》，要求企业购买或使用最低比例的当地产品属于协议禁止使用的措施

D. 依《与贸易有关的投资措施协议》，限制外国投资者投资国内公司的投资比例属于协议禁止使用的措施

【解析】根据《关于解决国家和他国国民之间投资争端公约》第 25 条第 1 款，中心只对争端双方书面同意提交给中心裁决的争端具有管辖权，当双方表示同意后，任何一方不得单方面撤销其同意，A 项正确。根据《多边投资担保机构公约》14 条，机构只对在发展中国家会员国境内所作的投资予以担保，B 项正确。根据《与贸易有关的投资措施协议》，成员国不得实施与《关税与贸易总定》第 3 条国民待遇和第 11 条取消数量限制义务不符的投资措施。（1）与国民待遇义务不符的投资措施，包括：①"当地成分要求"，要求企业在生产中必须购买或使用一定数量或比例的当地产品；②"贸易平衡要求"，要求企业购买或使用进口产品的数量或价值应与其出口当地产品的数量或价值相当。（2）与取消

大咖点拨区

扫码听课

扫码听课

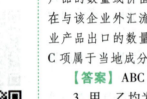

数量限制义务不符的投资措施，包括：①"通过贸易平衡限制进口"，限制企业用于当地生产或与当地生产相关的产品的进口，或将进口限制在与其出口的当地产品的数量或价值相关的水平；②"外汇平衡要求"，将企业可使用的外汇限制在与该企业外汇流入相关的水平；③"限制出口"（"国内销售要求"），限制企业产品出口的数量，或要求企业将产品以低于国际市场价格的方式在国内销售。C 项属于当地成分要求，正确；D 项为投资比例要求，协议并不禁止，错误。

【答案】 ABC

3. 甲、乙均为《解决国家和他国公民间投资争端公约》缔约国。甲国 A 公司拟将与乙的争端提交根据该公约成立的解决国际投资争端中心。对此，下列哪一选项是不正确的？（2012/1/43，单选）

A. 该中心可根据 A 公司的单方申请对该争端行使管辖权

B. 该中心对该争端行使管辖权，须以 A 公司和乙书面同意为条件

C. 如乙没有特别规定，该中心对争端享有管辖权不以用尽当地救济为条件

D. 该中心对该争端行使管辖权后，可依争端双方同意的法律规则作出裁决

【解析】 根据《解决国家和他国公民间投资争端公约》，中心仅对争端双方书面同意提交给 ICSID 裁决的争端有管辖权，仅其中一方单方申请，中心无权管辖，A 项错误，B 项正确。根据《公约》，双方同意根据本公约交付仲裁，应视为同意排除任何其他救济方法而交付中心仲裁，例外情形是，缔约国可以要求以用尽该国行政或司法救济作为其同意根据本公约交付仲裁的条件，C 项正确。根据《公约》，中心应依双方同意的法律规则对争端作出裁决，如果双方没有达成协议，则应适用作为争端一方的缔约国的国内法（包括其冲突法规范）以及可适用的国际法，D 项正确。

【答案】 A

4. 关于《解决国家和他国国民间投资争端公约》和依其设立的解决国际投资争端中心，下列哪些说法是正确的？（2011/1/81，多选）

A. 中心管辖直接因投资引起的法律争端

B. 中心管辖的争端必须是关于法律权利或义务的存在或其范围，或是关于因违反法律义务而实行赔偿的性质或限度的

C. 批准或加入公约本身并不等于缔约国承担了将某一特定投资争端提交中心调解或仲裁的义务

D. 中心的裁决对争端各方均具有约束力

【解析】 根据《公约》第 25 条第 1 款，中心的管辖适用于缔约国和另一缔约国国民之间直接因投资而产生的任何法律争端，A 项正确。依世界银行董事会《关于〈解决国家与他国国民民间投资争端公约〉的报告》的解释，"争端必须是关于法律权利或义务的存在或其范围，或是关于因违反法律义务而实行赔偿的性质或限度的"，B 项正确。根据《公约》，中心仅对争端双方书面同意提交给中心裁决的争端有管辖权，而批准或加入公约本身并不等于缔约国承担了将某一特定投资争端提交中心调解或裁决的义务，C 项正确。依《公约》第 53 条，中心的裁决对争端各方均具有约束力，不得进行任何上诉或采取任何其他除本公约规定外的补救办法，D 项正确。

【答案】 ABCD

5. 根据《关于解决国家和他国国民之间投资争端公约》，甲缔约国与乙缔约国的桑德公司通过书面约定一致同意：双方之间因直接投资而产生的争端，应直接提交解决投资争端国际中心仲裁。据此事实，下列哪一选项是正确的？（2007/1/47，单选）

A. 任何一方可单方面撤销对提交该中心仲裁的同意

B. 在中心仲裁期间，乙国无权对桑德公司行使外交保护

C. 在该案中，任何一方均有权要求用尽当地救济解决争端

D. 对该中心裁决不服的一方有权向有管辖权的法院提起撤销裁决的诉讼

【解析】《关于解决国家和他国国民之间投资争端公约》第 25 条第 1 款规定："中心的管辖适用于缔约国（或缔约国向中心指定的该国的任何组成部分或机构）和另一缔约国国民之间直接因投资而产生并经双方书面同意提交给中心的任何法律争端。当双方表示同意后，任何一方不得单方面撤销其同意。"A 项错误。该《公约》第 27 条第 1 款规定："缔约国对于其国民和另一缔约国根据本公约已同意交付或已交付仲裁的争端，不得给予外交保护或提出国际要求，除非该另一缔约国未能遵守和履行对此项争端所作出的裁决。"B 项正确。该《公约》第 26 条规定："除非另有规定，双方同意根据本公约交付仲裁，应视为同意排除任何其他救济方法而交付上述仲裁。缔约国可以要求以用尽该国行政或司法救济作为其同意根据本公约交付仲裁的条件。"本题中，双方已同意交付仲裁，应视为排除了使用当地救济的可能性，C 项错误。根据该《公约》第 52 条，任何一方提出撤销仲裁裁决，应向秘书长提出，由中心成立专门委员会决定是否撤销，而非向法院提起诉讼，D 项错误。

【答案】B

大咖点拨区

扫码听课

6. 对于解决投资争端国际中心，根据《解决国家和他国国民间投资争端公约》（华盛顿公约）的规定，下列说法中错误的是？

A. 甲乙两国都为华盛顿公约的缔约国，甲国政府与乙国国民因国际直接投资而引起的法律争端可以提交中心调解或者仲裁

B. 必须经双方当事人书面同意，才能将争端提交中心解决，且同意一经作出，不得单方面撤销

C. 乙国投资者在寻求中心解决争端之前，首先要用尽东道国甲国当地救济

D. 甲乙两国都应当承认中心仲裁裁决的约束力，不得对裁决进行审查或者拒绝承认执行

【解析】根据《解决国家和他国国民间投资争端公约》（华盛顿公约）的规定，中心受理的争端限于一缔约国政府（东道国）与另一缔约国国民（外国投资者）的争端；在争端双方均同意的情况下，也受理东道国和受外国投资者控制的东道国法人之间的争端；受理的争端必须是直接因国际投资而引起的法律争端；需要争端双方出具同意中心管辖的书面文件，且同意一经作出，不得单方面撤销；各缔约国负有承认中心仲裁裁决的义务，不得对裁决进行审查。故 A、B、D 正确。双方无需用尽当地救济即可将争端提交中心仲裁，除非缔约国在提交仲裁前，要求将用尽当地救济作为作为交付中心仲裁的一个条件，C 错误。

扫码听课

【答案】C

考点三　国际融资法

（一）国际融资担保

1. 中国某工程公司在甲国承包了一项工程，中国某银行对甲国的发包方出具了见索即付的保函，后甲国发包方以中国公司违约为由向中国银行要求支付保函上的款项遭到拒绝，遂诉至人民法院。关于本案，根据相关法律和司法解释，以下说法正确的是哪项？（2018 网络回忆版）

A. 如果工程承包公司是我国政府独资的国有企业，则银行可以以此为由拒绝向受益人付款

B. 中国银行可以主张保函受益人先向中国承包公司主张求偿，待其拒绝后再履行保函义务

C. 中国银行应对施工合同进行实质性审查，后方可决定是否履行保函义务

D. 如甲国发包方提交的书面文件与保函要求相符，中国银行应承担付款责任

【解析】在独立保函下，开立人仅凭单据决定付款，不对基础交易进行审查，当事人的地位不影响银行的付款责任，A、C 错误。

独立保函下，开立人不享有传统保证所具有的主债务人抗辩权和先诉抗辩权，B 项错误。

开立人只处理单据，受益人请求付款并提交相符的单据，开立人即应付款，D 项正确。

【答案】D

2. 中国甲公司在承担中东某建筑工程时涉及一系列分包合同和买卖合同，并使用了载明适用《见索即付保函统一规则》的保函。后涉及保函的争议诉至中国某法院。依相关司法解释，下列哪些选项是正确的？（2017/1/82，多选）

A. 保函内容中与《见索即付保函统一规则》不符的部分无效

B. 因该保函记载了某些对应的基础交易，故该保函争议应适用我国《担保法》有关保证的规定

C. 只要受益人提交的单据与独立保函条款、单据与单据之间表面相符，开立人就须独立承担付款义务

D. 单据与独立保函条款之间表面上不完全一致，但并不导致相互之间产生歧义的，仍应认定构成表面相符

【解析】2016 年《最高人民法院关于审理独立保函纠纷案件若干问题的规定》（2020 年 12 月 23 日修改）第 5 条规定："独立保函载明适用《见索即付保函统一规则》等独立保函交易示范规则，或开立人和受益人在一审法庭辩论终结前一致援引的，人民法院应当认定交易示范规则的内容构成独立保函条款的组成部分。不具有前款情形，当事人主张独立保函适用相关交易示范规则的，人民法院不予支持。"可见，《见索即付保函统一规则》仅为交易示范规则，属于国际惯例，具有任意性，当事人在保函中的约定并非必须与该规则相符，A 项错误。该司法解释第 3 条第 2 款规定："当事人以独立保函记载了对应的基础交易为由，主张该保函性质为一般保证或连带保证的，人民法院不予支持。"B 项错误。该司

解释第6条第1款规定："受益人提交的单据与独立保函条款之间、单据与单据之间表面相符，受益人请求开立人依据独立保函承担付款责任的，人民法院应予支持。"C项正确。该司法解释第7条第2款规定："单据与独立保函条款之间、单据与单据之间表面上不完全一致，但并不导致相互之间产生歧义的，人民法院应当认定构成表面相符。"D项正确。

【答案】 CD

3. 在一国际贷款中，甲银行向贷款银行乙出具了备用信用证，后借款人丙公司称贷款协议无效，拒绝履约。乙银行向甲银行出示了丙公司的违约证明，要求甲银行付款。依相关规则，下列哪些选项是正确的？（2016/1/81，多选）

A. 甲银行必须对违约的事实进行审查后才能向乙银行付款

B. 备用信用证与商业跟单信用证适用相同的国际惯例

C. 备用信用证独立于乙银行与丙公司的国际贷款协议

D. 即使该国际贷款协议无效，甲银行仍须承担保证责任

扫码听课

【解析】 备用信用证，指担保人（开证行）应借款人的要求，向贷款人开出备用信用证，当贷款人向担保人出示备用信用证和借款人违约证明时，担保人须按该信用证的规定付款的一种书面承诺。备用信用证具有以下主要特征：（1）担保人是银行；（2）贷款人出具违约证明时，担保人即向贷款人付款，并不需要对违约的事实进行审查；（3）贷款协议无效时，开证行仍须承担担保责任，即备用信用证独立于贷款协议这一基础合同。备用信用证下，开证行付款并不需要对违约的事实进行审查，A项错误。备用信用证不同于商业跟单信用证：前者本质是一种融资担保，适用《国际备用信用证惯例》；后者是一种支付方式，适用《跟单信用证统一惯例》。B项错误。备用信用证具有独立性，独立于基础合同，贷款协议无效时，开证行仍须承担担保责任。C、D正确。

【答案】 CD

4. 甲国公司承担乙国某工程，与其签订工程建设合同。丙银行为该工程出具见索即付的保函。后乙国发生内战，工程无法如期完工。对此，下列哪些选项是正确的？（2011/1/82，多选）

A. 丙银行对该合同因战乱而违约的事实进行实质审查后，方履行保函义务

B. 因该合同违约原因是乙国内战，丙银行可以此为由不履行保函义务

C. 丙银行出具的见索即付保函独立于该合同，只要违约事实出现即须履行保函义务

D. 保函被担保人无须对甲国公司采取各种救济方法，便可直接要求丙银行履行保函义务

扫码听课

【解析】 见索即付保函，又称见索即付担保，或独立保函，指一旦主债务人违约，贷款人无须先向主债务人追索，即可无条件要求担保人承担第一偿付责任的保证。见索即付保函具有无条件性，担保人仅凭受益人提出的要求即应付款，而不问付款要求是否有合理依据，无须核实借款是否违约，A项错误。见索即付保函具有独立性，即担保人所承担的义务独立基础合同，担保人不能以基础合同的履行、修改或无效等对抗受益人，只要违约事实出现，担保人就须履行保函义务。B项错误，C项正确。担保人在见索即付保函下承担的是第一顺位的、独立的还款义务，一旦借款人不履约，贷款人事先无须对借款人采取各种救济方

法，便可直接要求担保人承担还款责任，D项正确。

【答案】CD

5. 实践中，国际融资担保存在多种不同的形式，如银行保函、备用信用证、浮动担保等，中国法律对其中一些担保形式没有相应的规定。根据国际惯例，关于各类融资担保，下列哪些选项是正确的？（2008/1/86，多选）

A. 备用信用证项下的付款义务只有在开证行对借款人的违约事实进行实质审查后才产生

B. 大公司出具的担保意愿书具有很强的法律效力

C. 见索即付保函独立于基础合同

D. 浮动担保中用于担保的财产的价值是变化的

【解析】备用信用证，指担保人（开证行）应借款人的要求，向贷款人开出备用信用证，当贷款人向担保人出示备用信用证和借款人违约证明时，担保人须按该信用证的规定付款的一种书面承诺。备用信用证下，开证行付款并不需要对违约的事实进行审查，A项错误。担保意愿书，也称安慰信，是一国政府或母公司根据其下属企业（借款人）的要求，向贷款人出具的表示愿意帮助该借款人偿还贷款的书面文件。担保意愿书一般不具有法律效力，只有道义上的约束力，B项错误。见索即付保函，是担保人（通常是银行）应申请人要求，对受益人承担付款义务，只要受益人要求付款，担保人即应向其支付约定金额。见索即付保函具有独立性的特点，担保人的义务独立于基础合同，担保人不能以基础合同对抗受益人，C项正确。浮动担保，指借款人以现有的和将来取得的全部资产，为贷款人设定的担保物权。在浮动担保中，担保物的价值和形态处于不确定状态，D项正确。

【答案】CD

6. 根据2016年最高院《关于审理独立保函纠纷案件若干问题的规定》，以下关于独立保函的说法中正确的是？

A. 独立保函应载明据以付款的单据和最高金额

B. 如保函申请人已接受不符点，开立人应对受益人承担付款责任

C. 开立人依据独立保函付款后，均可向保函申请人追偿

D. 如当事人约定在国内交易中适用独立保函，则一方当事人可以独立保函不具有涉外因素为由，主张保函独立性的约定无效

【解析】2016年《最高人民法院关于审理独立保函纠纷案件若干问题的规定》（2020年12月23日修改）第3条第1款规定："保函具有下列情形之一，当事人主张保函性质为独立保函的，人民法院应予支持，但保函未载明据以付款的单据和最高金额的除外：（一）保函载明见索即付；（二）保函载明适用国际商会《见索即付保函统一规则》等独立保函交易示范规则；（三）根据保函文本内容，开立人的付款义务独立于基础交易关系及保函申请法律关系，其仅承担相符交单的付款责任。"可见，独立保函中应载明据以付款的单据和最高金额，A项正确。第8条第3款规定："开立人拒绝接受不符点，受益人以保函申请人已接受不符点为由请求开立人承担付款责任的，人民法院不予支持。"因此，即使保函申请人接受不符点，但如果开立人拒绝接受不符点，仍可拒绝付款，B项错误。第9条规定："开立人依据独立保函付款后向保函申请人追偿的，人民法院应予支持，

但受益人提交的单据存在不符点的除外。"C项错误。第23条规定:"当事人约定在国内交易中适用独立保函,一方当事人以独立保函不具有涉外因素为由,主张保函独立性的约定无效的,人民法院不予支持。"D项错误。

【答案】A

7. 根据2016年最高院《关于审理独立保函纠纷案件若干问题的规定》,以下情形可被认定为独立保函欺诈的是?

A. 受益人与保函申请人或其他人串通,虚构基础交易的

B. 受益人提交的第三方单据系伪造或内容虚假的

C. 法院判决或仲裁裁决认定基础交易债务人没有付款或赔偿责任的

D. 受益人确认基础交易债务已得到完全履行或者确认独立保函载明的付款到期事件并未发生的

【解析】2016年《最高人民法院关于审理独立保函纠纷案件若干问题的规定》(2020年12月23日修改)第12条规定:"具有下列情形之一的,人民法院应当认定构成独立保函欺诈:(一)受益人与保函申请人或其他人串通,虚构基础交易的;(二)受益人提交的第三方单据系伪造或内容虚假的;(三)法院判决或仲裁裁决认定基础交易债务人没有付款或赔偿责任的;(四)受益人确认基础交易债务已得到完全履行或者确认独立保函载明的付款到期事件并未发生的;(五)受益人明知其没有付款请求权仍滥用该权利的其他情形。"A、B、C、D正确。

【答案】ABCD

(二)特别提款权

关于特别提款权,下列哪些选项是正确的?(2009/1/85,多选)

A. 甲国可以用特别提款权偿还国际货币基金组织为其渡过金融危机提供的贷款

B. 甲乙两国的贸易公司可将特别提款权用于两公司间国际货物买卖的支付

C. 甲乙两国可将特别提款权用于两国政府间结算

D. 甲国可以将特别提款权用于国际储备

【解析】特别提款权(SDR),是国际货币基金组织于1968年创立的,按各国认缴份额的比例分配给会员国的一种使用资金的特别权利。各会员国可以凭特别提款权向基金组织提用资金,因此特别提款权可与黄金、外汇一起作为国际储备。成员国在基金组织开设特别提款权账户,作为一种账面资产或记账货币,可用于办理政府间结算,还可以用于偿还基金组织的贷款。因此,A、C、D正确。特别提款权是一种账面资产,并非真实的货币,不能用于企业间的贸易支付,B项错误。

【答案】ACD

考点四 国际税法

(一)国际重复征税与国际重叠征税

1. 甲乙两国均为WTO成员,甲国纳税居民马克是甲国保险公司的大股东,

大咖点拨区

马克从该保险公司在乙国的分支机构获利 35 万美元。依《服务贸易总协定》及相关税法规则，下列哪些选项是正确的？（2016/1/82，多选）

A. 甲国保险公司在乙国设立分支机构，属于商业存在的服务方式

B. 马克对甲国承担无限纳税义务

C. 两国均对马克的 35 万美元获利征税属于重叠征税

D. 35 万美元获利属于甲国人马克的所得，乙国无权对其征税

【解析】《服务贸易总协定》所列举的服务贸易的类型包括四种：（1）跨境服务，从一国境内向另一国境内提供服务，如通过电信、网络等跨境提供咨询服务；（2）境外消费，在一国境内向来自另一国的服务消费者提供服务，如一国居民到另一国境内旅游、求学等；（3）商业存在，一国的服务提供者通过在另一国境内设立的机构提供服务，如一国的机构到另一国开设银行、保险公司、律师事务所等；（4）自然人流动，一国的服务提供者以自然人的身份进入另一国境内提供服务，如一国的医生、律师到另一国境内直接提供医疗或法律咨询服务。甲国保险公司在乙国设立分支机构，显然属于商业存在，A 项正确。

居民税收管辖权，指一国政府对于本国税法上的居民纳税人来自境内及境外的全部财产和收入实行征税的权力，纳税人在该税收管辖权下要承担无限纳税义务。本题中，马克为甲国纳税居民，应对甲国承担无限纳税义务，B 项正确。国际重复征税，指两个或两个以上国家各自依据自己的税收管辖权，按同一税种对同一纳税人的同一征税对象在同一征税期限内同时征税。国际重叠征税，两个或两个以上国家对同一笔所得在具有某种经济联系的不同纳税人手中各征一次税的现象，如在公司与股东之间就同一笔所得各征一次企业所得税和个人所得税。本题中，甲国和乙国对马克在乙国的所得同时征税，显然属于国际重复征税，C 项错误。来源地税收管辖权，指所得来源地国对非居民纳税人来源于该国境内的所得进行征税的权力。本题中，马克的所得来源于乙国，乙国可依据来源地税收管辖权对其所得征税，D 项错误。

【答案】AB

2. 为了完成会计师事务所交办的涉及中国某项目的财务会计报告，永居甲国的甲国人里德来到中国工作半年多，圆满完成报告并获得了相应的报酬。依相关法律规则，下列哪些选项是正确的？（2015/1/82，多选）

A. 里德是甲国人，中国不能对其征税

B. 因里德在中国停留超过了 183 天，中国对其可从源征税

C. 如中国已对里德征税，则甲国在任何情况下均不得对里德征税

D. 如里德被甲国认定为纳税居民，则应对甲国承担无限纳税义务

【解析】里德虽是甲国人，但其所得来源于中国，中国可根据来源地税收管辖权对其所得征税，A 项错误。劳务所得，包括独立个人劳务所得和非独立个人劳务所得。独立个人劳务所得，指个人独立从事独立性专业活动所取得的收入，本题中即属独立个人劳务所得。根据我国对外签订的税收协定，对于独立个人劳务所得，通常由居住国行使征税权，但如取得独立劳务所得的个人在来源国设有固定基地或者连续或累计停留超过 183 天，则应由来源国征税，B 项正确。里德为甲国纳税居民，即使中国已对其征税，甲国仍可根据居民税收管辖权对其征税，C 项错误。在居民税收管辖权下，纳税人承担无限纳税义务，要就来自境内

扫码听课

外的全部财产和收入缴税，D 项正确。

【答案】BD

3. 甲国人李某长期居住在乙国，并在乙国经营一家公司，在甲国则只有房屋出租。在确定纳税居民的身份上，甲国以国籍为标准，乙国以住所和居留时间为标准。根据相关规则，下列哪一选项是正确的？（2014/1/44，单选）

A. 甲国只能对李某在甲国的房租收入行使征税权，而不能对其在乙国的收入行使征税权

B. 甲乙两国可通过双边税收协定协调居民税收管辖权的冲突

C. 如甲国和乙国对李某在乙国的收入同时征税，属于国际重叠征税

D. 甲国对李某在乙国经营公司的收入行使的是所得来源地税收管辖权

【解析】居民税收管辖权，指一国政府对于本国税法上的居民纳税人来自境内及境外的全部财产和收入实行征税的权力。纳税人在该税收管辖权下要承担无限纳税义务，据此，甲国既可对李某来自甲国的收入征税，也可对其来自乙国的收入征税，A 项错误。来源地税收管辖权，指所得来源地国对非居民纳税人来源于该国境内的所得进行征税的权力。甲国对李某来自乙国的收入征税，属于居民税收管辖权，D 项错误。国际重复征税，指两个或两个以上国家各自依据自己的税收管辖权，按同一税种对同一纳税人的同一征税对象在同一征税期限内同时征税。国际重叠征税，两个或两个以上国家对同一笔所得在具有某种经济联系的不同纳税人手中各征一次税的现象，如在公司与股东之间就同一笔所得各征一次企业所得税和个人所得税。本题中，甲国和乙国对李某在乙国的收入同时征税，显然属于国际重复征税，C 项错误。国际重复征税源于税收管辖权的冲突，各国在实践中一般通过双边税收协定划分征税权，解决税收管辖权的冲突，B 项正确。

【答案】B

（二）常设机构原则

目前各国对非居民营业所得的纳税普遍采用常设机构原则。关于该原则，下列哪些表述是正确的？（2010/1/84，多选）

A. 仅对非居民纳税人通过在境内的常设机构获得的工商营业利润实行征税

B. 常设机构原则同样适用于有关居民的税收

C. 管理场所、分支机构、办事处、工厂、油井、采石场等属于常设机构

D. 常设机构必须满足公司实体的要求

【解析】营业所得，指纳税人在某个固定场所从事经营活动取得的纯收益。各国对非居民营业所得的征税普遍采取"常设机构原则"，即仅对非居民纳税人通过在境内常设机构而获取的工商营业利润实行征税，A 项正确。常设机构原则仅适用于非居民纳税人的税收，不适用于居民纳税人的税收，B 项错误。常设机构包括：管理场所、分支机构、办事处、工厂、车间、作业场所、矿场、油井、采石场等，并非必须是公司实体，C 项正确，D 项错误。

【答案】AC

（三）纳税居民身份的认定

在国际税法中，对于法人居民身份的认定各国有不同标准。下列哪些属于判断法人纳税居民身份的标准？（2009/1/87，多选）

A. 依法人的注册成立地判断

B. 依法人的股东在征税国境内停留的时间判断

C. 依法人的总机构所在地判断

D. 依法人的实际控制与管理中心所在地判断

【解析】法人纳税居民身份的认定主要有三种标准：（1）法人登记注册地标准，即依法人在何国注册成立来认定法人纳税居民的身份；（2）实际控制与管理中心所在地标准，即法人的实际控制与管理中心所在地设在哪个国家，该法人即为哪个国家的纳税居民，董事会或股东大会所在地通常是判断实际管辖中心所在地的标志；（3）总机构所在地标准，即法人的总机构设在哪个国家，该法人即为哪个国家的纳税居民，总机构通常指负责管理和控制企业日常营业活动的中心机构。A、C、D正确。居留时间标准是判断自然人居民身份的标准，一个法人一般有多个股东，不同股东可能分散在不同国家，将股东的居留时间作为法人居民身份的判断标准在操作中不可行，因而不能用来判断法人的居民身份，B项错误。

【答案】ACD

（四）国际逃税与避税

1. 甲国人王小明与家人长期居住在中国，因海外多国的业务往返于世界各地。王小明在乙国有存款账户和托管账户，在丙国有房产，房产内有艺术品和珠宝。中国与甲乙丙国均已确认了共同申报准则（CRS）实施税务信息交换。根据CRS与我国税法的规定，下列选项正确的有哪些？（2021 网络回忆版）

A. 乙国应依中国的申请，方提供王小明的相关税务信息

B. 因王小明是甲国人，中国对王小明无税收管辖权

C. 王小明在乙国的存款账户和托管账户信息均需申报给中国

D. 王小明在丙国的房产及艺术品和珠宝信息无须申报给中国

【解析】共同申报准则所规定的信息报告制度，是一种自动的、无须提供理由的信息交换，无需提出申请，A项错误。

依据居民税收管辖权，一国政府对本国居民来自全球的所得有权进行征税。中国《个人所得税法》第1条第1款规定："在中国境内有住所，或者无住所而一个纳税年度内在中国境内居住累计满183天的个人，为居民个人。居民个人从中国境内和境外取得的所得，依照本法规定缴纳个人所得税。"本题中，王小明虽是甲国人，但长期居住在中国，应为中国的纳税居民，中国对王小明享有居民税收管辖权，B项错误。

根据共同申报准则，需要报告的信息包括纳税人的资产信息和个人信息，存款账户和托管账户属于资产信息，应当报告，C项正确。

根据共同申报准则，投资海外房产、珠宝、艺术品、贵金属等不属于金融资产的品类无需报告，D项正确。

【答案】CD

2. 中国和新加坡都接受了《金融账户信息自动交换标准》标准中的"共同申报准则"（CRS），定居在中国的王某在新加坡银行和保险机构均有账户，同时还在新加坡拥有房产和收藏品等，下列哪些判断是正确的？（2019 网络回忆版）

A. 王某可以自己持有巴拿马护照，要求新加坡不向中国报送其在新加坡的金融账户信息

B. 如中国未提供正当理由，新加坡无须向中国报送王某的金融账户信息

C. 新加坡应向中国报送王某在特定保险机构的账户信息

D. 新加坡可不向中国报送王某在新加坡的房产和收藏品信息

【解析】 根据共同申报准则，一国应自动将掌握的非居民纳税人的涉税信息向其税收居住地所在国报告，而非向其国籍国报告。本题中，即使王某具有巴拿马国籍，但因其定居中国，属中国的纳税居民，新加坡应将其掌握的金融信息报送给中国，A 项错误，C 项正确。

共同申报准则所规定的信息报告制度，是一种自动的、无须提供理由的信息交换，在信息报送时无需提供理由，B 项错误。

根据共同申报准则，投资海外房产、珠宝、艺术品、贵金属等不属于金融资产的品类无需报告，D 项正确。

【答案】 CD

3. 美国某公司为躲避本国的所得税，将其年度利润的 70% 转移到世界著名的自由港巴哈马群岛的某一信托公司，由于巴哈马群岛的税率要比美国低 35%～50%，这样就使该公司每年可以有效地躲避 300～470 万美元的税款。对该公司的行为应如何认定？

A. 该公司的行为属于国际逃税行为

B. 该公司的行为属于国际避税行为

C. 该公司是通过转移定价的方式进行的

D. 该公司是通过利用避税港的方式进行的

大咖点拨区

扫码听课

【解析】 国际逃税，指跨国纳税人采取非法手段逃避其本应承担的纳税义务的行为。常见表现包括：不报送纳税资料、谎报所得额、虚构成本、伪造账目等。国际避税，指跨国纳税人利用各国税法上的差异或漏洞，以不违法的方式躲避其纳税义务的行为。常见表现包括：纳税主体的跨国移动、关联企业转移定价、利用避税港避税等。本题中的行为显然属于利用避税港避税，B、D 正确，A、C 错误。

【答案】 BD